„...hat Deutschland eine schwindelhafte Extratour in den Abgrund getanzt..."
(Die Schuldfrage, 1946)

So liegt Erkenntnis [...] im denkenden Nachvollziehen des von Menschen Hervorgebrachten und Getanen (Geschichte)
(Basler Universitätsreden, 30. Juni 1960)

Karl Jaspers

Wolfgang W. Kellner

Vergiftetes Denken

**Allianzen der
stramm national gesinnten
Männer vom Kaiserreich
bis zum NS-Staat**

Eine **Fallstudie** zu Bernhard Bavink

Wolfgang W. Kellner, Diplom-Verwaltungswirt, war dreizehn Jahre lang hauptamtlicher Bürgermeister seiner Heimatstadt Leer/Ostfriesland. Er veröffentlichte 2015 im „Emder Jahrbuch für historische Landeskunde Ostfrieslands" die Abhandlung „Die Vergessenen – Die ‚Juni-Aktion' 1938 gegen ‚Arbeitsscheue' im Raum Leer". Es folgte 2017 eine Studie zur Rolle der Kommunen und ihrer Führungskräfte im NS-Staat mit dem Titel „Verfolgung und Verstrickung – Hitlers Helfer in Leer".
Wolfgang W. Kellner ist Vorsitzender der „Gesellschaft für Christlich-Jüdische Zusammenarbeit Ostfriesland".

© 2021
Autor: Wolfgang W. Kellner, Leer
Lektorat: Hergen Hillen, Hamburg
Umschlaggestaltung: Axel Camici, Pogum

Verlag & Druck: tredition GmbH, Halenreie 40–44, 22359 Hamburg
ISBN:
Softcover 978-3-347-49461-9
Hardcover 978-3-347-49462-6
E-Book 978-3-347-49463-3

Das Werk, einschließlich seiner Teile, ist urheberrechtlich geschützt. Jede Verwertung ist ohne Zustimmung des Verlages und des Autors unzulässig. Dies gilt insbesondere für die elektronische oder sonstige Vervielfältigung, Übersetzung, Verbreitung und öffentliche Zugänglichmachung.

Bibliografische Information der Deutschen Nationalbibliothek:
Die Deutsche Nationalbibliothek verzeichnet diese Publikation in der Deutschen Nationalbibliografie, detaillierte bibliografische Daten sind im Internet über http://dnb.d-nb.de abrufbar.

Inhalt

Vorbemerkung 7

Einleitung 11

Erster Teil: Leben in einem unruhigen Jahrhundert 17

Im Kaiserreich bis zur Zäsur 1918 17
In der abgelehnten Weimarer Republik 32
In der „Nationalen Bewegung" und im NS-Staat bis zum Krieg 56
Kriegsjahre 85
Die Offensive 1941–1944 für eine Professur in Münster 106

Zweiter Teil: Die geistige Welt der „stramm national gesinnten Männer" 117

Ein völkisch-nationales Weltbild und der Kepler-Bund 117
Im Netzwerk der „Völkischen Erneuerer" 130
Der „Organische Staat": Politische Waffe gegen die Demokratie 143

Dritter Teil: „Die biologische Katastrophe" 159

Arier und Germanen und die Weltherrschaft 159
Der Wert eines Menschen unter Barbaren 169
Rassenideologische Radikalisierung 179
„Biologisierung" und „Medikalisierung" der Politik 190
Aufgaben der „Ausjätemaschine": Sterilisation und Euthanasie 205
Die „Lebenserfüllung des Weibes" 230

Vierter Teil: Die „Judenfrage"   **237**

   Gewöhnlicher und „planmäßiger" Antisemitismus   237

   Der Rabbiner und der Antisemit   253

   Bavinks Vorschlag für eine „Judengesetzgebung"   263

Fünfter Teil: Der Geist zwischen Philosophie und Ideologie   **283**

   Relative und ewige Wahrheiten und die Religion   283

   Philosophie und Ideologie   291

   Vergiftete Vokabeln   304

Konklusion   **311**

Quellen   **319**

Danksagung   **319**

Literatur   **321**

Vorbemerkung

Nach der Veröffentlichung meiner regionalen Studie zur Rolle von Führungskräften der Kommunen im NS-Staat[1] regten Leser an, die Rolle des in Leer geborenen Dr. Bernhard Bavink (1879-1947) im rassenideologischen Diskurs der ersten Hälfte des 20. Jahrhunderts zu untersuchen. In dieser Studie, die sich mit Einzelschicksalen im NS-Staat und der Struktur der Verfolgung verschiedener Bevölkerungsgruppen befasste, behandelte ich kursorisch den theoretischen Überbau für eine biologische Bevölkerungspolitik.

Bei meinen Recherchen zur Person Bavink stieß ich auf ein Gutachten von Michael Schwartz aus dem Jahre 1993, das für die Stadt Bielefeld verfasst wurde. Anlass war eine Diskussion um die Benennung einer Schule nach Bernhard Bavink.[2] Das Gutachten beleuchtete u. a. die Einstellung Bavinks zu dem Thema der „Vernichtung lebensunwerten Lebens" im NS-Staat und löste eine lebhafte Debatte aus, die zu mehreren apologetischen und relativierenden Schriften führte.[3]

Mein Interesse daran, das Leben Bavinks als Sonde für diesen Zeitraum deutscher Geschichte zu verwenden, war geweckt.

Das Ziel der vorliegenden Arbeit ist, die schriftlich niedergelegten Erinnerungen und die Veröffentlichungen Bavinks und seiner Zeitgenossen ab der Wilhelminischen Zeit mit den allgemeinen politischen und weltanschaulichen Strömungen ins Verhältnis zu setzen. Bavink war Zeuge und Akteur eines für

---

[1] Kellner, Wolfgang, Verfolgung und Verstrickung – Hitlers Helfer in Leer.
[2] Schwartz, Michael, Bernhard Bavink: Völkische Weltanschauung – Rassenhygiene – Vernichtung lebensunwerten Lebens, Hg.: Stadtarchiv und Landesgeschichtliche Bibliothek Bielefeld.
[3] Vgl. u. a. Hentschel, Klaus; Bernhard Bavink; Gromann, Margret, Bernhard Bavink.

Deutschland dramatischen politischen Wandels, der „einer schwindelhaften Extratour in den Abgrund glich".[4]

Die Fragen, die sich aus der Auseinandersetzung mit den vorgefundenen Materialien ergaben, lauteten: Wie konnte sich in diesem halben Jahrhundert die antiwestlich, antidemokratische und antiparlamentarische Politik im „Bildungsbürgertum" etablieren? Was bewirkte die „Ideologisierung der Realität" (Hannah Arendt)? Wie kam es dazu, dass ein Gymnasialprofessor wie Bavink von den Nationalsozialisten schon vor dem Machtwechsel zu den führenden Rassentheoretikern im Deutschen Reich gezählt wurde, dass er Vorschläge für eine „Judengesetzgebung" veröffentlichte, entgegen dem Votum seiner Kirche die „Zwangssterilisierung" an Kindern befürwortete und auch die „Vernichtung lebensunwerten Lebens" in seinen Denkhorizont aufnahm und dabei Menschen das Menschsein absprach? Was war die Ursache für eine damit einhergehende Verwilderung und Verrohung der Sprache, die nicht nur Bavink, sondern auch einen Teil der „geistigen Elite" auszeichnete?

Diese Arbeit will Antworten auf diese Fragen ergründen. Sie hat Aktualität, weil Denkweisen aus der Wilhelminischen Zeit, die sich in der Weimarer Zeit radikalisierten und von der nationalsozialistischen Vernichtungsideologie adaptiert wurden, nach dem Zusammenbruch des „Dritten Reichs" nicht verschwanden. Sie sind noch heute im politischen Diskurs von stramm national gesinnten Personen zu finden. Ich möchte dazu beitragen, Erkenntnisse für aktuelle politische Entwicklungen zu gewinnen.

Es geht um Bavinks Wirkung als „öffentlicher politischer" Mensch, vor allem als Teil der von ihm so bezeichneten „eugenischen Bewegung" und der Zugehörigkeit zu der von ihm so klas-

---

[4] Jaspers, Karl, Die Schuldfrage, S. 68.

sifizierten Gruppe von „stramm national gesinnten Männern". Dabei sollen die allgemeinen politischen Verhältnisse infolge der umwälzenden historischen Entwicklungen, vor allem seit Ende des Ersten Weltkrieges, analysiert werden. Strukturen, Prozesse, Inhalte und Personen können nicht voneinander getrennt werden.

Zur Methodik: Mehrdimensionalität des individuellen Denkens und Handelns eines Menschen über Jahrzehnte ist komplex. Im ersten Teil wird daher das Handeln und Denken Bavinks im biografischen Kontext dargestellt. Der zweite bis fünfte Teil handelt von wesentlichen Denkansätzen und Auffassungen aus verschiedenen Perspektiven. Bestimmend für mich war der Ansatz, die „geistige Atmosphäre" und das politische Umfeld auf dem Weg in den NS-Staat zu analysieren.

Ich werde daher durch ausführliche Wiedergabe von Zitaten von Zeitgenossen unterschiedliche Politikansätze behandeln. Dadurch soll der originale Sprachduktus für die Leser*innen zugänglich werden. Eine Umformung in die indirekte Rede des heutigen Sprachgebrauchs hätte einen Informationsverlust zur Folge; die Gedanken sollen „unentstellt" (Karl Jaspers[5]) dargeboten werden. Wichtig ist für mich, die Sprache selbst als Indiz für die „Ideologisierung der Realität" (Hannah Arendt) und Instrumentalisierung als politische Waffe zu dokumentieren.

---

[5] Jaspers, Karl, Die maßgebenden Menschen, S. 74 f.

Einleitung

Im Jahr 1918, mit Beginn seines dokumentierten öffentlichen politischen Wirkens, war Bavink (1879-1947) ein neununddreißig Jahre alter promovierter Studienrat und Autor. Der zeitliche Anteil seiner „politischen" Lebenszeit (gerechnet ab dem 18. Lebensjahr) betrug in der Wilhelminischen Zeit 20 Jahre, in der Weimarer Republik 15 Jahre und im NS-Staat 12 Jahre. Zehn Jahre lebte er in Kriegszeiten, ohne selbst Soldat zu sein. Er starb im Sommer 1947 im besetzten Deutschen Reich vor Gründung der Bundesrepublik Deutschland.

Die Menschen, die Bernhard Bavink persönlich kannten, schilderten ihn als liebevollen Familienvater, beliebten Lehrer, Universalgelehrten und gläubigen Christen. Sein langjähriger Kollege und sein Zeuge in Entnazifizierungsverfahren, Oberstudiendirektor Dr. Zenke, schrieb:

„Wenn ich den Sinn seines Lebens richtig deute, so wurde es gelebt aus einem dreifachen Glauben: zum einem aus dem Glauben an das Reich der Werte, das unzerstörbar über allem Irdischen lebt, zum zweiten aus dem Glauben an die Kraft des Geistes, der das Erforschliche erforscht und vor dem Unerforschlichen sich in Demut beugt, und zum dritten und höchsten aus dem Glauben an Gott als den Grund des wahren Lebens. [...] Professor Bavink war im Grunde kein politischer Mensch, wenn er auch am Schicksal Deutschlands innigen Anteil genommen hat."[6]

---

[6] Dr. Zenke, Bernhard Bavink – ein Lebensbild, in: Festschrift der Stadt Leer, 1952. Zenke, der seit 1912 in Bielefeld lebte und acht Jahre jünger als Bavink war, hatte wie dieser die Reifeprüfung am Realgymnasium in Leer abgelegt. Landesarchiv Nordrhein-Westfalen Abt. Westfalen, R 001 Personalakten Nr. 863.

Bavink legte insbesondere nach 1945 Wert darauf, als unpolitischer, rational denkender Wissenschaftler gesehen und verstanden zu werden.[7] Widersprüchlich war dazu seine Aussage im März 1928 in einem Aufsatz zur Rassenhygiene, als er zu den „Politikern" bemerkt: „das sind wir heute alle."[8]

In Würdigungen nach seinem Tod[9] wurde von der „Tragik seines Lebens" gesprochen. Diese Aussage bezog sich ausdrücklich nicht auf sein familiäres Schicksal,[10] sondern darauf, dass es Bavink weder in der Weimarer Republik noch in der NS-Zeit gelang, eine Professur zu erhalten. Eine ihm 1947 noch vor Gründung der Bundesrepublik angetragene Honorarprofessur in Münster konnte er durch seinen frühen Tod nicht mehr antreten.

Er stellte seinem Namen in Veröffentlichungen stets die Bezeichnung „Professor" voran, was durchaus zu Irritationen führte. Diesen Titel erhielt er am 10. Juli 1917 als Oberlehrer nach dem preußischen Erlass vom 10. Juli 1917 als „Prädikatsbezeichnung".[11] Bis zu einem Drittel der Oberlehrer konnten seinerzeit einen solchen Titel als „Charaktertitel" erhalten.[12] Mehrere Versuche scheiterten, einen Lehrstuhl zu besetzen. Er, der sich zu Recht zum „Bildungsbürgertum" zählte, dachte und handelte zeitlebens wie ein Mitglied der aktiven akademischen Elite.

Auf seinem spezifischen wissenschaftlichen Gebiet, den Naturwissenschaften, war er Schullehrer und Autor, nicht Forscher, sondern Kompilierer. Die Auguste-Viktoria-Schule für Mädchen,

---

[7] Im Entnazifizierungsbogen des Jahres 1945 gab er an, er habe in seinem Wirken unpolitische Themen behandelt.
[8] Bavink, Bernhard, Rassenhygiene und protestantische Ethik, in: Süddeutsche Monatshefte, 25. Jg., Heft 6, S. 435.
[9] Zenke i. d. „Festschrift der Stadt Leer" und Hermann in „Bernhard Bavink und die Philosophie".
[10] Bavinks erste Ehefrau starb nach zehnjähriger Ehe. Drei seiner Kinder aus erster und zweiter Ehe starben 1944/1945 innerhalb eines Jahres, davon zwei Söhne als Wehrmachtssoldaten.
[11] Staatsarchiv Münster, Provinzial Schulkollegium, Personalakten Nr. B 8.
[12] Nipperdey, Thomas, Deutsche Geschichte 1866–1918, Band I, S. 560.

an der Bavink als Studienrat tätig war, wurde erst 1923 von der Stadt Bielefeld mit der Stimmenmehrheit der von ihm damals vehement geschmähten Parteien SPD und „Demokraten" in ein Lyzeum mit realgymnasialen Studienzweig umgewandelt. An dieser Schule konnten die Schülerinnen dann auch die allgemeine Hochschulreife erlangen.[13]

Wer war Bavink? Einige divergierende Stimmen dazu:

Ein deutschnationaler Sympathisant der NS-Bewegung und unbequemer Non-Konformist, konservativer Intellektueller während der NS-Zeit (Hentschel), gescheiterter und vergessener Pionier eines Dialogs zwischen Theologie und modernen Naturwissenschaften (Benk), Beispiel für die inhumanen Konsequenzen einer völkisch-biologischen Weltanschauung (Schwartz), Lehrer, Wissenschaftler und Philosoph (Gromann), Vorkämpfer der Euthanasie (Klee), „zwiespältigste" Persönlichkeit der ausgehenden Weimarer Jahre und der ersten Monate nach der Machtergreifung (Vogelsang), bedeutender Mann (Wenzl), Mensch(en) unserer Heimat, der uns den Weg zu den unversiegbaren Quellen höchster Werte zeigte, einer der bedeutendsten Söhne unserer Stadt und unserer ostfriesischen Heimat (Bürgermeister Uebel und Stadtdirektor Bakker der Stadt Leer 1952), wissenschaftlicher Schriftsteller, Poet (Hermann), gefährlich (Rabbiner Kronheim), Darsteller und Lehrer, kein eigentlicher Denker (Karl Jaspers).

Diese Charakterisierungen Bavinks sind Gegenstand meiner Arbeit. Nach Karl Jaspers ist „der politische Zustand und die gesamte Lebensart der Menschen nicht zu trennen. Es gibt keine absolute Scheidung von Politik und Mensch sein..." Und weiter: „Man könnte denken: Es dürfe doch Menschen geben, die völlig apolitisch seien [...] wie Mönche, Einsiedler, Gelehrte und For-

---

[13] Vogelsang, Reinhard, Geschichte der Stadt Bielefeld, Band III, S. 99 f.

scher, Künstler [...] Aber die politische Haftung trifft sie mit, weil auch sie ihr Leben durch die Ordnung des Staates haben. Es gibt kein Außerhalb in modernen Staaten."[14] Dem Psychiater Karl Jaspers folgend kann eine nachträgliche Aussage über das eigene unpolitische Verhalten, wie sie Bavink 1945 für sich traf, für eine im eigenen Bewusstsein vorhandene diffuse Schuldannahme sprechen und damit auf eine Entlastungsstrategie zielen.

In der vorliegenden Arbeit werde ich Gedanken des in Oldenburg geborenen konservativen und elitären Denkers und Mediziners Karl Jaspers (1883–1969) verwenden, da er ein Zeitgenosse Bavinks war. Trotz ihrer unterschiedlichen Lebenswege gab es einen Schnittpunkt im Leben der beiden: Jaspers fertigte 1929 ein Gutachten über Bavink während eines Besetzungsverfahrens für einen Lehrstuhls an der Universität Erlangen an.

Bavink schrieb im Juni 1939 nach sechs Jahren im NS-Staat, in einer rückblickenden Bewertung: „Unter den geistigen Wegbereitern des neuen Deutschland gebührt Eugen Fischer ein Ehrenplatz: er hat mit Ploetz und Lenz[15] [...] und vielen anderen in der Zeit vor 1933 die eugenische Bewegung [...] mächtig vorwärts treiben helfen [...] **und so die geistige Atmosphäre mit schaffen helfen, in der das Dritte Reich zur Existenz gelangen konnte."[16]** (Hervorh. d. Verf.) Er zählte sich selbst in diesem Zusammenhang zu den alten Mitkämpfern dieser Männer. Bavinks hier anklingender Stolz über das Dritte Reich spiegelt wider, dass Hitler und der NS-Staat kurz vor Kriegsbeginn nach dem Anschluss Österreichs, der Annexion des Sudetenlandes und der

---

[14] Jaspers, Karl, Die Schuldfrage, S. 52 ff.
[15] Lenz 1936: „Die jüdische Rasse ist [...] als eine Rasse von Parasiten geschildert worden. Zweifellos können die Juden zu einem schweren Schaden für ein Wirtsvolk werden [...] Ein Lebewesen gedeiht besser ohne Parasiten." Zitat in: Klee, Deutsche Medizin im Dritten Reich, S. 256.
[16] Unsere Welt, Heft 6, Juni 1939 in dem Aufsatz: Eugen Fischer 65 Jahre alt, S. 154 f.

Einleitung

„Rest-Tschechei" auf dem Höhepunkt ihres Ansehens in der Bevölkerung standen. Hitler hatte im März 1939 geäußert: „…ich werde als der größte Deutsche in die Geschichte eingehen."[17]
Dieses Diktum Bavinks zum Entstehen des Dritten Reiches ist ein Schlüssel für das Verständnis der Epoche, dieses halben Jahrhunderts, mit der sich diese Studie befasst. Die Auffassung Bavinks, das Schaffen einer bestimmten geistigen Atmosphäre unter seiner Beteiligung sei notwendige Bedingung für das Entstehen des NS-Staates gewesen, führt zu der Leitvorstellung für das vorliegende Buch. Bavink war nicht nur Beobachter, sondern auch politischer Akteur. Die Beschäftigung mit ihm kann als Sonde genutzt werden, um die Bedingungen für den „Tanz in den Abgrund" (Karl Jaspers) zu untersuchen.

---

[17] Vgl. Fest, Joachim, Hitler, S. 770.

Erster Teil: Leben in einem unruhigen Jahrhundert

Im Kaiserreich bis zur Zäsur 1918

Bavink wurde im Jahr 1879 geboren und damit in politische Zustände hineingeworfen, die höchste Anforderungen an ein moralisches politisches Bewusstsein und Verhalten der Menschen verlangten.

Wer im letzten Quartal des 19. Jahrhunderts geboren wurde, erlebte bei normaler Lebenserwartung zwei Weltkriege, vier Staatsformen und einen elementaren Wandel der Wirtschaft und Gesellschaft vom Agrarstaat zum hochtechnisierten Industriestaat, von einer Klassengesellschaft zur Massengesellschaft. In zeitlichem Zusammenhang mit seinem Geburtsjahr wurde der Viertakt- (Otto-)Motor, das Telefon, die Glühlampe, die elektrische Eisenbahn und das Maschinengewehr erfunden.

Deutschland war erst wenige Jahre vor Bavinks Geburt nach dem deutsch-französischen Krieg 1870/71 zu einem von Preußen beherrschten Nationalstaat geworden, mit einem „Kaiser" an der Spitze. In den vorangegangenen Jahrzehnten waren die Grundlagen für umfassende Veränderungen des Wirtschaftslebens gelegt worden. Werner Sombart, ein zeitgenössischer Nationalökonom und Soziologe (1863–1941), schrieb:

„Was der Zeit nach 1851 den Stempel aufdrückt und ihr einen schon völlig modernen Charakter [...] verleiht, ist der Umstand, daß sich die Spekulationswut – die Gewinnsucht – ein neues Feld der Betätigung sucht: die Gründung gewinnversprechender Unternehmungen [...] In diese politisch ruhigen Jahre fällt die Geburtsstunde des neuen Deutschlands."[18]

---

[18] Sombart, Werner, Die deutsche Volkswirtschaft im neunzehnten Jahrhundert, S. 81.

Zu den Jahren nach der Reichsgründung 1871 schrieb Sombart: „Dann kommen die Jubeljahre nach den siegreichen Kriegen[19] mit ihrem Gründerrausche als einer Folge der enormen Zuflüsse von Bargeld aus Frankreich, des „'Milliardensegens'„. Das unterlegene Frankreich musste 4,2 Milliarden Goldmark für die Kriegskontribution zahlen.[20] „Es wiederholen sich genau dieselben Erscheinungen, nur großartiger, mächtiger wie [sic] in den 1850er Jahren: Friedensstimmung, Preishausse, rasche Vermögensbildung, Entfachung der Gewinnsucht, Hereinbrechen eines Spekulations- und Gründungsrausches".

Von 1810–1910 verdoppelte sich die Einwohnerzahl Deutschlands. Das bedeutete innerhalb von Einhundert Jahren eine Zunahme von vierzig Millionen Menschen und infolgedessen eine hohe Binnenwanderung. In Preußen lebten 1849 rd. 28 % der Menschen in Städten, 1910 im Deutschen Reich 60 %.[21] Die Bevölkerungsdichte stieg von 76 auf 120 Menschen pro qkm (von 1871–1914).[22]

Zwischen dem Geburtsjahr Bavinks und den letzten Vorkriegsjahren (1912) stieg die Einwohnerzahl seiner Geburtsstadt Leer um fast ein Drittel, von rd. 9.900 auf 12.000 Menschen.[23] Der Stadtplaner Henrici prognostizierte eine „Stadt von mindestens 50.000 Einwohnern" innerhalb der damaligen Stadtgrenze.[24]

In den achtziger und neunziger Jahren des 19. Jahrhunderts stagnierte die Wirtschaftsentwicklung, die in eine Rezession

---

[19] Gemeint sind der Deutsche Krieg von 1866 und der Deutsch-Französische Krieg von 1870/71.
[20] Nipperdey, Thomas, Deutsche Geschichte 1866–1918, Band 1, S. 283.
[21] Sombart, Werner, Die deutsche Volkswirtschaft im neunzehnten Jahrhundert, S. 394 f.
[22] Nipperdey, Thomas, Deutsche Geschichte 1866–1918, Band I, S. 9 f.
[23] Eimers, Enno, Kleine Geschichte der Stadt Leer, S. 72.
[24] Stadt Leer (Hg.), Leer – Gestern – Heute – Morgen, S. 92.

mündete. Etwa fünf Millionen Auswanderer verließen in dieser Zeit das Land. Ab 1895 bis zum Krieg erlebte das Land wieder eine Phase der Hochkonjunktur.

Die Umwälzung der Wirtschaft und Gesellschaft hatte, wie der preußische Historiker Heinrich von Treitschke meinte, eine „Vergröberung" der Politik zur Folge. In einer Rede am 19. Juli 1895, zwei Jahre vor dem Abitur Bavinks, bei der Kriegs-Erinnerungsfeier in der Königlichen Friedrich-Wilhelms-Universität zu Berlin, beklagte von Treitschke die immer roher und gröber werdenden Parteikämpfe nach 1871. Es ging nur selten um politische Gedanken, sondern häufig um wirtschaftliche Interessen. Klassenhass und eine Bedrohung des Friedens in der Gesellschaft seien die Folge. Eine demokratisierte Gesellschaft führe zur Herrschaft des Geldes und Pöbels. Diese Feststellung wurde später zum Bestandteil der völkischen Ideologie. Treitschke meinte: „Das Alles sind ernste Zeichen der Zeit". Diese Entwicklung sah er nicht nur in der Innenpolitik. Eine neue kriegerische Auseinandersetzung wurde von ihm an die Wand gemalt: „…das Schwert muss behaupten, was das Schwert gewann […] durch Gewalt wird Gewalt überwältigt."[25]

Das politische Interesse nahm während der Schulzeit Bavinks auch in Leer zu. Bei den Reichstagswahlen 1884 betrug die Wahlbeteiligung 45 %, 1907 waren es bereits 91 %. Die liberalen Parteien gewannen bei den Wahlen von 1867–1912 die absolute Mehrheit im Wahlkreis. Bei dieser Betrachtung muss berücksichtigt werden, dass nur eine Minderheit der Einwohner teilhabeberechtigt war. Wahlberechtigt waren etwa 20 % der Bevölkerung. Für die Magistratswahl in Leer waren 1896 bei einer Gesamteinwohnerzahl von 11.470 lediglich 542 Männer wahlberechtigt; die-

---

[25] Treitschke, Heinrich von, Zum Gedächtnis des großen Krieges, S. 25 f.

se Zahl entsprach weniger als 5 % der Bevölkerung. Wahlberechtigt waren nur besitzende Männer.

Neben den bürgerlichen Parteien bildete sich in den neunziger Jahren der sozialdemokratische Arbeiterverein als erste moderne Mitgliederpartei. Bürgertum und Arbeiterschaft bewegten sich in eigenen gesellschaftlichen Welten. In den neunziger Jahren lebten in Leer bei einer Einwohnerzahl von etwa 12.000 ungefähr 700 bis 800 Arbeiterfamilien.[26]

Werner Sombart stellte die Frage, ob es in Deutschland überhaupt eine gemeinsame Kulturbasis geben könne zwischen einem ostelbischen Gutsbesitzer und einem städtischen Proletarier, zwischen einem Gutstagelöhner und dem Bankier im Berliner Tiergartenviertel.[27]

Die sozialen Gegensätze zeigten sich bei den Wohnverhältnissen, im Vereinswesen, im Wahlverhalten und beim Schulbesuch auch in der Stadt Leer. Arbeiterkinder bewarfen die an den Schülermützen erkennbaren Gymnasiasten aus den bürgerlichen Familien mit Steinen.[28]

Die Schriftstellerin Wilhelmine Siefkes schilderte ihre Erkenntnisse nach Hausbesuchen als Lehrerin in Leer:

„Da waren die vornehmen Bürgerhäuser [...] die Wohnungen des Mittelstandes – Kaufleute, Beamten, der selbständigen Handwerker – einfach, aber von keiner Not zeugend. [...] die Arbeiterwohnungen, meistens nicht viel mehr als eine Küche, höchstens kam noch ein schmaler Schlafraum dazu. Dort lernte ich nun die materielle Not kennen".[29]

---

[26] Eimers, Enno, Kleine Geschichte der Stadt Leer, S. 61 f.
[27] Sombart, Werner, Die deutsche Volkswirtschaft im neunzehnten Jahrhundert, S. 420.
[28] Eimers, Enno, Kleine Geschichte der Stadt Leer, S. 62.
[29] Siefkes, Wilhelmine, Erinnerungen, S. 59.

Die Verschiebung der überkommenen Sozialstrukturen, ohne dass die Führungsschicht ihre gesellschaftliche und wirtschaftliche Macht mit anderen Gruppen teilte, war nach Auffassung des Historikers Eberhard Jäckel das schwerwiegendste Problem für die innere Struktur der deutschen Gesellschaft. Auf der einen Seite standen die Gruppen oder Klassen, die ihren Rückhalt im Großgrundbesitz, in der Unternehmerschaft, im wohlhabenderen Bürgertum, in der Armee und Beamtenschaft hatten. Auf der anderen Seite standen die anwachsende Arbeiterklasse und die kleinbürgerlichen Schichten.[30] Der liberale Politiker Ludwig Haas schrieb 1912:

„Man empfindet es immer mehr als unerträglich und krankhaft, daß in einem Staate wie Deutschland, dessen Macht auf der Arbeitsleistung seiner werktätigen Schichten beruht, nun gerade jene dünne Schicht des Großgrundbesitzes, die wirtschaftlich für unsere Großmachtstellung bedeutungslos ist, politisch herrschend und maßgebend sein soll."[31]

Bavink war das einzige Kind eines Schokoladenfabrikanten. Der Begriff „Fabrik" für das Unternehmen seines Vaters war nicht die Kennzeichnung eines Industriebetriebs, sondern eines Handwerksbetriebes mit wenigen Arbeitskräften.[32] Der Lokalhistoriker Heiko Leerhoff spricht von Klein- oder Kleinstbetrieben in Leer, die die Bezeichnung „Fabrik" führten.[33] Nach Bavinks Lebenserinnerungen kauften alle „besseren Leute" die Süßwaren bei Bavink.[34] Es war für die damalige Zeit ungewöhnlich, dass aus der Ehe seiner Eltern keine weiteren Kinder hervorgingen. Die

---

[30] Jäckel, Eberhard, Hitlers Weltanschauung, S. 152 f.
[31] Haas, Ludwig, in: Naumann, Friedrich (Hg.) „Patria!", 1913, S. 11.
[32] Eimers, Enno, Kleine Geschichte der Stadt Leer, S. 63.
[33] Stadt Leer (Hg.), Leer – Gestern – Heute – Morgen, S. 78.
[34] Bavink, Erinnerungen, S. 30. Siehe auch Anmerkung Quellen.

durchschnittliche Kinderzahl betrug in der Zeit etwa vier. Vater, Onkel und Tanten stammten aus „gebildeten Kreisen".[35]

Sombart unterschied für diese Zeit nach Art ihres Wirtschaftssystems in einer groben Einteilung vier soziale Klassen: 1. die Repräsentanten der feudal-bodenständigen Gutswirtschaft, die Junker, 2. die Bourgeoisie, die die kapitalistische Verkehrswirtschaft betreiben, 3. das Kleinbürgertum als Vertreter noch handwerklicher Fertigung und 4. das Proletariat. Die Bauern bildeten nach Sombart eine Gruppe sui generis.[36] Nipperdey spricht von acht Hauptklassen, wobei die gebildeten und besitzenden Bürger, zu denen Bavink gehörte, mit 1,7 Millionen gegenüber fast 20 Millionen Arbeitern und Dienstboten zahlenmäßig in der Minderheit waren.[37]

Aus den privaten Aufzeichnungen Bavinks[38] ist nicht zu entnehmen, ob er sich aufgrund seiner Herkunft als Mitglied des Kleinbürgertums oder der Bourgeoisie einordnete. Nach dem Ersten Weltkrieg sah er in der Arbeiterschaft „zuallererst den Haß gegen den Bourgeois". Er sprach auch von den „sogenannten Gebildeten" und davon, dass der „Klassenkampfgeist" von innen her überwunden werden müsse, wobei „die höhere Schicht" vorangehen und ihren „Standesdünkel" abstellen solle. Die Herstellung einer klassenüberwindenden „Volksgemeinschaft" war vor 1933 ein politischer Zielbegriff in allen politischen Lagern. Eine ähnliche Wortwahl wie Bavink verwandte zum Beispiel Hitler unter der Überschrift „Die Revolution der Gesinnung" während einer Versammlung der NSDAP am 24. September 1920. In einem amtlichen Bericht darüber wurde er

---

[35] Bavink, Erinnerungen, S. 23.
[36] Sombart, Werner, Die deutsche Volkswirtschaft im neunzehnten Jahrhundert, S. 441.
[37] Nipperdey, Thomas, Deutsche Geschichte 1866–1918, Band I, S. 425.
[38] Stadtarchiv Bielefeld, NL Bavink.

wie folgt zitiert: „Der Bürger müsse von seinem Standesgefühl sehr viel nachgeben wie auch der Proletarier von seinem Klassenstolz. Es kann keine Klassen geben wie heute".[39]

Bavink stellte für sich fest: „daß ich das grosse und unverdiente Glück gehabt habe, von beiden Seiten [gemeint sind die Ahnen der Eltern. Anm. d. Verf.] eine ganze Anzahl wertvoller Erbanlagen auf den Weg mitbekommen zu haben".[40] Nach seiner Klassifizierung war er ein „kulturfähiger Mensch."[41] Er sprach von den zu fördernden „Vollmenschen" und „Familien mit guten Erbanlagen" im Gegensatz zu den „Untermenschen".[42]

Trotz seiner guten Erbanlagen war er im Kindergarten dem Spott der „frechen" anderen Kinder ausgeliefert. Er sprach von der Angst vor einer „Blamage". Der Kindergarten war für ihn keine schöne Erinnerung, weil er wegen seines Anzugs ausgelacht wurde. Diese Ausgrenzungserfahrung war für ihn das Allerschlimmste und er bekam dadurch Wutanfälle.[43]

Auch in der Schule war er ein Außenseiter, der regelmäßig Prügel einstecken musste. Noch als Erwachsener beschäftigten ihn „die Abgründe von Gemeinheit und Rohheit", die sich in dem Verhalten seiner Mitschüler auftaten. „Die größte Ehre in Leer [in der Schule. Anm. d. Verf.] war, ein möglichst schlechter Schüler zu sein, […] je älter und stumpfsinniger jemand in seiner Klasse saß, um so höher stand er in der Achtung seiner Klassengenossen". Bavink, der fast immer Primus war (Abitur 1897), stellte fest, dass von 25 Schülern des Gymnasiums und Realgym-

---

[39] v. Albertini, Besson, Deist, Deuerlein, Hitlers Eintritt in die Politik und die Reichswehr, in: Vierteljahreshefte für Zeitgeschichte 7. Jg. (1959), Heft 2, S. 185 ff., Dokument 27
[40] Bavink, Erinnerungen, S. 23.
[41] Bavink, Unsere Welt, Heft 2, Februar 1928, S. 38.
[42] Stadtarchiv Bielefeld A II 17/11; Bavink, Aufsatz „Die Rasse in den Geisteswissenschaften", Sonderabdruck aus den Neuen Jahrbüchern, Jg. 1933, S. 275.
[43] Bavink, Erinnerungen, S. 42.

nasiums gerade mal 4 oder 5 „reif" fürs Abitur gewesen seien. Dafür waren sie für andere Dinge „überreif". Einer seiner Mitprimaner erzählte ihm, wie viele (uneheliche) Kinder er angeblich schon habe. Die Mehrzahl der Schüler war in seinen Augen schon zu Säufern geworden, bevor sie die Schule verließen. Er sprach von einem trostlosen Schulniveau, das ihn den Ekel im Hals hochtreiben ließ. „Ich habe das Abitur als den Wegfall eines ganz ungeheuerlichen Druckes, ja eines unausgesetzten Martyriums empfunden".[44] In einem offiziellen Rückblick einer örtlichen Zeitung auf hundert Jahre dieses Gymnasiums hieß es: „So hat sich die Staatliche Doppelanstalt in Leer zu einer geistigen Zentrale unserer engeren Heimat entwickelt, aus der ein nicht geringerer Teil der Jugend Ostfrieslands seine geistige Nahrung bezog."[45]

In der Schulpolitik gab es ab 1880 eine intensive Diskussion über die „Schulüberbürdung" auf den humanistischen Gymnasien, die beispielsweise 1907 in einem Zeitschriftenartikel in der Behauptung gipfelte, die Schule sei ein „Schrecksystem", das den Grund für Lebensmüdigkeit und Krankheiten liefere. Der mitunter zeitgenössisch hervorbrechende Hass auf die Schule war so ausgeprägt, dass man staunen kann, in welchem Umfang Teile des deutschen Bildungsbürgertums an der Qualität der eigenen Statusgrundlage zweifelten, so der Bielefelder Historiker Joachim Radkau.[46]

Die negativen Eindrücke der Schulzeit hatten sich bei Bavink geistig so tief verankert, dass er sie fünfzig Jahre später in der Schrift „Kampf und Liebe als Weltprinzip" verarbeitete.[47] Er sprach von besonders gut beanlagten [sic!] und interessierten

---

[44] Bavink, Erinnerungen, S. 45 ff.
[45] Zeitung Rheiderland, Nr. 275, 24. November, Drittes Blatt.
[46] Radkau, Joachim, Das Zeitalter der Nervosität, S. 315 f.
[47] Bavink, Bernhard, Kampf und Liebe als Weltprinzip, S. 77 f.

Jungen als unglückliche Parias, die gequält und verprügelt werden. Als Erwachsener erfuhr Bavink eine ähnliche Demütigung, die er in seinen „Erinnerungen" im Sommer 1933 schilderte. Ihm, dem „geistigen Führer" der Bielefelder „Nationalen Bewegung", wie er sich selbst bezeichnete, wurde von einem „alten Parteimitglied" seiner NSDAP-Ortsgruppe aus nichtigem Anlass der Hut vom Kopf geschlagen bzw. gerissen.[48] Ein Hut war zu dieser Zeit ein Teil der identitätsstiftenden Kleidung des Bürgertums.[49] Auch hier erlebte er wieder die traumatische Erfahrung des angeblichen Hasses gegen die „höheren Stände" und eines Status als Paria. Durch diese Erfahrungen während der Schulzeit und in weiteren Lebenszeiten könnte das Narrativ der Degeneration der Menschheit durch Überhandnehmen der „Unterwertigen" angelegt und bestätigt worden sein, das Bavink in den zwanziger Jahren zu einem Anhänger der Eugenik und „Rassenhygiene" machte.

Eine frühe Prägung entstand mutmaßlich durch die Wahl seiner Religion. Das Einzelkind Bavink entschied sich als Fünfzehnjähriger bewusst gegen den mennonitischen Glauben des Vaters und folgte seiner streng vom lutherischen Glauben geprägten Mutter.[50] Die Mennoniten waren in seiner Heimatstadt eine kleine Gemeinschaft, während die Lutheraner die dominierende Religionsgesellschaft waren.

Dr. Armin Hermann begründete 1978 diese Entscheidung frei nach Freud psychologisch als Überwindung des Vaters und mit der Liebe zur Mutter.[51] Der Vater wurde als „freireligiös, politisch liberal, stark rationalistisch" beschrieben. Die Mennoniten sahen

---

[48] Bavink, Erinnerungen, S. 327.
[49] Kocka, Jürgen (Hg.), Bürgertum im 19. Jahrhundert, Band 1, S. 18.
[50] Gromann, Margret, Bernhard Bavink, S. 44 f.
[51] Hermann, Armin, Bernhard Bavink und die Philosophie, Abdruck einer Festrede „150jähriges Bestehen der seinerzeitigen Bavink-Schule in Bielefeld" 1978, S. 3.

es als religiöse Pflicht an, Staatsämter abzulehnen, hatten eine Gegnerschaft gegen jede Form des aristokratischen Lebensstils aufgrund ihrer unpolitischen oder antipolitischen Grundsätze, so der Soziologe Max Weber 1904/05.[52]

Für Thomas Nipperdey verweist eines der Zentralmotive des Luthertums, dessen anthropologischer Pessimismus, auf konservative Wertvorstellungen, auf das Misstrauen gegen Massen, Mehrheiten und Mitbestimmung.[53] In einem Beitrag zur Analyse der rechten Medienpolitik des Münchner Verlegers Lehmann nach dem Ersten Weltkrieg, zu dem Bavink Kontakt hatte, wird als Ursache für eine rechtsextreme Gesinnung eine funktionale Umdeutung des lutherischen Protestantismus für völkische Ziele vermutet.[54] Festredner Hermann stellte fest: „Die weltanschauliche Position von Bavink war seit jungen Jahren festgelegt".[55]

Im Vergleich zu Bavink soll das Handeln der elf Jahre jüngeren Lehrerin Wilhelmine Siefkes (1890–1984) dargestellt werden, die in der Nachbarschaft von Bavinks Elternhaus aufwuchs. Sie erkannte den Widerstreit zwischen religiöser Orientierung und rechter Ideologie. Am 1. Mai 1933, den die Nationalsozialisten zum staatlichen Feiertag machten und für sich inszenierten, ergab sich in Leer für die 43-jährige Lehrerin folgendes Bild:

„In geschlossener Formation marschierten sie, die Angestellten von Behörden und Firmen [...] die Kollegien der einzelnen Schulen, ja eine Gruppe von Primanern mit ihren Mützen – ich hörte sie schon von weitem singen: „Haut den Juden mit dem Schädel an die Wand [...] Wenn das Judenblut vom Messer spritzt [...] Und direkt dahinter – mir stockte der Herz-

---

[52] Weber, Max, Die protestantische Ethik und der kapitalistische Geist, S. 131.
[53] Nipperdey, Thomas, Deutsche Geschichte 1866–1918, Band 1, S. 494.
[54] Lohff, Brigitte in: Stöckel, Sigrid (Hg.), Die „rechte Nation" und ihr Verleger, S. 241.
[55] Hermann, Armin, Bernhard Bavink und die Philosophie, Abdruck einer Festrede „150jähriges Bestehen der seinerzeitigen Bavink-Schule in Bielefeld" 1978, S. 3.

schlag – da gingen unsere lutherischen Pastoren! [...] daß diese vorgeblichen Hüter des Christentums [...] nicht den Mut aufbrachten, wegzutreten und sich zu distanzieren, das versetzte mir einen Schlag [...] Am nächsten Tag ging ich zum Amtsgericht und erklärte meinen Austritt. Etwas später bin ich dann bei den Mennoniten eingetreten."[56]

Zu einer solchen Lebenslage sei ein Diktum von Karl Jaspers angeführt: „Nirgends hört die persönliche Verantwortung auf [...] Sie beginnt dort, wo ich die Möglichkeit und schon beginnende Faktizität des Verbrechens sehe und doch mitmache. Wo gerufen wird: ‚Deutschland erwache', ‚Juda verrecke', ‚es werden Köpfe rollen'. [...] muß das Gewissen sprechen".[57]

Siefkes wurde zu einer Gegnerin des NS-Staates und schloss sich der Sozialdemokratie an. Bavink war aktives Mitglied der „Nationalen Bewegung" und trat 1933 der NSDAP bei.

Während der Schulzeit und des Studiums von Bavink wandelte sich das Deutsche Reich bis zum Weltkrieg von dem halbliberalen Staat des 19. Jahrhunderts zu einem Interventions- und Sozialstaat mit imperialistischen Ambitionen und einer ausgeprägten militärischen Aufrüstung. Der Anteil der Staatsausgaben am Nettosozialprodukt stieg von Bavinks Geburtsjahr bis zum Jahr 1913 um rd. 50 %. Der Wandel der Staatsaufgaben führte zu mehr Mitwirkungsmöglichkeiten des Parlaments. Die Macht des Reichstages verstärkte sich.[58]

Kaiser Wilhelm II., König von Preußen, erzwang 1890 den Rücktritt des Reichskanzlers Bismarck. Ab 1900 amtierte der Diplomat Bernhard von Bülow als Reichskanzler. Das Reich hatte ein „halbparlamentarisches System", denn letztlich konnte der

---

[56] Siefkes, Wilhelmine, Erinnerungen, S. 97 f.
[57] Jaspers, Karl, Die Schuldfrage, S. 95 f.
[58] Vgl. Nipperdey, Thomas, Deutsche Geschichte 1866–1918, Band II, S. 471 ff.

Monarch durchregieren. Es herrschte ein wachsender Wohlstand durch eine lange Phase der Hochkonjunktur und leicht zunehmender Verteilungsgerechtigkeit. Im Reichstag waren Sozialdemokraten, die Zentrumspartei, Konservative, Nationalliberale und Linksliberale vertreten. Antisemiten und Agrarier erhielten bei der Reichstagswahl im Jahre 1903 nur sehr wenige Mandate.

Bei näherer Betrachtung ergaben sich schwere Verwerfungen. Der 33-jährige Schriftsteller Heinrich Mann schrieb im April 1904 einem Freund:

„Es ist leider die Nation selbst, die auf eine Stufe von Materialismus gesunken ist, wo die Worte Freiheit, Gerechtigkeit nur noch leerer Schall sind. Geld verdienen, die Arbeiterbewegung durch soziale Gesetze oder aber durch Repressalien zur Ruhe bringen, damit man ungestört weiter Geld verdienen kann: sage selbst, ob das nicht das einzige ist, das die Deutschen aller Stände heute ernsthaft beschäftigt. Das einzige Ideal ist ein voller Magen [...] die idealistische Kraft, die ein Volk oder doch die Besseren aufbringt gegen die dumme Brutalität der Machthaber, die fehlt in diesem Lande".[59]

Ludwig Haas, Mitglied der liberalen „Fortschrittlichen Volkspartei" und Verfechter eines Bündnisses mit den Linken, plädierte 1913 für die Ablösung der Vorherrschaft des Junkertums durch die Demokratisierung und die Liberalisierung des deutschen Staatswesens.[60] Die klar gegen Arbeiterinteressen gerichtete Politik zeigte sich in einem aus heutiger Sicht absurden Beispiel. Im preußischen Abgeordnetenhaus wurde von den Konservativen die Besteuerung von Fahrrädern, aber nicht von Reitpferden beschlossen. In einer zeitgenössischen Schilderung der politischen

---

[59] Zitiert in: Möller, Jürgen (Hg.), „Historische Augenblicke – Das 20. Jahrhundert in Briefen", 1999, S. 22.
[60] Haas, Ludwig in: Naumann, Friedrich (Hg.) Patria!, S. 11.

Lage hieß es 1911: „Im Kampf für ihre Vorrechte kennen die Junker keine Scham, keine Rücksichten."[61]

Max Weber, ein Freund Karl Jaspers, konstatierte 1918 für das Kaiserreich:

„Er [Bismarck. Verf.] hinterließ eine Nation ohne alle und jede politische Bildung [...] und als Folge der mißbräuchlichen Benutzung des monarchischen Gefühls als Deckschild eigener Machtinteressen im politischen Parteikampf. Eine Nation, daran gewöhnt, unter der Firma der ‚monarchischen Regierung' fatalistisch über sich ergehen lassen, was man über sie beschloß".[62]

Er sprach von den Spießbürgern, die Bismarck verklären, die aber nicht zu eigenem politischen Denken fähig sind.[63] Kommende Friktionen in der politischen Landschaft und Vorprägungen politischer Weltanschauungen im bürgerlichen Lager bis in die Weimarer Zeit deuteten sich hier bereits an.

In diesem politischen Gärungsprozess trat Bavink während seines Studiums 1904 der nicht schlagenden Verbindung „Wingolf" bei, die evangelisch-lutherisch geprägt war und in der philosophisch-theologische Debatten den Austausch dominierten. Nach einem Studium der Mathematik, Physik und Chemie entschied er sich beruflich für den Schuldienst.[64] Während eines Kuraufenthaltes in Davos lernte der 22-jährige Student durch Gespräche mit anderen Kurgästen verschiedene politische Richtungen kennen. Zu der Zeit hatte er offenbar noch keine parteipolitische Präferenz entwickelt.[65] Seine Vortrags- und Veröffent-

---

[61] Frank, Ludwig, Die bürgerlichen Parteien des Deutschen Reichstages, S. 24.
[62] Weber, Max, Rationalisierung..., S. 268.
[63] Zitiert bei Grüttner, Michael in: Sandkühler, H. J. (Hg.), Philosophie im Nationalsozialismus, S. 32.
[64] Gromann, Margret, Bernhard Bavink, S. 65 ff.
[65] Gromann, Margret, Bernhard Bavink, S. 82 f.

lichungstätigkeit vor 1914 für den Keplerbund deutet auf eine konservative Ausrichtung hin. In seinen Erinnerungen sah er den „Kepler-Bund" als Feld für die „rein geistige Arbeit an den höheren Schichten".[66] Seine Haltung war die eines wissenden und sachlichen Mahners.

Bavink war von 1905 bis zu seiner Pensionierung im Jahr 1944 als verbeamteter Lehrer tätig, zuerst in Gütersloh und ab 1912 in Bielefeld. Am 12. März 1905 legte er das erste Mal für einen Dienstherren den Treueeid ab:

„Ich, Bernhard Bavink, schwöre zu Gott dem Allmächtigen und Allwissenden, daß seiner königlichen Majestät von Preussen, meinem Allerhöchsten Herrn, ich untertänig treu und gehorsam sein und alle mir vermögens meines Amtes obliegenden Pflichten nach besten Wissen und Gewissen genau erfüllen, auch die Verfassung gewissenhaft beobachten will, so wahr mir Gott helfe."

Es folgten in seinem Berufsleben Treueeide für die Weimarer Republik, Nachkriegspreußen und Hitler.

1912 konnte Bavink problemlos die Schule wechseln. Er wurde Oberlehrer an einer höheren Schule für Mädchen in Bielefeld. Die Zahl der weiterführenden Schulen nahm zu, entsprechend wurden auch mehr Lehrer eingestellt. Das Sozialprestige dieses Berufsstandes war bei den herrschenden Eliten des Adels und des Militärs jedoch nicht hoch. Der Kaiser meinte mehrfach spöttisch, Kanzler Bülow wolle seine eines „Friedrichs des Großen" würdigen Reden auf Formen und Stil eines „Oberlehrers an höheren Töchterschulen herunter redigieren".[67]

Die 1. Auflage von Bavinks Hauptwerk „Ergebnisse und Probleme der Naturwissenschaften", ein naturwissenschaftliches

---

[66] Unsere Welt, Heft 11 (November 1932), S. 329 f.
[67] Nipperdey, Thomas, Deutsche Geschichte 1866–1918, Band II, S. 725.

Lehrbuch, erschien 1914 noch vor dem Krieg. Bavink hatte 1912 das Manuskript fertiggestellt.[68]

Politische Äußerungen Bavinks beziehen sich in seinen Lebenserinnerungen auf die Zeit des Krieges ab 1914. Er war als 35-Jähriger aus gesundheitlichen Gründen nicht Soldat geworden, aber „während des Ersten Weltkrieges standen wir stets unbedingt auf der nationalen Seite".[69] Nach seiner Erinnerung konzentrierte sich das gesamte Interesse auf die Kriegsereignisse und die politischen Vorgänge.

„In Deutschland verstand man an unseren Feinden damals wohl gerade dies am wenigsten: daß sie sogar in Kunst und Wissenschaft ihre Feindschaft austobten. [...] Für uns sachlich denkende Deutsche war das der Gipfel des Wahnsinns, niemand unter uns dachte damals entfernt daran, unsererseits mit solchen Albernheiten zu beginnen. Nur wenn die anderen so anfingen, sahen sich unsere Geistesarbeiter natürlich gezwungen, auch unsererseits mit gleicher Münze heimzuzahlen."[70]

In den letzten Kriegsmonaten erlitt die Reichswehr Verluste von 760.000 Mann, davon 350.000 Gefangene und Vermisste. Die Kriegshandlungen sowohl an der Westfront als auch an der Ostfront fanden bis zum Ende Krieges zu keiner Zeit auf deutschem Staatsgebiet statt. Die Soldaten waren tödlich erschöpft, kriegsmüde und kriegsunwillig.[71]

In der bürgerlichen zivilen Parallelwelt des Studienrates Bavink waren im letzten Kriegsjahr Pfingstferien, Geburtstagsfeiern, die zweite Heirat am 5. Oktober 1918 (seine erste Frau starb

---

[68] Gromann, Margret, Bernhard Bavink, S. 108.
[69] Gromann, Margret, Bernhard Bavink, S. 122.
[70] Bavink, Erinnerungen, S. 283. Der letzte Satz fehlt in der „offiziellen" Biografie seiner Tochter Margret Gromann.
[71] Nipperdey, Thomas, Deutsche Geschichte 1866–1918, Band 2, S. 866.

1915) mit anschließender Hochzeitsreise ins Lipper Land bestimmend.[72]

In der abgelehnten Weimarer Republik

Ein Waffenstillstand beendete am 11. November 1918 die Kampfhandlungen des Ersten Weltkrieges. Dieses Ereignis war ein Schock für Bavink und viele Deutsche, denn die Militärführung hatte weder Regierung und Parlament noch Öffentlichkeit über die wahre militärische Lage informiert, sodass ein „illusionärer Optimismus" in der Bevölkerung (Nipperdey) herrschte. Die oberste Heeresleitung unter General Ludendorff schob die Verantwortung für die militärische Niederlage geschickt der Politik zu.

Der Bielefelder Politiker Carl Severing beschrieb seine Erinnerungen am Ende des Krieges:

„An die deutschen Sozialisten richtete man die Aufforderung [1918 in die Regierung einzutreten. Verf.] in einem Augenblick, in dem die Niederlage feststand und die Regierung mit ihrer Beteiligung den Frieden schließen mußte". Bereits am 3. Oktober 1918 „hatte die Oberste Heeresleitung [...] erklärt, daß es geboten sei, den Kampf abzubrechen. [...] Trotzdem wurde jetzt eine laute Agitation militärischer und alldeutscher Kreise betrieben, den Krieg fortzusetzen".

Severing bezeichnet diese Gruppe als „Hasardeure" und „verantwortungslose Kamarilla", die mit ihren Forderungen eine Zerstückelung Deutschlands und Tausende weiterer Tote bewirkt hätten.[73]

---

[72] Gromann, Margret, Bernhard Bavink, S. 125.
[73] Severing, Carl, Mein Lebensweg, S. 22.

Die vom Versailler Friedensvertrag ausgelöste „Kriegsschuldfrage" wurde zu dem Vehikel eines fanatischen Hasses gegenüber den „Linken" und gegen die Republik instrumentalisiert. Den von den Rechten behaupteten „Dolchstoß" hatte es nicht gegeben. Der Krieg war durch die Übermacht der Gegner an allen Fronten verloren worden. Eine Verlängerung des Krieges wäre sinnlos gewesen.[74]

Als in einem Aufsatz in den „Monistischen Monatsheften" die Schuld des Kaisers und seiner Ratgeber am Krieg thematisiert wurde, behauptete Bavink 1920, dass diese Thesen „wahnsinnige Lügen" seien.[75]

Der Schlosser, Gewerkschafter und Sozialdemokrat Carl Severing (1875–1952), in den dreißiger Jahren zeitweilig Innenminister in Preußen und im Reich, war bis 1919 Redakteur der sozialdemokratischen Zeitung „Volkswacht" in Bielefeld. Er und andere arbeiteten aktiv an einer friedlichen Transformation der Zustände des Kaiserreichs in eine neue Republik. Der Revolutionstag, der 8. November, endete in Bielefeld ohne Blutvergießen. Es wurde ein Volks- und Soldatenrat gebildet. Die erste Vollversammlung des Bielefelder Volksrates am 27. Oktober 1918 war nach Severings Eindruck eine Volksgemeinschaft im besten Sinne des Wortes. Es waren alle Berufsgruppen und politischen, wirtschaftlichen und beruflichen Vereinigungen vertreten. Er erhielt von der Versammlung volle Zustimmung für die Feststellung: „Der heutige Tag führt zum ersten Mal alle Parteien und Stände freiwillig zu gemeinsamer Arbeit zusammen. So sollte es immer sein, dann ist der Wiederaufbau Deutschlands gesichert!"[76]

---

[74] Nipperdey, Thomas, Deutsche Geschichte 1866–1918, Band 2, S. 866.
[75] Unsere Welt, September-Oktober 1920, Heft 5, S. 195.
[76] Severing, Carl, Mein Lebensweg, S. 226 f.

Die frühere Nachbarin Bavinks in seiner Heimatstadt Leer, die Lehrerin und Schriftstellerin Wilhelmine Siefkes, sah in dem Ende des Kaiserreichs einen Neubeginn: „Wenn ich an die Zeit nach dem Ersten Weltkrieg zurückdenke, so erscheinen mir die Zwanziger Jahre als die glücklichsten meines jungen Lebens. Mein Beruf machte mir Freude, daneben trat von allen Seiten Neues an mich heran."[77]

Bavink nahm die Situation anders wahr: „Gleich in den ersten Monaten unseres neuen Ehelebens brach die Revolution aus und es kam alles das Schreckliche, was sie im Gefolge hatte: Völlige Zertrümmerung Deutschlands und das Elend der ersten Nachkriegsjahre."[78]

Rechte Nationalisten wollten das Rad der Geschichte gewaltsam zurückdrehen. Das Deutsche Reich befand sich in den ersten Nachkriegsjahren in einer bürgerkriegsähnlichen Situation. Im Jahre 1919 wurden Rosa Luxemburg, Karl Liebknecht, der bayerische Ministerpräsident Kurt Eisner, 1921 der Zentrumspolitiker Matthias Erzberger und 1922 Reichsaußenminister Walter Rathenau ermordet. Einen Tag vor diesem Mord hatte der deutschnationale Reichstagsabgeordnete Karl Helfferich in einer seiner vielen Hetzreden Rathenau maßlos angegriffen.[79]

Am 16. Januar 1919 meldete die „Westfälische Zeitung": „Ein Drahtbericht von heute morgen bringt die erfreuliche Kunde von der Verhaftung der beiden Führer der spartakistischen Bewegung, Karl Liebknecht und Rosa Luxemburg." In dem Bericht hieß es weiter: „Hoffentlich trifft die Regierung für alle Zeit Vorsorge, die beiden Unruhestifter [...] für allezeit unschädlich zu machen. [...] Ist erst einmal ein Exempel statuiert, dann werden es

---

[77] Siefkes, Wilhelmine, Erinnerungen, S. 56.
[78] Bavink, Erinnerungen, S. 292.
[79] Piper, Ernst, Geschichte des Nationalsozialismus, S. 44 f.

die anderen Heißsporne [...] wohl überlegen, ob sie weiterhin Kopf und Kragen riskieren".[80] Am Tag darauf meldete die Zeitung: „Liebknecht auf der Flucht erschossen – Rosa Luxemburg von der Menge getötet." Tatsächlich wurden beide von Freikorps-Soldaten der Garde-Kavallerie-Schützen-Division ermordet.

In Bielefeld wurde am 15. März 1919 dazu aufgerufen, bewaffnete Freiwilligenverbände zu bilden.[81] Dies war eine Reaktion auf die zweite Phase der Revolution. In der ersten ging es um politische Demokratisierung, in der zweiten Phase wurden die Forderungen der wirtschaftlichen Rätebewegung radikaler. Die Regierung Scheidemann antwortete auf die Unruhen und wilden Streiks mit dem Einsatz von weit rechtsstehenden Verbänden der Freikorps.[82]

Am 14. März 1919 hatte der 39-jährige Studienrat Bavink, „wohnhaft Kastanienstr. 14",[83] von der Polizeiverwaltung Bielefeld die Erlaubnis bekommen, einen Revolver mit sich zu führen.[84] Der Waffenbesitz von Zivilpersonen war durch eine Verordnung des Rates der Volksbeauftragten vom 14. Dezember 1918 und durch eine weitere Verordnung vom 13. Januar 1919 illegal geworden.[85] Die genaue Bezeichnung der Handfeuerwaffe als „Revolver" deutete auf eine tatsächlich bei Bavink vorhandene Waffe hin. Welchem Zweck sollte sie dienen? Wollte der militärisch Ungeübte sich einem Freikorps anschließen oder sollte sie der Selbstverteidigung dienen? Der Münstersche „Wingolf",

---

80 Westfälische Zeitung" v. 16.1.1919. Quelle auch f. d. folgenden Fussnoten: Zeitpunkt.nrwULB Bonn + ULB Münster Visual Library Server 2019.
81 Vogelsang, Reinhard, Geschichte der Stadt Bielefeld, 3. Band, S. 40.
82 Winkler, Heinrich August, Weimar, S. 73.
83 Ab 1931 bezog die Familie Bavink ein neu erbautes Haus in der Hochstraße.
84 Stadtarchiv Bielefeld, Nachlass Bavink, C 44.
85 Reichsgesetzblätter 1918 Nr. 181 und 1919 Nr. 7.

Bavinks Studentenverbindung, gehörte 1919/20 der „Akademischen Wehr Münster" unter Martin Niemöller an. Sie war von dem späteren Rektor der Universität Münster Hubert Naendrup gegründet worden. Zu dieser Zeit war er wie Niemöller Mitglied der DNVP und Unterstützer des Kapp-Putsches.[86]

Carl Severing schilderte die Verhältnisse in der Zeit nach der „November-Revolution": „Gewehre und Karabiner mit Munition, Revolver und Maschinengewehre mit Munition und andere Waffen waren in ungeheuren Mengen in den Besitz der Zivilbevölkerung geraten. So waren alle Voraussetzungen für die blutigsten Auseinandersetzungen gegeben, wenn es nicht gelang, das Feld für Ordnung und Recht zu behaupten."[87] Über eine Unterredung als Reichs- und Staatskommissar im Ruhrrevier im Frühjahr 1919 schrieb er: „Einige Mitglieder dieser Abordnung beschäftigten sich während der Unterhaltung mit ihren schweren Pistolen so ungeniert, als wären diese Dinge ein Bestandteil ihrer Schreibutensilien gewesen".[88]

Nach Bavinks Schilderungen erlebte seine Familie 1919 die zweite Phase der Revolution in Bielefeld, als nach dem verunglückten „Kapp-Putsch" die Spartakisten einen Aufstand gegen die damalige sozialdemokratische Regierung Severing angestiftet hatten.

Bavink irrte in seinen Erinnerungen: Der „Kapp-Lüttwitz-Putsch" fand im März des Jahres 1920 statt und brach bereits am 18. März zusammen. Severing wurde nach Niederschlagung des Putsches am 29. März 1920 zum preußischen Innenminister er-

---

[86] Zeitschrift für Heereskunde, 2006, Heft Nr. 422, S. 179; Schlagheck, Raimund: Die „Akademische Wehr Münster" 1919/1920. Ein Beitrag zur Geschichte der Freikorps. Teil 2.
[87] Severing, Carl, Mein Lebensweg, S. 235.
[88] Severing, Carl, Mein Lebensweg, S. 243.

nannt.[89] In dem von Bavink genannten Jahr 1919 war er Reichskommissar für das Ruhrgebiet. Bavink erinnerte sich:

„An meinem Geburtstag [30. Juni 1919. Verf.] saßen wir abends in unserer Essstube in der Kastanienstraße zusammen, als plötzlich in den Gärten der Nachbarschaft Handgranaten detonierten und scharfe Schüsse über uns hinweg von der Promenade in die Stadt hineinpfiffen [...] Es war freilich mehr ein Unfug dummer Jungens aus den Reihen des Kommunismus gewesen [...] Zwei Tage später wurde Bielefeld von regulärem Militär besetzt und die Spartakistenbanden zerschlagen".[90]

Am 28. Juni 1919 waren, mutmaßlich auch durch angereiste Matrosen aus Hamburg, Unruhen wegen der unzureichenden Lebensmittelversorgung und der angeblichen Wucherpreise – eine Kriegsfolge – ausgebrochen. Auf dem Bielefelder Wochenmarkt wurden die Bauern und Händler bedrängt. Die Waren wurden durch die Aufrührer zu herabgesetzten Preisen verkauft oder beschädigt und beseitigt.[91] Am Montag, dem 30. Juni 1919, wurde in Bielefeld an der Ecke Turnerstraße eine Handgranate geworfen, die einen Mann tötete und mehrere Menschen verletzte. Außerdem wurden Salven in die Luft geschossen. Am 1. Juli 1919 rückten Soldaten des Freikorps Gabke aus Sennelager in die Stadt ein. Durch Schüsse aus dem Rathaus und von einem Angehörigen des Freikorps gab es einen weiteren Toten und Verletzte. Anschließend beruhigte sich die Lage wieder.[92]

Am 1. Juli 1919 berichtete die in Bielefeld erscheinende sozialdemokratische „Volkswacht" in einem kurzem Artikel über die

---

[89] Severing, Carl, Mein Lebensweg, S. 277.
[90] Bavink, Erinnerungen, S. 293.
[91] Severing, Carl, Mein Lebensweg, S. 250.
[92] Vogelsang, Reinhard, Geschichte der Stadt Bielefeld, 3. Band, S. 41 und Achelpöhler, Fritz, Mädchen, Schule, Zeitgeschichte, S. 129 f.

Ausschreitungen am vorhergehenden Sonnabend und zitierte einen Heringsverkäufer mit den Worten, er habe Heringe für 90 Pfennige eingekauft und für 95 Pfennige wiederverkauft. In fast gleicher Länge wurde über den Spielplan des Zirkus Althoff berichtet und der Besuch empfohlen.

Bavinks vor dem Krieg noch diffuse konservative Weltanschauung entwickelte sich ab 1918 zu einer radikal rechten Gesinnung: „"…nun lag die nächste Zukunft schwarz für Deutschland da. Gut, dass wir nicht ahnten, wie schwarz sie sein sollte", so Bavink in seinen Erinnerungen. Und weiter heißt es: „dass die von den Linken eingeschlagene Politik sowohl innen- wie aussenpolitisch zu nichts als Demütigungen und zuletzt zum völligen Niederbruch führen musste. Und das Unglaubliche war, dass die zunächst in Deutschland herrschende Mehrheit das überhaupt nicht sehen wollte [...] Es war also klar, dass ich mich von vornherein auf die Seite der nationalen Opposition stellte, **denn man konnte damals [...] nicht rechts genug sein.**" (Hervorh. Verf.) Bavink bekannte in seinen Lebenserinnerungen: „Wir alle im Keplerbund waren stramm national gesinnte Männer."[93] Teile der Familie seiner Frau tendierten hingegen zur politisch liberalen Richtung, zur „Deutschen Volkspartei" und zur „Deutschen Demokratischen Partei".[94]

Die Gegner der Republik äußerten sich wie Hitler 1925 in „Mein Kampf": „Was wir heute um uns und in uns erleben müssen, ist nur der grauenvolle, sinn- und vernunftzerstörende Einfluß des Meineidsstaats des 9. November 1918. Mehr als je gilt hier das Dichterwort vom Bösen, das fortzeugend Böses muß

---

[93] Gromann, Margret, Bernhard Bavink, S. 130.
[94] Bavink, Erinnerungen, S. 292.

gebären [...] tragen die Schuld daran diejenigen, die [...] seit 1918 unser Volk zu Tode regieren".[95]

Der Bielefelder Historiker Reinhard Vogelsang stellte fest: „Das Bielefelder Klima wurde in diesen Tagen von zwei Tendenzen bestimmt. Erstens war die Position der SPD so fest in der Arbeiterschaft verankert, dass eine konkurrierende Partei wie die USPD kaum und die Spartakusgruppe gar nicht Fuß fassen konnte, und zweitens hatte sich das Bürgertum so weit mit den neuen Verhältnissen abgefunden, dass es in die Zukunft blickte".

Die von Bavink erwartete schwarze Zukunft und der völlige Niedergang bildeten einen Kontrast wie schon im Krieg zu seiner privaten bürgerlichen Welt: Dazu gehörte die Übernahme der Leitung des Keplerbundes 1920 und die Fertigstellung der zweiten Auflage seines Hauptwerks. Beide Tätigkeiten wurden großzügig von der Schulbehörde durch eine Beurlaubung vom Schuldienst unterstützt. Hinzu kamen die Beförderung zum Oberstudienrat, private Reisen und im Jahr 1927 der Bau eines repräsentativen Hauses. Ein weiteres Statussymbol des Bürgertums, die Beschäftigung eines „Dienstmädchens", wurde für die Familie Bavink möglich. Der Jahresverdienst eines Gymnasiallehrers betrug um die Jahrhundertwende das Dreißigfache eines Dienstmädchens.[96] Der berufliche Status ermöglichte eine Abgrenzung nach unten, zu den „Untermenschen", wie Bavink 1931 die Schicht bezeichnete, die von der SPD vertreten wurde.[97] Die „Dienstbotenfrage" war im Bürgertum Prestigeangelegenheit.[98]

---

[95] Mein Kampf, II, S. 289.
[96] Ueberschär, Gerd R.; Vogel, Winfried, Dienen und Verdienen, Hitlers Geschenke an seine Eliten, S. 30.
[97] Zitiert in: Heiner Fangerau, Dissertation Ruhr-Universität Bochum 2000, Das Standardwerk zur menschlichen Erblichkeitslehre und Rassenhygiene von Erwin Baur, Eugen Fischer und Fritz Lenz im Spiegel der zeitgenössischen Rezensionsliteratur 1921–1941. https://hss-opus.ub.ruhr-uni-bochum.de/opus4/frontdoor/index/index/year/2018/docId/5
[98] Nipperdey, Thomas, Deutsche Geschichte, Band I, S. 53 f.

So erörterte Bavink in seinen Lebenserinnerungen mehrfach die Schwierigkeit, geeignete Frauen zu finden. Bei den „Landmädchen" wurde der „Dienst" zunehmend unbeliebter. Ein Experte stellte bereits 1911 fest, dass viele Frauen die Fabrik dem „Dienstmädchendasein" vorzogen, weil die Werkmeister nicht so grob waren wie die „gnädigen Frauen".[99]

Bavink stand mit seiner Kritik an der neuen politischen Ordnung in der Phalanx vieler Intellektueller. Die meisten Hochschullehrer trauerten dem untergegangenen Bismarck-Reich nach und erblickten in der Weimarer Republik hauptsächlich das „beschämende Ergebnis eines verlorenen Krieges".[100] Zwischen bürgerlichen „Vernunftrepublikanern" und der extremen bürgerlichen Rechten klaffte ein Abgrund.[101]

Die größte Volksschullehrerorganisation, der deutsche Lehrerverein, tendierte in den 1920er Jahren politisch zur linksliberalen DDP oder zur SPD, während Lehrer an höheren Schulen überwiegend nationalkonservative oder nationalliberale Positionen vertraten. Etwa 20–30 % der Hochschullehrer waren Mitglieder einer politischen Partei, überwiegend der konservativen Deutschnationalen Volkspartei (DNVP).[102]

Nach dem Ende des Kaiserreichs mussten die Beamten den neuen Staat als Dienstherrn akzeptieren. Bavink leistete statt des vormaligen Eides auf den preußischen König jetzt zwei Treueide auf die Staatsform, die er ablehnte: jeweils in Bielefeld am 17. Februar 1920 auf die Weimarer Reichsverfassung und am 13. Juni 1921 auf die Preußische Verfassung.[103] Auch die Verfassung des Freistaates Preußen vom 30. November 1920 (Preußische Geset-

---

[99] Radkau, Joachim, Das Zeitalter der Nervosität, S. 230 f.
[100] Grüttner, Michael in Sandkühler, H. J. (Hg.)Philosophie im Nationalsozialismus, S. 31 f.
[101] Vgl. Winkler, Heinrich August, Weimar, S. 305.
[102] Grüttner, Michael, Brandstifter oder Biedermänner, S. 431 ff.
[103] Staatsarchiv Münster, Provinzial Schulkollegium, Personalakten Nr. B 8.

zessammlung 1920, Nr. 54, S. 543) erklärte das Land in Artikel 1 zur Republik.

Die Weimarer Reichsverfassung vom 11. August 1919 war die erste demokratische Verfassung in Deutschland. Gegen diese Verfassung stimmten die im extremen rechten und linken Teil des Parteienspektrums angesiedelten USPD und die DNVP. Das Fazit des Historikers Robert Gerwarth lautet:

„Der Kaiser und die gestrige Ordnung waren hinweggefegt worden; eine Nationalversammlung aus frei gewählten Abgeordneten hatte die erste deutsche Demokratie aus der Taufe gehoben, drei Viertel der Abgeordneten unterstützten die neue Regierung unter Philipp Scheidemann. Kaum ein anderes Land hatte eine vergleichbar fortschrittliche Verfassung und ähnlich progressive Sozialgesetze wie Deutschland in den Weimarer Jahren. Diese beträchtlichen Errungenschaften wurden allerdings von dem Umstand überschattet, dass kleine radikale Minderheiten am linken und rechten Rand sich weigerten anzuerkennen, dass eine überwiegende Mehrheit der Deutschen die gemässigte Revolution vom November 1918 unterstützte."[104]

Das „Gezeter" des gehobenen Bürgertums gegen die gleichmacherische Demokratie drückte vor allem die „Angst um das Prestige der eigenen Schicht des Diplom-Menschentums" aus, wie Max Weber im Sommer 1918 feststellte.[105]

Als letzte bürgerliche Parteien konstituierte sich in Bielefeld die Deutschnationale Volkspartei. Die DNVP wurde am 24. November 1918 gegründet. Sie lehnte den Umbruch mit aller Ent-

---

[104] Gerwarth, Robert, Die Größte aller Revolutionen, S. 233.
[105] Grüttner, Michael in Sandkühler, H. J. (Hg.) Philosophie im Nationalsozialismus, S. 32.

schiedenheit ab. Die neue Freiheit sei in Wahrheit zu einer Diktatur und Klassengesellschaft geworden.[106]

Bavink behauptete nach dem Zusammenbruch des NS-Regimes, dass sich seine zahlreichen Reden und Schriften lediglich auf unpolitische Themen bezogen.

Im Entnazifizierungsfragebogen[107], den er am 19. Dezember 1946 unterzeichnete (Mitunterzeichner als Zeuge war sein Kollege Dr. Wilhelm Zenke[108]), gab er an, Mitglied der Deutschnationalen Volkspartei gewesen zu sein. Nach dem von ihm 1933 unterzeichneten Fragebogen zur „Durchführung des Gesetzes zur Wiederherstellung des Berufsbeamtentums vom 7. April 1933" war er von 1918 bis 1927 Mitglied der DNVP.[109] Diese Angabe wird durch eine Eintragung in dem angesehenen „Archiv f. Publizistische Arbeit" („Intern. Biogr. Archiv') bestätigt: „...betätigte er sich nach der Revolution kurze Zeit als Redner der DNVP und war danach durch seine publizistische Tätigkeit stark an der nationalen Bewegung beteiligt".[110] Bavinks Partei, die DNVP, wurde hauptsächlich durch Großspenden der Industrie und von Großagrariern finanziert.

Innerhalb des Spektrums der bürgerlichen Parteien gehörte der lutherische Studienrat Bavink seit Gründung der Weimarer Republik einer rechtsextremen Minderheit an.

Die neue Partei DNVP war eine Zusammenfassung aller restaurativen Kräfte nach dem Sturz der Monarchie. Sie versammelte verschiedene konservative Parteien des Kaiserreichs. In einem

---

[106] Vogelsang, Reinhard, Geschichte der Stadt Bielefeld, 3. Band, S. 32 f.
[107] Stadtarchiv Bielefeld, 200, 5 NL Bavink.
[108] Zenke gehörte wie Bavink nach dem 1. Weltkrieg zu der „deutschnationalen Opposition" im Lehrerkollegium, Bavink, Erinnerungen, S. 284.
[109] Staatsarchiv Münster, Provinzial Schulkollegium, Personalakten Nr. B 8, Unterzeichnet am 28. Juni 1933.
[110] BArch NS 5 VI/17552 5972, Eintragung v. 26.4.1934 (heute Munzinger-Archiv).

Aufruf des Vorstandes für die Wahl zur Nationalversammlung im Dezember 1920 hieß es im Hinblick auf die November-Revolution: „Nach außen wie im Innern drohen uns Auflösung und Vernichtung". [111]

In der Polemik gegen die demokratische Republik legte sich die Partei keine Zügel an. Sie zögerte zunächst nicht, den radikalen völkischen Gruppen einen maßgeblichen Einfluss auf ihr Programm einzuräumen. Die DNVP machte die „Dolchstoß-Legende" zum zentralen Agitationsmittel gegen die Linksparteien. Die Partei sympathisierte offen mit den Putschisten Wolfgang Kapp und Walther v. Lüttwitz. Es bestand eine virtuelle Identität mit den Anhängern des Putsches vom März 1920.[112]

Der damals 23-jährige Publizist Sebastian Haffner schilderte seine eigenen Beobachtungen: „Ganz schlimm stand es für die Republik bei den Universitäten und Oberschulen.

Die Studenten und Professoren, die Oberlehrer und Oberschüler waren [...] stramm anti-republikanisch, monarchistisch, nationalistisch und revanchistisch".[113]

In den Grundsätzen der Deutschnationalen Volkspartei von 1920 hieß es:

„Letzten Endes wurde die Revolution die große Verbrecherin [...] Das Kaisertum hat uns auf den Gipfel staatlicher Macht geführt [...] Durch feindliche Obermacht und eigene Schuld ist es jäh zusammengebrochen. Letzten Endes wurde die Revolution die große Verbrecherin, die Sittlichkeit, Staatsordnung und Wirtschaft zertrümmerte. [...] kämpfen wir gegen jeden zersetzenden undeutschen Geist, mag er von jüdischen oder anderen Kreisen ausgehen. Wir wenden uns gegen die

---

[111] Liebe, Werner, Die Deutsch-Nationale Volkspartei 1918-1924, S. 7 und S. 109 ff.
[112] Mommsen, Hans, Aufstieg und Untergang der Republik von Weimar, S. 88 f.
[113] Haffner, Sebastian, Von Bismarck zu Hitler, S. 207 f.

[...] Vorherrschaft des Judentums in Regierung und Öffentlichkeit. Der Zustrom Fremdstämmiger über unsere Grenzen ist zu unterbinden."[114]

Die Anhänger der DNVP stammten aus dem im Kaiserreich bestehenden konservativen Lager, das sich seinerzeit vom politischen Katholizismus, der Sozialdemokratie, Nationalliberalismus und Sozialliberalismus abgrenzte.[115] Im sog. „Tivoli-Programm" der Konservativen, das 1892 in der Brauerei „Tivoli" in Berlin beschlossen wurde, war neben dem Bekenntnis zur Monarchie und zur christlichen Schule und der starken Berücksichtigung von Wirtschaftsinteressen ebenfalls ein Passus enthalten, den die DNVP nach dem Krieg fast wortwörtlich übernahm: „Wir bekämpfen den vielfach sich vordrängenden und zersetzenden jüdischen Einfluss auf unser Volksleben".[116] Die Aufnahme des Antisemitismus in das Programm war seinerzeit dem partiellen Erfolg einer Antisemitenpartei geschuldet.

Enger Verbündeter war zudem der Bund der Landwirte, in dessen Programm es hieß: „Er bekämpft das Ausbeutungssystem des spekulativen internationalen Großkapitals".[117] Diese einflussreiche Organisation vertrat einen rabiat militanten Antisemitismus.[118]

Die „Wahlschlacht" (Westfälische Zeitung) für die Wahlen zur Nationalversammlung, an der Bavink teilnahm, fand vorwiegend in der Zeitung durch Leserbriefe und Anzeigen und in nicht selten tumultartigen Veranstaltungen der Parteien statt. Die Wahlinserate standen oft neben Todesanzeigen für Gefallene und Inseraten mit dem Vermerk „Zurück aus dem Felde". Hauptgegner

---

[114] Kühnl, Reinhard, Der deutsche Faschismus, S. 48 f.
[115] Lösche, Peter, Kleine Geschichte der deutschen Parteien, S. 67 f.
[116] Frank, Ludwig, Die bürgerlichen Parteien des Deutschen Reichstages, S. 16.
[117] Frank, Ludwig, Die bürgerlichen Parteien des Deutschen Reichstages, S. 91.
[118] Nipperdey, Thomas, Deutsche Geschichte 1966–1918, Band II, S. 586.

der DNVP waren in Bielefeld die Sozialdemokraten und die Deutsche Demokratische Partei (DDP). Auf einem antisemitischen Wahlplakat der DNVP richtete sich der Protest gegen die „undeutsche goldene und rote Internationale, die euch gemeinsam ins Verderben stürzte".[119]

Der Wahlslogan „Goldene Internationale" fand sich in einer Schrift aus dem Jahre 1876 von Carl Widmann („Die ‚Goldene Internationale' und die Notwendigkeit einer sozialen Reformpartei"). Widmann huldigte einem radikalen Rassenantisemitismus.[120] Das Doppelbild von der „goldenen" und „roten" Internationale entstand 1878 durch die Berliner Bewegung des protestantischen Hofpredigers Adolf Stoecker.

Der zunächst politisch ambivalente Publizist Wilhelm Marr veröffentlichte 1880 eine Schrift mit dem Titel „Goldene Ratten und rothe Mäuse", in der er behauptete: „Von zwei Seiten wird also die Zerstörung der Gesellschaft betrieben; von Seiten der goldenen und rothen Internationale. [...] Das Judenthum hat die Führerschaft der goldenen Internationale übernommen, [...] eine kaufmännische Pöbelherrschaft, welche durch Schacher und Wucher von Unten herauf die Gesellschaft zerfrisst und zersetzt."[121]

Entgegen seinen Angaben nach dem Zusammenbruch des Deutschen Reichs im Jahr 1945 war Bavink aktiv am Wahlkampf der DNVP in Bielefeld zur Wahl der verfassunggebenden Nationalversammlung am 19. Januar 1919 beteiligt. Eine erste öffentlich geäußerte politische Stellungnahme des „unpolitischen" Studienrats ist kurz nach dem Waffenstillstand in der „Westfälischen Zeitung" vom 18. Dezember 1918 dokumentiert.[122] Bavink nahm

---

[119] Wahlinserat in „Westfälische Zeitung" v. 18.1.1919.
[120] Nipperdey, Thomas, Deutsche Geschichte, Band II, S. 295 f.
[121] Zitiert in: Brumlik, Micha, Antisemitismus, S. 51.
[122] Westfälische Zeitung v. 18.12.1918

in einem zweispaltigen offenen Brief, gerichtet an einen Oberlehrer Müller, mit antisemitischen Untertönen kritisch Stellung zu dessen Werbung für den Eintritt in die neu gegründete „Deutsche Demokratische Partei" (DDP). Müller hatte sich auf der Titelseite mit Vorwürfen von „Herrn Justizrat Fasbender" an seine Adresse auseinandergesetzt. Bavink begab sich in die Rolle des Aufklärers eines „bisher Parteilosen" „insonderheit [sic] [für] die bisher politisch ganz ungeschulten Frauen" und wandte sich an den „sehr geehrten Amtsgenossen", ohne sich als Anhänger der DNVP zu offenbaren. Die daraus resultierende öffentliche Reaktion der jüdischen Gemeinde in Bielefeld ist an späterer Stelle dokumentiert.

Bavink trat als Wahlredner für die DNVP am 12. Januar 1919 in Hillegossen, Rheda und Brale, am 15. Januar in Brockhagen zusammen mit „Frau P. v. Bodelschwingh auf.[123] Am 14. Januar 1919 sprach er auf einer DNVP-Beamtenversammlung. Auf einem Wahlplakat seiner Partei zur Wahl des Preußischen Landtages am 26. Januar 1919 hieß es: „...daß wir die Herrschaft der Juden, die uns ins Verderben gestürzt haben, abschütteln."[124]

Bavink wusste, dass er sich zu der Zeit in einer Minderheitenposition befand. Viele Intellektuelle wandten sich gegen den bisherigen preußisch-konservativen Einfluss und begrüßten nach der Revolution 1918 die neue demokratische Staatsform. Darunter waren auch die Mitglieder der „Frauenbewegung". „Daß sie nicht merkten, wessen Regiment sie damit eigentlich stützten, war ihr Irrtum", so Bavink. Bavink gehörte mit drei anderen Lehrern im Kollegium seiner Schule zur „deutschnationalen Opposition", weil er „die unheilvollen Folgen des nun herrschenden Systems" in der Innen- und Außenpolitik sah, u. a. „weil das Judenregiment

---

[123] Wahlinserate der DNVP in: „Westfälische Zeitung" v. 11.1. bzw. 14.1.1919.
[124] Vogelsang, Reinhard, Geschichte der Stadt Bielefeld, Band III, S. 70.

allzu sichtbar und abschreckend in Erscheinung trat". Allerdings schloss er sich speziellen antisemitischen Zirkeln nur vorübergehend an.[125]

Bavinks fast gleichaltrige langjährige Kollegin Frl. Dr. Morisse (1877–1942), seit 1913 an der Auguste-Viktoria-Schule tätig, kandidierte für die DDP und hielt Vorträge wie „Die Rechte der Frau auf der Grundlage des Programms der Deutschen Demokratischen Partei".[126] Sie hatte in Bonn bei dem Existenzphilosophen Oswald Külpe studiert, der an der erfolgreichen Habilitation Karl Jaspers beteiligt war.[127] In einem von ihr mitunterzeichneten Wahlaufruf hieß es ahnungsvoll: „Mein Vaterland, aus Schmach und Schand Ersteh' zu neuer Stärke! Doch Gott erspar dir Klassenhaß und Massenhaß und Rassenhaß und derlei Teufelswerke!"

In Bavinks Heimatwahlkreis Minden-Münster-Lippe für die Wahl zur Nationalversammlung wurde seine Minderheitsposition deutlich. Bei insgesamt rd. einer Million abgegebenen Stimmen erhielt die DNVP 81.389 Stimmen.[128] In der Stadt Bielefeld erhielten die gemäßigten bürgerlichen Parteien zusammen rd. 156.000 Stimmen gegenüber 38.000 für die DNVP. Bei den Wahlen zur Stadtverordnetenversammlung am 2. März 1919 erzielten die Sozialdemokraten 47,9%, die DDP 17,9%, die DVP 13,1% und die DNVP 11,7%. In Bielefeld stimmten bei der Reichstagswahl im Juni 1920 von 45.544 Wählern*innen 8,3% für die

---

[125] Bavink, Erinnerungen, S. 284.
[126] Inserate „Westfälische Zeitung" v. 9. u. 10.1.1919.
[127] Oswald Külpe schrieb 1913 eines der Gutachten zu K. Jaspers erfolgreicher Habilitation in Heidelberg (Saner, Jaspers, S. 35).
[128] Zentrum 405.871, Sozialdemokraten 290.831, Deutsche Demokratische Partei 94.186, ‚Deutsche Volkspartei 62.799, Unabhängige Sozialdemokraten 20.802 Das Zentrum entsandte sechs, die Sozialdemokraten vier und die übrigen Parteien je einen Abgeordneten aus diesem Wahlkreis.

DNVP, das waren 3.763 Wähler*innen.[129] „Die DNVP war das rechtsradikale Gegenstück zu den Kommunisten. Auch wenn die DNVP immer wieder den parlamentarischen Gruppierungen zugerechnet wird, war sie doch staatsfeindlich".[130]

Den größten Wahlerfolg mit einem Anteil von 20,5 % der Stimmen erzielte sie bei der Reichstagswahl 1924. 1928 stürzte sie in der Wählergunst auf 14,2 % der Stimmen ab. Auf dem rechten Parteiengefüge wurde sie von der NSDAP ersetzt, die 1930 18,3 % der Stimmen erhielt und zweitstärkste Fraktion nach den Sozialdemokraten wurde.[131]

Die DNVP war für die Gegner der Republik ein wichtiges Sprachrohr. „Die Weimaraner waren nicht zufrieden damit, das Trojanische Pferd in die Stadt zu bitten; sie überwachten auch seinen Bau und gewährten den Urhebern der Pläne fürsorglich Obdach", so der Historiker Peter Gay.[132] Das Regime, dem Bavink und andere Rechtskonservative nachtrauerten, charakterisierte Max Weber für die Zeit nach der Ablösung von Bismarck 1890:

„Auf den preußischen Ministersesseln und in den Reichsämtern saßen konservative Kreaturen, die er [Bismarck. Anm. d. Verf.] allein aus dem Nichts gehoben hatte. Was taten sie? Sie blieben sitzen. ‚Ein neuer Vorgesetzter': damit war für sie der Fall erledigt". Zu den konservativen Parteien stellt er fest: „ausschließlich dann, wenn es an ihre Geldinteressen oder an ihr Amtspfründenmonopol und ihre Ämterpatronage [...] gehen sollte: dann freilich arbeitete ihre landrätliche Wahlmaschine. [...] Der ganze traurige Apparat „‚christlicher', ‚monar-

---

[129] Beiträge zur Statistik des Landes Nordrhein-Westfalen, Heft 244, 50 Jahre Wahlen in NRW 1919–1920, Anlage 3.
[130] Vogt, Martin in: Bracher, Karl Dietrich u.a. (Hg.), Die Weimarer Republik, S. 144.
[131] Lösche, Peter, Kleine Geschichte der deutschen Parteien, S. 92 f.
[132] Gay, Peter, Die Republik der Außenseiter, S. 43.

chischer' und ‚nationaler' Phrasen trat und tritt dann in Aktion".[133]

Ähnlich äußerte sich der nationalliberale Reichstagsabgeordnete v. Unruh:

„Im Reichstag war ein großer Teil der Gesetzgeber mit ihrem Vermögen stark bei den Entscheidungen beteiligt [...] Es wird sich freilich nie vermeiden lassen, daß in Parlamenten Abgeordnete im Sinne ihres Privatinteresses mitstimmen, aber es ist schlimm, wenn die Beteiligten sich so vordrängen und die Regierung sie dabei unterstützt."[134]

Der „reformistische" sozialdemokratische Reichstagsabgeordnete Dr. Ludwig Frank aus Baden schrieb 1911: „Die herrschenden Parteien treiben hinter nationalistischen oder religiösen Kulissen ihre Ausbeuterpolitik."[135] Der aus einer jüdischen Familie stammende Rechtsanwalt fiel als Kriegsfreiwilliger am 3. September 1914 in Frankreich.[136]

Die „deutsch-nationale Opposition", zu der sich Bavink von Anfang an bekannte, war kein monolithischer Block. Von monarchistisch-konservativen bis zu völkischen Antisemiten reichte das aus dem zusammengebrochenen Kaiserreich überkommene Spektrum in der DNVP. In einer Wählerversammlung der Deutschnationalen Volkspartei am 24. September 1919 in Köln gab ein Redner zum Beispiel die Erklärung ab: „Wir sehen die Monarchie als die für Deutschland geeignetste Regierungsform an".[137]

---

[133] Weber, Max, Rationalisierung und entzauberte Welt, Beitrag in: Parlament und Regierung im neugeordneten Deutschland, (1917/1918), S. 254.
[134] Zitiert in: Frank, Ludwig, Die Bürgerlichen Parteien des deutschen Reichstages 1911, S. 14 f.
[135] Frank, Ludwig, Die Bürgerlichen Parteien des deutschen Reichstages, 1911, S. 14 f.
[136] Nipperdey, Thomas, Deutsche Geschichte 1866–1918, Band II, S. 782.
[137] „Christlich-Nationalen Tageblatts" Aufwärts, 1. Jg., Nr. 223 (Zeitpunkt.nrw ULB Bonn + ULB Münster Visual Library Server 2019).

Nach der Unterzeichnung des Friedensvertrags und der Verabschiedung der Reichsverfassung entstand eine breite Mobilisierung des extremen politischen Milieus.[138] Führend war in dieser Hinsicht die DNVP. Die Zielsetzung der Partei war die rücksichtslose Bekämpfung der parlamentarischen Republik, die Restauration der Monarchie, die Verherrlichung Preußens, die Stärkung des Einflusses der evangelischen Kirche und eine Revanchepolitik gegen Frankreich.[139]

Wo ist Bavink in diesem Spektrum einzuordnen? Er trat im Jahr 1927 in die NSDAP ein, das war kein seltener Vorgang bei der extremen Rechten. Ein weiterer Hinweis auf seine politische Einstellung zu dieser Frühzeit der Weimarer Republik ergibt sich aus den von ihm als „Träger des nationalen Gedankens" benannten Personen. Bavink rückschauend dazu in seinen Erinnerungen:

„Dass [...] die damaligen deutschen Intellektuellen weniger patriotisch und deutschbewusst gewesen waren als heute (in der Rückschau 1945 vor Ende des Krieges geschrieben, Verf.) ist reiner Unsinn und eine gemeine Verleumdung gegenüber dem, was im damaligen Kriege die deutschen Akademiker geleistet haben. Wer war denn auch nach dem unglücklichen Ausgange des Krieges noch der Träger des nationalen Gedankens? Professoren und Studenten der deutschen Hochschulen und zahlreiche Schüler der Oberklassen [...] waren es, **neben solchen alten Offizieren wie Ehrhardt, Schlageter, Düsterberg (sic.) usw.** (Hervorh. des Verf.), während der vielgepriesene ‚deutsche Arbeiter der Faust' hinter der roten Fahne herlief. Zum Dank dafür muss sich die damalige ‚Intelligenz' heute mit Dreck bewerfen lassen [...] Haase (Hugo. Verf.), Liebknecht, Rosa Luxemburg u. a. [...] Diese waren schlecht-

---

[138] Mommsen, Hans, Aufstieg und Untergang der Republik von Weimar, S. 104.
[139] Liebe, Werner, Die deutschnationale Volkspartei, S. 101.

hin ‚vaterlandslose Gesellen' im Sinne der bekannten Kaiserrede".

Die Bezeichnung von Männern wie Ehrhardt, Schlageter und Duesterberg als vorbildliche Träger des nationalen Gedankens offenbarte Bavinks verfassungsfeindliche Gesinnung. Ehrhardt war Beteiligter am Kapp-Putsch und versuchte mit seiner Gefolgschaft durch gezielte Attentate und Morde gegen prominente Politiker eine Bürgerkriegssituation in der Weimarer Republik zu schaffen. Duesterberg war Bundesführer für den „Stahlhelm" und den „Bund der Frontsoldaten". Der „Stahlhelm" stellte den bewaffneten Saalschutz für die DNVP.[140]

Das reaktionäre deutschnationale Denken vermochte die neuen Erfordernisse der Zeit nicht begreifen oder wollte sie nicht zur Kenntnis nehmen. Die Schuld für den verloren gegangenen Krieg mit der Abdankung des Kaisers und für die in den Augen der Deutschnationalen ungerechtfertigten Bedingungen des Versailler Vertrages, wurde bei anderen gesucht. Die deutschnationale Ideologie beruhte auf einer sehr breit angelegten Geschichtsklitterung. Die Negation des Bestehenden richtete in der Weimarer Republik sehr viel Unheil an.[141]

Selbst Bismarck sagte 1897, ein Jahr vor seinem Tod: „Es kann sein, daß Gott für Deutschland noch eine zweite Zeit des

---

[140] Bavink, Erinnerungen, S. 284. Ehrhardt, Hermann. Korvettenkapitän a.D., Kommandeur des rechtsradikalen Geheimbundes „Consul", der unter anderem die Morde an den Minister Matthias Erzberger (1921) und Walther Rathenau (1922) verübte. Schlageter, Albert Leo. NS-Märtyrer, Anführer eines Sabotagetrupps gegen die französische Besatzungsarmee. 1923 Hinrichtung bei Düsseldorf. Quelle: Ernst Klee. Das Personenlexikon zum Dritten Reich. Theodor Duesterberg, Oberstleutnant a.D.: Parteisekretär DNVP, danach neben Franz Seldte Bundesführer des 1918 gegründeten Stahlhelm – Bund der Frontsoldaten -, entschiedener politischer Gegner der Republik. Quelle: Enzyklopädie des Nationalsozialismus. Vgl. Breuer, Stefan, Die radikale Rechte in Deutschland 1871–1945, S. 155.

[141] Sontheimer, Kurt, Antidemokratisches Denken in der Weimarer Republik, S. 117 f.

Zerfalles und darauf eine neue Ruhmeszeit vor hat: dann freilich auf der Basis der Republik".[142]

Bavink verließ 1927 nach eigenen Angaben die DNVP, um sich der „Nationalen Bewegung" anzuschließen und sich dann „jahrelang" in den „schlimmsten demokratisch-marxistisch-zentrümlichen Zeiten" für den Nationalsozialismus einzusetzen.[143] Bavinks Hinwendung von der DNVP zur NSDAP war ein typischer Verlauf für Angehörige des radikal-rechten Bürgertums. Hitler und seine Gefolgschaft wurden vor 1933 von Mitgliedern verschiedener Eliten zunehmend als reale Alternative und als regierungsfähig angesehen.[144] Der Historiker Gordon Craig stellte fest: „Für die Weimarer Republik, die ihre Gehälter zahlte, hatten die Professoren nichts als Verachtung übrig, der sich zu Haß steigerte, als die Inflation [...] ihr Realeinkommen deutlich verminderte. [...] Als der Nazi-Umschwung dann kam, schlossen sich ihm die meisten Professoren jedoch ohne großes Zögern an".[145] Bavink bezeichnete 1921 die Beamten als „arme Schlucker".[146]

Bavinks Grund für das Verlassen der DNVP könnte gewesen sein, dass gegen Ende der 1920er Jahre ein Teil der Partei zunehmend die politische Realität des internationalen Systems anerkannte, was radikale Elemente in der Partei nicht akzeptieren konnten. Zufällige Ereignisse und der neue Pragmatismus führten im Januar 1927 zum Regierungseintritt der DNVP. Im vierten Kabinett von Reichskanzler Marx (bis Juni 1928) stellte die Partei den Vizekanzler, Innenminister und Justizminister. Außenminis-

---

[142] Ludwig, Emil, Bismarck, 1927, S. 679.
[143] Bavink, Erinnerungen, S. 328.
[144] Lösche Peter, Kleine Geschichte der deutschen Parteien, S. 95.
[145] Craig, Gordon A., Über die Deutschen, S. 201.
[146] Unsere Welt, Heft 6, November-Dezember 1921, S. 42.

ter blieb Gustav Stresemann.[147] „Realpolitische Kräfte"[148] in der DNVP hatten sich mit der Republik abgefunden.

Ein Beispiel für einen der Protestler gegen diesen Kurs war der Autor und Historiker Prof. Dr. Eduard Engel, der im Januar 1928 aus der Partei austrat. Er begründete diesen Schritt mit der Entwicklung in der Außenpolitik, nämlich dass sie sich „endlos der Schande der Besetzung deutschen Bodens durch den Mangel mannhaften Handelns hinzugeben bereit war."[149]

Bei der Reichstagswahl 1928 erhielt die DNVP noch 14,2 % der Stimmen. Die NSDAP erhielt nur 2,6 %. 1930 kehrte sich das Verhältnis um. Die NSDAP erhielt 18,3 % gegenüber 7 % der DNVP. Die beiden rechtsnationalen Parteien konnten ihren Stimmenanteil insgesamt erhöhen.

Die Grundsatzfrage für die DNVP und die extreme bürgerliche Rechte war und ist auch aktuell in einer veränderten Parteikonstellation: Kann eine Partei für und in einem Staat mitarbeiten, den sie ablehnt? Die zustimmende moderate Haltung der DNVP in der Mitte der Weimarer Zeit hat für den englischen Historiker Robert Grathwol noch Auswirkungen auf die Zeit nach 1945:

"in the longer short run [...] the DNVP's moderate phase becomes more relevant to the emergence, in the post-1945 political life [...] a pragmatic, Christian national party, in which moderate conservatives former German Nationalists have found a home".[150]

---

[147] Bracher, Karl Dietrich; Funke, Manfred; Jacobsen, Hans-Adolf (Hg.), Die Weimarer Republik, S. 633.
[148] Winkler, Heinrich August, Weimar, S. 321.
[149] Grathwol, Robert P., Stresemann and the DNVP, 1980, S. 206 ff. Engel war Jude und glühender Nationalist. Er starb dennoch 1938 in den Fängen der Gestapo (S. 265, Anm. 22).
[150] Grathwol, Robert P., Stresemann and the DNVP, S. 217 f.

Bavinks politischer Lebensweg verlief spätestens 1927 weiter nach rechts, als er die sich moderater gebende DNVP verließ und sich der „Nationalen Bewegung" Hitlers zuwandte. Als sich Bavink 1918 für die DNVP engagierte, war der katholische Hitler noch ein parteipolitisch orientierungsloser Soldat. Er war als Gefreiter und V-Mann in einem bayerischen Infanterieregiment tätig und schloss sich erst im Herbst 1919 in München der Deutschen Arbeiterpartei (DAP) an, die im Frühjahr 1920 in Nationalsozialistische Deutsche Arbeiterpartei (NSDAP) umbenannt wurde.[151]

Beruflich versuchte Bavink in der Mitte seines Lebens, in dem von ihm bekämpften „System" einen Lehrstuhl an einer Universität zu erlangen.

Anfang 1928 gab es an der TH Hannover Überlegungen, an Bavink einen Lehrauftrag für Naturphilosophie zu vergeben und später eine Professur einzurichten. Die Finanzierung bereitete jedoch Schwierigkeiten. Als das zuständige Ministerium die Finanzierung eines Lehrauftrags für einen anderen Bewerber vorlegte, ließ die Fakultät Bavink fallen, zumal er als Oberstudienrat als gut versorgt galt.[152]

1929 war Bavink erfolglos als Kandidat für die Nachfolge des Philosophieprofessors Paul Hugo Hensel (1860–1930) an der Universität Erlangen (Lehrstuhl für systematische Philosophie 1902–1928) im Gespräch. Im Rahmen des Berufungsverfahrens fertigte der Philosoph Karl Jaspers ein Gutachten über Bavink an. Es gab weitere Bemühungen in der Weimarer Republik, Bavink eine Professur zu verschaffen. 1932 scheiterte Bavink bei der Besetzung eines Lehrstuhls für die Nachfolge von Paul Luchtenberg (Lehrstuhl für Pädagogik, Philosophie und Psychologie) an der

---

[151] Fest, Joachim, Hitler, S. 92.
[152] Tilitzki, Christian, Die deutsche Universitätsphilosophie in der Weimarer Republik und im Dritten Reich, S. 226.

TH Darmstadt. Nach Auffassung von Bavink war er Opfer einer politischen Intrige. Bavink war gleichberechtigt neben Hugo Dingler vorgeschlagen worden. Dingler galt aufgrund einer Schrift aus dem Jahr 1919 als Philosemit. Bavink wurde nach einem Vortrag über die „Bedeutung der Erbbiologie für die Weltanschauung" vom Hessischen Lehrerverein als „Nazi" eingestuft, was formal zwar nicht korrekt war (der Parteieintritt war der 1. April 1933), aber im Hinblick auf seine politische Einstellung zutraf. Dingler erhielt den Vorzug. Ausschlaggebend dafür war wohl eine sehr positive Bewertung durch den Berliner Pädagogen Eduard Spranger. Nach Notizen in seinem Tagebuch befürchtete Dingler im Berufungsverfahren ein Hintertreiben seiner Berufung durch den „reinen Naturwissenschaftler" Bavink, also eine Intrige Bavinks.[153] Eine genaue Rekonstruktion des Berufungsverfahrens ist nicht möglich, weil die Akten der TH Darmstadt im Krieg vernichtet wurden.[154] Bavink verbreitete in der NS-Zeit, er sei in diesem Berufungsverfahren wegen seiner „nationalen Gesinnung" gescheitert. Nach dem Zusammenbruch ließ er verlauten, nunmehr in der NS-Zeit „Opfer" seiner **nicht** nationalsozialistischen Gesinnung geworden zu sein.

Eine Berufung des Parteigenossen Bavink als Honorarprofessor in Münster, die in der Kriegszeit ab 1941 betrieben wurde, scheiterte in der NS-Zeit. Erst eine an dieses Verfahren anknüpfende Initiative führte 1947 kurz vor dem Tode Bavinks zu einer Ernennung.

Aus der Rückschau, schon fünf Jahre im totalitären NS-Staat lebend, bewertete Bavink nicht den NS-Staat, sondern die Ära

---

[153] Entwicklungen der methodischen Philosophie', Peter Janich (Hg.), Frankfurt a. M. 1992, Beitrag v. Gereon Wolters „Opportunismus als Naturanlage", S. 282.
[154] Tilitzki, Christian, Die deutsche Universitätsphilosophie in der Weimarer Republik und im Dritten Reich, S. 200 ff. (s. a. Hentschel, Bavink, S. 2 und 6).

der Weimarer Republik als „schlimmste[n] Zeit des wirtschaftlichen und moralischen Niederganges" und „übelste[n] Zeit der jüngsten deutschen Geschichte".[155]

In der „Nationalen Bewegung" und im NS-Staat bis zum Krieg

Bavink gehörte als Studienrat (ab 1927 Oberstudienrat[156]) zu der von ihm so etikettierten Schicht von „Angehörigen der höheren Stände, insbesondere der Intellektuellen", die sich in der Weimarer Republik jahrelang mit „Ernst und Eifer [...] für den Natsoz. [sic!] eingesetzt hatten [...] soweit sie es mit Rücksicht auf die bestehenden Verbote konnten." Ende 1922 war die NSDAP in Preußen, Sachsen und Thüringen und durch das Urteil des Staatsgerichtshofs in Leipzig vom 15. März 1923 in ganz Deutschland außer in Bayern verboten. Hitler ließ zu dieser Zeit keinen Zweifel daran, dass er die verfassungsmäßige Regierung in Berlin stürzen wollte.[157] Sein Putsch am 8. November 1923 scheiterte; die NSDAP wurde dann auch in Bayern verboten. Hitler und seine Anhänger wurden zu Haftstrafen verurteilt.

Wenige Professoren fanden vor 1933 den offiziellen Weg in die NSDAP. Die Gründe waren nach Grüttner: 1. das kleinbürgerlich-plebejische Profil, 2. der demagogische Stil der Propaganda, 3. Angst vor Einschränkung der geistigen Freiheit und 4. Angst vor Karrierenachteilen. Das Preußische Staatsministerium hatte im Juni 1930 den Beamten die Mitgliedschaft in der NSDAP untersagt.[158] Dieses Verbot wurde im Sommer 1932 infolge des „Preußenschlags" aufgehoben.

---

[155] Unsere Welt, Heft 9, September 1938, S. 259.
[156] Staatsarchiv Münster, Personalakten, B 8.
[157] Winkler, Heinrich August, Weimar, S. 190.
[158] Blaschke, Olaf, Die Kirchen und der Nationalsozialismus, S. 64.

Schon in den Jahren 1929/30, als Bavink sich von der DNVP ab- und der NSDAP zuwandte, war er zwar noch ohne formale Mitgliedschaft, aber bereits mit der Argumentationsweise der Nationalsozialisten vertraut. Er lehnte „im Hinblick auf die nationale Erhebung einen unbedingten Pazifismus (er bezog sich auf einen Vortrag von Albert Schweitzer in Bielefeld. Anm. d. Verf.), der auf eine praktische Unterstützung der uns vergewaltigenden Feindstaaten hinauslief" ab.[159] Dieses Denken entsprach der NS-Ideologie. NSDAP-Gauschulungsleiter Dr. Karl Zimmermann schrieb in einer Schulungsschrift 1933: „daß ein pazifistischer Welterlösungsversuch ebenso ein biologisches Unding ist wie eine allgemeine Menschheitsbefreiung, eine gleichmäßige Menschheitsverbesserung und ein allgemeines Humanitätsideal."[160] Zimmermann übernahm Hitlers Diktum aus „Mein Kampf": „Tatsächlich ist die pazifistisch-humane Idee vielleicht ganz gut, wenn der höchststehende Mensch sich vorher die Welt erobert und unterworfen hat in einem Umfange, der ihn zum alleinigen Herrn dieser Erde macht."[161]

Politisch Interessierte konnten sich aus verschiedenen Quellen über den Nationalsozialismus informieren. Bavink abonnierte schon vor 1930, als die Partei noch eine Splittergruppe war, das Kampfblatt der NSDAP „Völkischer Beobachter".[162] Dort publizierte Hitler seit 1921 Aufsätze ebenso wie 1924 in der Zeitschrift „Deutschlands Erneuerung" aus dem Lehmanns Verlag in München, mit dem Bavink Kontakt hatte. Hitler begann im Juni 1924 mit der Abfassung von „Mein Kampf". Der erste Band von „Mein Kampf" erschien im Juli 1925 und der zweite Band im

---

[159] Bavink, Erinnerungen, S. 386.
[160] Zimmermann, Karl, Deutsche Geschichte als Rassenschicksal, S. 44.
[161] Mein Kampf, I/S. 304 u. 751.
[162] Bavink, Erinnerungen, S. 387.

Dezember 1926. Im Mai 1930 wurden beide Bände zu einer „Volksausgabe" zusammengelegt.

Die NSDAP in Bavinks Wohnort Bielefeld entstand 1925 aus der Deutsch-Völkischen Freiheitsbewegung. Bereits im März 1925 redete der Organisationsleiter der Partei, Gregor Strasser (Apotheker aus Landshut, seit 1921 in der Partei),[163] in Bielefeld zu dem Thema „Was will Hitler". Juden hatten zu der Veranstaltung keinen Zutritt. In dieser Zeit wurde die NSDAP (ab Februar 1925) nach Aufhebung ihres Verbots in Bayern und dem Aufbau in Norddeutschland wiedergegründet.[164]

Im „Bezirk Bielefeld" gab es bis 1927 die Ortsgruppen Bielefeld, Herford und Minden.[165] Ab 1929 hatte die Partei eine Geschäftsstelle in Bielefeld. Am 7. Juli 1931 wurde die Gründung des SS-Trupps Bielefeld gemeldet.[166] Die SA bildete in Bielefeld einen Sturmbann mit zwei Stürmen aus insgesamt 248 Mitgliedern (Stand 1932).[167] Damit verfügte die Partei schon mehrere Jahre vor 1933 in Bielefeld über eine ausgebaute personelle und organisatorische Infrastruktur. Als Göring im März 1933 als Preußischer Ministerpräsident in Berlin das Geheime Staatspolizeiamt (Gestapo) etablierte, wurde ein Standort für eine Staatspolizeistelle in Bielefeld eröffnet.[168]

Bei den vorzeitigen Reichstagswahlen im September 1930 erzielte die NSDAP im Reich einen achtfachen Wählerzuwachs von 0,8 auf 6,4 Millionen Wähler. Aus einer kleinen Splitterpartei wurde die zweitstärkste Partei zu einem Machtfaktor zwischen

---

[163] Gregor Strasser wurde 1934 während des sog. „Röhm-Putsches" auf Befehl Hitlers ermordet (Enzyklopädie des Dritten Reichs).
[164] Vgl. Noakes, Jeremy, The Nazi Party in Lower Saxony 1921–1933, S. 59 ff.
[165] Nordsiek, Marianne, Fackelzüge überall..., S. 28.
[166] Bielefelder Beobachter Nr. 76 (zeitpunkt.nrw).
[167] Vogelsang, Reinhard, Geschichte der Stadt Bielefeld, Band III, S. 158.
[168] Nordsiek, Marianne, Fackelzüge überall..., S. 74.

den Blöcken der rechten Konservativen und der linken Republikaner. Die Bielefelder Bürger*innen wurden während des Aufstiegs der „nationalen Bewegung" ab Anfang der dreißiger Jahre nicht im Unklaren über die Ziele der Nationalsozialisten gelassen. Hitler nahm am 21. November 1930 im Rahmen einer Kampagne in Norddeutschland an einer Kundgebung in Bielefeld teil und sagte: „Wohin wir jetzt in Deutschland blicken, sehen wir Katastrophen über Katastrophen."[169] Die Propaganda bestand nicht nur aus antisemitischen Ressentiments, sondern rückte auch allgemeine wirtschaftliche und politische Themen in den Mittelpunkt und wurde jeweils an verschiedene Zielgruppen angepasst.[170]

Judenhetze war in Bielefeld ein immer wiederkehrendes Thema. „Hitlerkult und Judenhass – beide Themen wurden so oft propagiert, dass der aufmerksame Beobachter darüber nicht in Unkenntnis bleiben konnte"[171]. Der Hausmeister des Finanzamtes Fritz Homann war ein Wortführer der neuen Gruppierung.[172]

Seit Mitte 1931 hatte die Partei ein eigenes Presseorgan in Bielefeld, den „Bielefelder Beobachter". Der Bielefelder Historiker Reinhard Vogelsang stellt hierzu fest: „Was an Hetzereien und übler Nachrede, an Diffamierungen, Verdrehungen, Lügen und Verleumdungen in der Nazi-Presse nach 1933 zu lesen war, hier wurde es vorweggenommen."[173] Die nationalsozialistische Agitation richtete sich in Bielefeld besonders gegen Carl Severing in seinen Funktionen als preußischer Innenminister und Reichsinnenminister.

---

[169] Westfälischer Beobachter v. 22. November 1930 in: Im Zeichen des Hakenkreuzes, S. 22.
[170] Vgl. Noakes, Jeremy, The Nazi Party in Lower Saxony 1921–1933, S. 201 ff.
[171] Vogelsang, Reinhard, Bielefeld im Zeichen des Hakenkreuzes, S. 12 f.
[172] Vogelsang, Reinhard, Geschichte der Stadt Bielefeld, Band III, S. 18 f.
[173] Vogelsang, Reinhard, Geschichte der Stadt Bielefeld, Band III, S. 118.

Die sozialdemokratische Satirezeitschrift „Der Wahre Jacob" (gegründet im Geburtsjahr Bavinks, ab 1933 verboten) veröffentlichte am 21. November 1931 einen satirischen „Geheimbericht über das Regierungsprogramm der nationalen Opposition", „vereinbart im Braunen Haus zu München". Die sarkastisch geschilderten Punkte des „Regierungsprogramms" waren eine erstaunlich zutreffende Vorhersage dessen, was nach der Machtübernahme Hitlers im Deutschen Reich geschehen sollte. Sie basierten auf Äußerungen von Hitler, Hugenberg (DNVP) und Seldte (Stahlhelm). Die Punkte des „Regierungsprogrammes" lauteten:

„1. Am Tage des Regierungsantrittes wird unverzüglich das Dritte Reich ausgerufen. Es ist ein deutscher Volksstaat, dem nur Angehörige der arischen Rasse [...] als vollberechtigte Bürger angehören dürfen [...] 2. Mit der Ausrufung des Dritten Reiches wird die Weimarer Verfassung außer Kraft gesetzt. An die Stelle der parlamentarischen Republik tritt eine nationale Diktatur [...] 3. Die nationale Regierung führt sofort nach der Machtergreifung die allgemeine Wehrpflicht ein und erklärt Frankreich und Polen den Krieg. [...] 4. Die nationale Regierung hebt alle [...] Gewerkschaften auf. Streikende werden erschossen."[174]

Diese Veröffentlichung zeigt exemplarisch, was politische Gegner des Nationalsozialismus bereits in den Jahren vor 1933 erahnten und in einschlägigen Publikationen prophezeiten.

Zu der Zeit der Hetzkampagnen in Bielefeld betrachtete sich Bavink bereits als Mitglied der „Bewegung". Unter dem Titel „Rasse und Volkstum" gründete er im November 1931 eine Vortragsreihe, die nach seinen Worten „nicht der Agitation, sondern der ruhigen Sachlichkeit gewidmet sein" sollte. In einer Diskussi-

---

[174] 52. Jg. Nr. 24, https://digi.ub.uni-heidelberg.de/diglit/wj.

on vertrat er laut einem Zeitungsbericht die Ansicht, „die typische Erbmasse bezeichne die Rasse. [...] Die geistigen Erbmassen habe man bisher völlig vernachlässigt."[175] In Bielefeld ahnte kaum jemand, dass Bavink in Absprache mit der Reichsleitung der NSDAP in München der Partei aus taktischen Gründen (noch) nicht formal beigetreten war. Im Bielefelder Beobachter vom 2. Dezember 1931 wurde Hitler zitiert:

> „Daß wir heute nicht Menschen brauchen, die das feine Gedankenspiel der exakten Wissenschaften noch weiter verfeinern, sondern Kämpfer [...] Daß wir nicht Menschen brauchen, die vorgezeichnete Wege korrekt gehen können, sondern Helden [...] Wir kämpfen solange, bis der letzte deutsche Mensch Nationalsozialist geworden ist [...] Wir brauchen Herrennaturen".[176]

Hitlers Vokabular glich den in der Literatur der Jahrhundertwende benutzten Begriffen. Er bediente sich zentraler Ideologeme in „Mein Kampf": Rasse, Eroberung des Raums, Gewalt und Diktatur. In völkischen und antisemitischen Kreisen war seinerzeit vieles üblich, aber die von jedem wahrnehmbare Brutalität, Radikalität und ideologische Unerbittlichkeit konnte von der Leserschaft nicht übersehen und relativiert werden.[177] Im Gegenteil, viele Deutsche wünschten sich einen „Führer" mit solchen Attributen. Sebastian Haffner sah die Erwartung der Deutschen in der Führerpersönlichkeit bestätigt: „Hitler war [...] die Erfüllung eines Wunschtraumes vieler Deutscher, gerade so wie er war: mit seiner Beredsamkeit, seiner Brutalität, seiner Härte, seiner Entschlossenheit".[178]

---

[175] Westfälische Neueste Nachrichten, 21. November 1931, Drittes Blatt (Zeitpunkt.nrw; ULB Bonn + ULB Münster Visual Library Server).
[176] Rede vor 5000 Studenten in München (zeitpunkt.de).
[177] Mein Kampf, Zur Entstehungsgeschichte, S. 13 ff.
[178] Haffner, Sebastian, Von Bismarck zu Hitler, S. 220.

Bavink war kein passiver „Parteigenosse", sondern ein aktiver Anhänger der „Bewegung". Nach eigener Aussage war er vor 1933 „geistiger Führer" der Bielefelder NSDAP.[179] Er publizierte im „Völkischen Beobachter" dem „Kampfblatt" der Nationalsozialisten.[180] Am 15. Juni 1932 schrieb er dort zum Gedenken an Charles Darwin: „Wir leisten Vorarbeit für die rassische Erneuerung des deutschen Volkes", für die „Auslesevorgänge" eine „ausschlaggebende Rolle" spielen würden.

Diesem Artikel war ein Schriftwechsel mit dem Mitglied der Schriftleitung Dr. Schlösser vorausgegangen, der am 10. Mai 1932 das Erscheinen des Beitrages mit der Bemerkung ankündigte, dass weitere Artikel ähnlicher Art mit Namensnennung begrüßt würden. Offensichtlich hatte Bavink schon vorher unter einem Pseudonym Beiträge veröffentlicht.[181] Bavinks Briefpartner Schlösser war 1931 von dem Hauptschriftleiter der Zeitung, dem NS-Ideologen Alfred Rosenberg, in das Feuilleton des so bezeichneten „Zentralorgans der Bewegung" berufen worden und avancierte 1933, wie der „Völkische Beobachter" am 18. August 1933 berichtete, als „Reichsdramaturg". In dieser Funktion sollte er die „unerbittliche Willenskraft nationalsozialistischen Denkens" in die Kulturpolitik einbringen.

Nach Bavinks Auffassung waren die Protestanten ein wichtiges Reservoir für Anhänger des Nationalsozialismus. Vor allem aus der evangelischen Kirche hätten sich die „gutwilligsten und begeisterndsten Anhänger des Nsoz [sic!] rekrutiert".[182] Nachdem der Bischof der evangelischen Kirchenprovinz Westfalen (bis 1936), Bruno Adler, für die „Deutschen Christen" am 15. No-

---

[179] Bavink, Erinnerungen, S. 327.
[180] Herausgeber war zu der Zeit Adolf Hitler, Hauptschriftleiter war Alfred Rosenberg.
[181] Stadtarchiv Bielefeld, NL Bavink, C1-11.
[182] Bavink, Erinnerungen, S. 328.

vember 1933 die Evangelische Akademie in Bielefeld eröffnet hatte, hielt Bavink dort einen Vortrag über „Christentum und Rassenpflege".[183] Diesen Vortrag wiederholte er am 26. Januar 1934 für die „Deutschen Christen in Minden".[184] Sein Vortragsthema entsprach inhaltlich der ideologischen Stoßrichtung der „Deutschen Christen".

Bavink war für die nationalsozialistisch geprägten „Deutschen Christen" tätig, obwohl er nach seinem Bekunden ihre kirchenpolitischen Ziele nicht mittrug. Nach Kurt Nowak schätzten zeitgenössische Beobachter den Anteil der Sympathisanten vor 1933 auf ungefähr ein Drittel unter den aktiven evangelischen Christen. Diese Einschätzung wird durch die Kirchenwahlen in Groß-Bielefeld im November 1932 bestätigt. Im Altstädter Gemeindebezirk wählten fast 25 % der teilnehmenden Kirchenmitglieder die „Deutschen Christen", in der Neustädter Gemeinde fast 30 %. Bei der Kirchenwahl im Juli 1933 waren es bereits 46 bzw. 45 %.[185]

Der reichsweit bekannte antisemitische, ehemalige lutherische Borkumer Pastor Münchmeyer sprach am 5. Juli 1932 in der Ausstellungshalle in Bielefeld auf einer Wahlversammlung der NSDAP. Nach dem Bericht des Generalanzeigers meinte er, der Nationalsozialismus sei Gottes- und Samariterdienst, auf dem offensichtlich Gottes Segen liege. Wer im Kriege für Geld das Vaterland an das Ausland verraten habe, werde im Dritten Reich er-

---

[183] Friedensgruppe, Evangelische Kirche im Nationalsozialismus am Beispiel Bielefeld, Dokumentation, S. 41.
[184] Müller, Andreas, Vielfältig gleichgeschaltet -Die deutschen Christen in Minden, Anm. 100 in Evangelische Arbeitsgemeinschaft für kirchliche Zeitgeschichte, Mitteilungen 23 (2005) www.theol.uni-kiel.de.
[185] Friedensgruppe, Evangelische Kirche im Nationalsozialismus am Beispiel Bielefeld, Dokumentation, S. 30 und 39.

schossen.[186] Das Oldenburger Innenministerium bezeichnete schon seine früheren Äußerungen als „unglaubliche Rohheit" und „Unflätigkeit" verbunden mit „fanatischem Judenhass".[187] Ein Jahr zuvor, am 8. Juli 1931, hatte der „Bielefelder Beobachter" noch gemeldet, dass eine derartige Massenkundgebung polizeilich verboten wurde. Die Bielefelder NSDAP bezeichnete Münchmeyer als den von Juden und Judengenossen gefürchteten völkischen Vorkämpfer von der Nordseeinsel Borkum.

Der Nationalsozialismus profitierte von den antidemokratischen und nationalistischen Stimmungen im Protestantismus. Nach 1933 besaßen nur wenige Christen und Repräsentanten der Kirche die Einsicht, dass das „Dritte Reich" wegen seiner Zerstörung der Individualrechte, der Demokratie und der pluralistischen Verfassung ipso facto ein Unrechtsregime war.[188]

In der Partei wurde auf höchster Ebene wahrgenommen, dass Bavink bekennender Nationalsozialist war. In einem Schreiben vom 23. November 1932 an Bavink stellte Dr. Boehm aus dem „Braunen Haus" in München fest: „dass Sie unserer Bewegung sehr nahestehen, war mir schon durch Herrn Prof. Lenz bekannt. Ich stehe vollkommen auf Ihrem Standpunkt, dass es aus taktischen Gründen viel richtiger ist, wenn Sie, ebenso wie Herr Prof. Lenz, der Partei nicht als Mitglied beitreten".[189]

Gegenüber der arglosen Leserschaft getarnt, machte Bavink es sich im Novemberheft „Unsere Welt" von 1932 zur Aufgabe, das Christentum nicht nur mit den Naturwissenschaften, sondern auch mit der „Nationalen Bewegung" zu versöhnen. Er identifi-

---

[186] Westfälische Neueste Nachrichten vom 16.7.1932 mit Bielefelder General-Anzeiger. (Zeitpunkt.nrw; ULB Bonn + ULB Münster Visual Library Server).
[187] Bajohr, Frank, Unser Hotel ist judenfrei, S. 73.
[188] Benz, Wolfgang u. a. (Hg.) Enzyklopädie des Nationalsozialismus, S. 205 ff.
[189] Stadtarchiv Bielefeld, NL Bavink C I 4/26.

zierte sich als scheinbar Außenstehender mit Hitlers taktischer Denkweise:

„Wie der Führer der größten nationalen Bewegung, Hitler selbst, über die letzten Fragen eigentlich denkt, ist schwer mit Sicherheit festzustellen. Daß er sich vorläufig im Interesse der Stoßkraft seiner Bewegung hütet, sich festzulegen, ist verständlich und muß von jedem national gesinnten Deutschen als weise Zurückhaltung anerkannt, keinesfalls dagegen als Hinterhältigkeit verurteilt werden. Daß unter Hitlers Fahnen Katholiken, Protestanten und ‚Neuheiden' einträchtig nebeneinander für das deutsche Vaterland und Volkstum marschieren, ja bluten und sterben, ist eine so einzigartige, in der deutschen Geschichte fast unerhörte Leistung, daß auch der nicht zur N.S.D.A.P. gehörende national gesinnte Deutsche dies unbedingt bewundern und sich darüber freuen muß". Zu den kommenden politischen Gegensätzen schrieb er: „Ich möchte darauf wetten, daß das auch Hitlers schwerste Sorge ist."[190]

Der „Bielefelder Beobachter", das „Kampfblatt für nationalsozialistische Politik", enthielt in jeder Ausgabe unverhohlen zur Schau getragenen Judenhass, Hetze gegen die politischen Gegner, das Ausland und Drohungen für den Fall der Machtübernahme. Der Sprachduktus war immer roh, hämisch und verletzend gegenüber Andersdenkenden. In der Ausgabe vom 2. März 1932 hieß es: „Adolf Hitler ist das lodernde Fanal und die Parole aller, die eine neue deutsche Zukunft wollen! [...] Am 13. März wird abgerechnet mit der jüdischen Pseudo-Demokratie..."[191] Am 3. März 1933 las man im „Westfälischen Beobachter" („Bielefelder Beobachter") unter dem Titel „Die Juden sind Schuld": „Wir wollen die Schuldigen, den Juden vernichten zu Brei und Brühe.

---

[190] Unsere Welt, 24. Jg., November 1932, Heft 11, S. 331.
[191] Abgedruckt in: Vogelsang, Reinhard u. a., Im Zeichen des Hakenkreuzes, S. 29.

[...] Wer sich [...] zu Juda bekennt, der wird mit ihm vernichtet werden."[192] Unter diesen Voraussetzungen stellte der Bielefelder Bürger Bavink im März einen formalen Aufnahmeantrag für die NSDAP. Seine Angaben zu der NSDAP-Mitgliedschaft sind widersprüchlich.

Im Entnazifizierungsverfahren im Jahr 1945 behauptete Bavink, wie viele der Überprüften nach dem Zusammenbruch des Regimes, nicht endgültig in die NSDAP aufgenommen worden zu sein. Die archivierten Dokumente zeigen ein anderes Bild. Im Nachlass Bavinks findet sich die Mitgliedskarte Nr. 1727284 der Nationalsozialistischen Deutschen Arbeiterpartei, Ortsgruppe Bielefeld mit dem Eintrittsdatum 1. April 1933, unterzeichnet vom Reichsschatzmeister am 19. August 1933.[193]

Er bezahlte bereits ab März 1933 seinen Parteibeitrag.[194] Ein vorläufiger Ausweis und eine Quittungskarte waren bereits im März 1933 von dem Zellenwart Walter Dieckmann mit dem Eintrittsdatum 1. März 1933 ausgestellt worden. Bavink zahlte die Mitgliedsbeiträge für März und April und den Aufnahmebeitrag.

Im Fragebogen zur Durchführung des Gesetzes zur Wiederherstellung des Berufsbeamtentums vom 7. April 1933 gab Bavink an, seit März 1933 Mitglied der NSDAP zu sein.

In einer Anlage zu einem Merkblatt über Militärverhältnisse und Betätigung in der Bewegung bekennt Bavink in einer eidesstattlichen Versicherung am 26. Mai 1937, seit 1. April 1933 (Mitgliedsnummer 1727284) Mitglied der NSDAP zu sein.

In einem vom 23. Februar 1939 datierten Fragebogen in seiner Personalakte trug er ein, ab 1. April 1933 (Tag der Anmeldung: 1.

---

[192] Westfälische Neueste Nachrichten, 3.3.1933 Zeitpunkt.nrw; ULB Bonn + ULB Münster Visual Library Server).
[193] Stadtarchiv Bielefeld NL Bavink C 44.
[194] Stadtarchiv Bielefeld NL Bavink C 01.

März 1933) mit der Mitgliedsnummer 1727284 Mitglied der NSDAP zu sein.

Bavink trat in die Ortsgruppe Johannisberg ein. Nach dem Stand vom 1. April 1932 hatte die Ortsgruppe Bielefeld 1268 Mitglieder. Ab Oktober 1932 wurden in der Stadt acht Ortsgruppen gebildet.[195]

Zusätzlich wurde Bavink Mitglied von Gliederungen der NSDAP. Das waren der Nationalsozialistischen Lehrerbund NSLB (1.8.1933) und die Nationalsozialistische Volkswohlfahrt NSV (Antrag 19.4.1933, Eintritt 1.1.1936).

Etwa zeitgleich mit seiner Parteianmeldung drangen am Donnerstag, dem 9. März 1933, Nationalsozialisten in „seine" Auguste-Viktoria-Schule ein, hissten die Hakenkreuzfahne und verbrannten die schwarz-rot-goldene Fahne. Es war die einzige Schule in Bielefeld, in der das geschah. Stahlhelm, SA und SS traten bei solchen „terroristischen Übergriffen" (Achelpöhler) geschlossen auf.[196] Nach einem Bericht der Westfälischen Neuen Nachrichten vom Montag, dem 13. März 1933, verbrannten Nationalsozialisten an diesem Tag vor einer mehrtausendköpfigen Menschenmenge am Rathaus schwarz-rot-goldene Fahnen und Fahnen der SPD. In der Zeitung war zu lesen: „Zum Schluss wurde auch die unter der Herrschaft der SPD verbreitete Schundliteratur verbrannt, u. a. das ‚Kriegsbuch von Erich Remarque'"[197]

Am nächsten Tag, dem 10. März 1933, meldete das „Kampfblatt der NSDAP", dass in den letzten Wochen sich „ganz im Stillen" eine Arbeitsgemeinschaft gebildet habe, die „deutsche

---

[195] Stadtarchiv Bielefeld, NL Bavink, C 01, Quittungskarte Hilfskasse der NSDAP vom 1.9.1935.
[196] Achelpöhler, Fritz, Mädchen, Schule, Zeitgeschichte, S. 14 ff.
[197] Westfälische Neueste Nachrichten, Zeitpunkt.nrw; ULB Bonn + ULB Münster Visual Library Server).

Kultur in Bielefeld durchführen solle [sic!]." Der Artikel schloss mit der Aufforderung, am kommenden Sonntag bei der Kommunalwahl der Liste 1 (NSDAP) die Stimme zu geben. Am 17. März 1933 wurde diese Meldung ergänzt: „Die Führung liegt in der Hand des bekannten Bielefelder Gelehrten Prof. Dr. Bernhard Bavink; der Arbeitsgemeinschaft angeschlossen sind vorerst der Stahlhelm, der Kreiskriegerverband, die Abteilung Volksbildung der NSDAP, der Kampfbund für deutsche Kultur, der Deutschbund.[198] Als Sachberater wurden eingesetzt: Prof. Dr. Bavink für Rassenbiologie, Musik und Schulwesen. [...] Bei der Tätigkeit der Arbeitsgemeinschaft ist daran gedacht, das öffentliche Leben von Schund und Schmutz zu reinigen; alle kulturellen Darbietungen in der Stadt, die sich weiter in jener undeutschen Richtung bewegen [...] mit Nachdruck zu bekämpfen."

Die Verbände, die in der von Bavink geleiteten Arbeitsgemeinschaft versammelt waren, führten in seiner Schule einen terroristischen Übergriff durch und verbrannten öffentlich Bücher.

Am 18. März 1933 zahlte Bavink pflichtgemäß, so wie es Adolf Hitler wünschte, in die Hilfskasse der NSDAP ein.[199]

Ende März 1933 organisierte die Partei mit SA und SS in Bielefeld den ersten Boykott jüdischer Geschäfte und Rechtsanwälte.[200] Bavink dazu: „Als im Mai 33 Julius Streicher offiziell mit der Lösung der Judenfrage beauftragt wurde (gemeint war wohl die Boykottaktion. Verf.),[201] hatte ich genug [...] Ich habe mich deshalb nach sehr kurzer Zeit vollkommen zurückgezogen".[202] In

---

[198] Der „Kampfbund für Deutsche Kultur" war ein nationalsozialistischer Verband (Vorsitzender: Alfred Rosenberg). Der „Deutschbund" war zu dieser Zeit ein nationalsozialistischer, rassistischer, antisemitischer Verein, in dem auch Wilhelm Teudt aktiv war.
[199] Stadtarchiv Bielefeld, NL Bavink, C 44.
[200] Vogelsang, Reinhard, Geschichte der Stadt Bielefeld, Band III, S. 202.
[201] Streicher hatte die Leitung eines vierzehnköpfigen Vorbereitungsausschusses.
[202] Bavink, Erinnerungen, S. 340.

der zeitlichen Abfolge irrte Bavink. Goebbels und Streicher überredeten Hitler, am 1. April 1933 einen Boykott gegen jüdische Geschäfte durchzuführen. Die Aktion blieb ohne die erhoffte Wirkung.[203] Sie wurde nach einem Tag abgebrochen. Wichtige Teile der damaligen Machtelite, auch Reichspräsident Hindenburg, standen dieser Aktion ablehnend gegenüber.[204]

Seine Bemerkung zu Streicher scheint aus der Rückschau taktischer Natur zu sein. Streichers antisemitisches Hetzblatt „Der Stürmer" erschien derzeit seit zehn Jahren. Die Ablehnung der Propaganda Streichers war weit verbreitet. So hieß es in einer Meldung der „Stapostelle" für den Regierungsbezirk Minden und Bielefeld, im August 1935 vom 4.9.1935: „sei bemerkt, daß führende Männer der Bekenntnisfront nach vorliegenden Äußerungen die Stellung des Staates zur Judenfrage grundsätzlich bejahen, aber die Tendenz des ‚Stürmer' aus sittlich moralischen Grundsätzen ablehnen"[205]

Bemerkenswert ist an der Aussage Bavinks, er habe Anfang 1933 Kenntnis von dem NS-Topos „Lösung der Judenfrage" gehabt.

Dessen ungeachtet setzte er seine Parteiarbeit fort, sah sich selbst als „geistigen Führer" der Bielefelder NSDAP und fand sich in der Partei in guter Gesellschaft. Denn, so stellte er noch 1934 fest: „Wir haben es zum wenigsten bei den geistigen Führern der neuen Bewegung mit ernsten und hochgebildeten Männern zu tun".[206]

Im Mai 1933 startete Parteigenosse Bavink eine Vortragsreihe mit dem Titel „Rasse und Kultur" im Rahmen der NSDAP-

---

[203] Fest, Joachim, Hitler, S. 600.
[204] Kershaw, Ian, Der NS-Staat, S. 167.
[205] Kulka/Jäckel (Hg.), Die Juden in den geheimen Stimmungsberichten 1933–1945 (Schriften des Bundesarchivs) S. 154 (BArch, R 58/3709).
[206] Unsere Welt, Juni 1934, S. 163.

Kreisschulungsabende. Die Reihe wurde im Juni und August fortgesetzt. Er hatte offenbar einen privilegierten Status. Die Abende fanden jeweils mittwochs um 20.30 Uhr im Physiksaal der Auguste-Viktoria-Schule statt, der auch Unterrichtsraum des Oberstudienrates Bavink war.[207] Die Nutzung von Schulräumen für Parteizwecke war offensichtlich für ihn kein Problem. Am ersten Abend referierte er nach einem Bericht der Zeitung, „...daß das nordische Blut mit dem nordischen am nächsten verwandten vereint wird und dafür gesorgt wird, daß nicht fremdes Blut sich durchsetzt." Im Juni sprach Bavink über das „Judentum". In der Zeitung wurde er zitiert:

„**Für uns Nationalsozialisten** (Hervorh. d. Verf.) sei entscheidend, in welcher Weise jüdische Kultur die rein deutsche Kultur beeinflusse. Leider sei das bereits in viel zu starken Maße der Fall gewesen. Gleichfalls müsse das Reich zu entsprechenden Maßnahmen greifen, um Rassenmischungen zwischen deutschen und Juden zu verhindern. Diese Maßnahmen in Verbindung mit einer gewissen Konzentration der Juden auf sich selbst als Rasse und Volk würden bewirken, wenn gleichzeitig die Einwanderung von Juden verboten würde, daß in vielleicht 4-5 Generationen die Juden in Deutschland ausgestorben seien."

Bavink erhielt dem Bericht zufolge starken Beifall. Nach dem Krieg trug die von ihm propagandistisch genutzte Schule zeitweise seinen Namen.

In Bielefeld fand am 19. Juli 1933 der erste Parteitag der NSDAP-Land statt. Der Kreisleiter Dr. Löhr führte aus, dass „die jüngeren Parteigenossen noch ‚durchgeknetet' werden und zu echten Nationalsozialisten gestaltet werden müßten." Gaulei-

---

[207] Westfälische Neueste Nachrichten, 26.5.1933 und 24.6.1933; Zeitpunkt.nrw; ULB Bonn + ULB Münster Visual Library Server).

ter Dr. Meyer bezeichnete in seiner zweistündigen Rede die nationalsozialistische Machtergreifung als das größte Wunder in der Weltgeschichte überhaupt. Der Bericht zitierte weiter: „Auch wenn die Kommunistische Partei heute tot ist, so müssen wir uns von Staats wegen doch noch der Kommunisten annehmen. Auch in den Konzentrationslägern bedeuten sie noch eine Belastung für Deutschland [...] Wenn nicht bald die von kommunistischer Seite immer wieder angezettelten Attentate aufhören, dann wird schließlich eines Tages ein **solcher Schrecken durch Deutschland fahren, daß Attentate für immer unmöglich sind** (Hervorhebung durch die Westfälische Zeitung. Verf.)." Der Parteigenosse Irrgang schilderte die Bewerber-Kriterien für eine Aufnahme in die Partei: „Nur solche, bei denen die politische Vergangenheit einen anständigen Menschen zeigt und die Gewähr dafür bieten, daß sie für die Zukunft sich zu Adolf Hitler und seinen Ideen erklären".[208]

Die Kenntnis der Bedeutung des Begriffs „Konzentrationsläger" wurde in dem Artikel vorausgesetzt. Eine Vernichtungsstrategie wurde offen angekündigt.

Bei der Reichstagswahl und der Volksabstimmung am 12. November 1933, für die nur die NSDAP kandidierte, zeigte sich, dass in Bielefeld noch immer ein beachtlicher Kreis von Menschen den Nationalsozialismus ablehnte. Die ungültigen Stimmen und die Neinstimmen wichen signifikant nach oben von den Reichsergebnissen ab.[209]

Bavink praktizierte keine „innere Emigration", sondern hielt bis in das Jahr 1944 eine Vielzahl von Vorträgen und konnte in mehreren Medien publizieren. Es gab eine enge Zusammenarbeit mit NS-Dienststellen, die in seiner Lehrerpersonalakte dokumen-

---

[208] Westfälische Zeitung v. 20.7.1933; Quelle: Zeit.Punkt.nrw.
[209] Vogelsang, Reinhard, Geschichte der Stadt Bielefeld, Band III, S. 177.

tiert sind. Aus den Akten ergibt sich, „daß seine wissenschaftliche und publizistische Tätigkeit von amtlicher Seite erbeten und gefördert wird. Die Abteilung für ‚Zeitdokumentarisches Schrifttum' bei der Deutschen Bücherei (unter der Oberleitung des Propaganda-Ministeriums), hatte Herrn Bavink veranlaßt, eine Liste der gesamten naturphilosophischen wichtigen Literatur bis 1939 zusammenzustellen. [...] Eine Presseabteilung des Auswärtigen Amtes hat ihn im vorigen Jahr gebeten, Beiträge für gewisse Publikationen deutscher Gelehrter zu liefern, die im Auslande erscheinen sollen und auch erschienen sind".[210]

Im Folgenden werden einige dieser Aktivitäten für den Lebensabschnitt ab 1933 bis zum Kriegsbeginn in verschiedenen Kontexten behandelt.

Im Sommer 1933 suchte Bavink den Kontakt zu den einflussreichen Verantwortlichen im „Nordischen Ring". Die Leitung bestand aus Dr. Paul Schultze-Naumburg und Dr. Falk Ruttke. Schultze-Naumburg gehörte zu den völkischen Wegbereitern des Nationalsozialismus. In seinem Haus trafen sich vor 1933 führende Köpfe der Nationalsozialisten wie Frick, Rosenberg, Göring, Goebbels und Hitler.[211] Ab 1932 saß er für die NSDAP im Reichstag. Ruttke war ein prominenter NS-Rassenideologe und Mitglied der SS. Bavink übersandte Ruttke zwei seiner Schriften. Ruttke bat Bavink am 7. Juni 1933, im Gegenzug über eine Tagung katholischer Ärzte und Naturwissenschaftler in Köln zu berichten. Bavink kam dieser Bitte nach. Ruttke, inzwischen Kommissar des „Reichsausschusses für hygienische Volksbelehrung",

---

[210] BArch R 4901, 24181 Personalakte Bavink B 1448.
[211] Vgl. Gies, Horst, Richard Walther Darré, S. 125 f.

bedankte sich am 6. Juli 1933 für den Bericht und bekundete, mit Bavink einer Meinung zu sein.[212]

Im Sommersemester 1933 hielt Bavink als Parteigenosse innerhalb einer vom Studentenrat organisierten Vorlesungsreihe an der Universität Tübingen einen Vortrag. Weitere Referenten waren Dr. Wilhelm Stapel, Hamburg und Professor D. Kittel, Tübingen. Der Leiter der evangelisch-theologischen Fachschaft, Stud. theol. Walter Göbell berichtete in den „Theologischen Blättern" darüber:

„Bei der Aufstellung des Arbeitsplanes für das SS 1933 ging ich von dem Grundsatz aus, daß in der theol. Fachschaft bei der Auswahl der Vorträge die Konsequenzen der neuen Weltanschauung zum Ausdruck kommen müssen. Dementsprechend trugen die Vorträge das Gepräge der nationalsozialistischen Weltanschauung. Sie führten uns aus dem fachwissenschaftlichen Gebiet heraus an die Fragen von Volk, Staat und Kirche. Eine erfreuliche Folge hiervon war, daß die überfüllten Vorträge von Studierenden aller Fakultäten besucht wurden. Pg. Prof. Bavink, Bielefeld, sprach über „Eugenik und Weltanschauung", Dr. Wilhelm Stapel, Hamburg, über „Gottes-Reich und Drittes Reich", Pg. Prof. D. Kittel, Tübingen, über ‚Die Judenfrage'. [...] Unsere ganze Fakultät, wohl ohne Ausnahme, steht seit langem den Strömungen in Volk und Kirche [gemeint sind im Kontext die ‚Deutschen Christen'. Anm. d. Verf.] in besonderen Maße aufgeschlossen gegenüber. [...] Trotz der großen Zahl unserer Theologenschaft (952) sind die innere Verbindung und der lebendige Austausch mit unseren Dozenten sehr rege. [...] Nur auf solcher Vertrauensgrund-

---

[212] Stadtarchiv Bielefeld, NL Bavink, C I 4/6; Zu Schultze-Naumburg und Ruttke sh. Klee, Ernst, Das Personenlexikon des Dritten Reiches.

lage halte ich erfolgreiche theologische und nationalsozialistische Arbeit für möglich."[213]

Bavink befand sich als prominenter Parteiredner in Gesellschaft mit Anhängern des völkischen Rassenantisemitismus und Steigbügelhaltern für die Etablierung des NS-Staates.[214] Aufschlussreich ist an dieser Stelle, dass in Tübingen angeblich fast 1.000 Theologiestudenten den nationalsozialistischen „Deutschen Christen" nahestanden.

In der Adventszeit des Jahres 1933, das Sterilisationsgesetz war im Juli erlassen worden, hielt Bavink einen Vortrag vor der „Evangelischen Akademie" Bielefeld in einer Reihe mit dem Titel „Christentum und Rassenhygiene". In einem Bericht der „Westfälischen Neuesten Nachrichten" vom 15. Dezember 1933 wurden die Aussagen Bavinks wiedergegeben:

„Der Einwand, die Sterilisierung sei ein Eingriff in die persönliche Freiheit des Menschen, könne nicht geltend gemacht werden. Es sei das Vorrecht des Staates, Eingriffe in die persönliche Freiheit des Menschen zu unternehmen, wenn es gelte, Schädlinge unschädlich zu machen. Ebenso, wie der Staat im Falle des Krieges von den Männern und Frauen den Einsatz ihres Lebens für den Staat verlangen könne".[215]

Bavink publizierte auch weiter im „Völkischen Beobachter", dem „Kampfblatt" der NSDAP. Am 15. Dezember 1933 und am 12. Januar 1934 empfahl das Blatt die 2. Auflage von Bavinks 1933

---

[213] Theologische Blätter, Jg. 1933, S. 373 f.; vgl. Junginger, Horst, The Scientification of the „Jewish Question" in Nazi Germany, S. 135.

[214] Vgl. zu Stapel Sontheimer, Kurt, Antidemokratisches Denken in der Weimarer Republik, S. 35, 62, 212, 217, 226 ff.; Craig, Gordon A. Über die Deutschen, S. 235; zu Kittel vgl. Klee, Ernst, Personenlexikon; Junginger, Horst, Gerhard Kittel – Tübinger Theologe und Spiritus rector der nationalsozialistischen „Judenforschung", http://dx.doi.org/10.15496/publikation-35439.

[215] Westfälische Neueste Nachrichten, 19.12.1933 Zeitpunkt.nrw; ULB Bonn + ULB Münster Visual Library Server), s. a. Vogelsang, Reinhard, Geschichte der Stadt Bielefeld, Band III, S. 236.

erschienener Schrift „Die Naturwissenschaft auf dem Weg zur Religion" mit 79 Seiten. Der Untertitel lautete: „Leben und Seele, Gott und Willensfreiheit im Licht der heutigen Naturwissenschaft". Im Vorwort schilderte Bavink seine Absicht, „die neue weltanschauliche Gesamtlage kurz zu umreißen, die sich angesichts der Umwälzungen in der heutigen Physik zu ergeben scheint". Außerdem hob er die Vorzüge der „faschistischen Idee" gegenüber sozialistischen und liberalistischen Ideen hervor.[216]

Die mehrfache Erwähnung Einsteins und der Relativitätstheorie in diesem Werk rief zwei Jahre später einen von dessen fanatischsten Gegnern, den Vertreter der „Deutschen Physik" Philipp Lenard (1862-1947), auf den Plan. Lenard erhielt 1905 den Nobelpreis für Physik für die Forschung zu Kathodenstrahlen und wurde im NS-Staat hoch geehrt. Der frühe Anhänger Hitlers beschwerte sich in einem Brief vom 9. Januar 1936 an den Schriftleiter Alfred Rosenberg über „Verfehlungen" im „Völkischen Beobachter (VB)". Darin kritisierte er u. a. die Empfehlung des Buches von Bavink: „Das Büchlein Bavinks ist eine geschickt versteckte Anpreisung Einsteins [...] und will das arme Deutsche Volk auf dem Wege über diese ‚Wissenschaft' und ihre unsicheren Spekulationen zur ‚Religion' führen", so Lenard.[217]

Letztlich konnte sich die von Lenard propagierte ideologisierte „Deutsche Physik" nicht gegen die Interessen der Großindustrie und des Militärs im NS-Staat durchsetzen. Ahnungsvoll schrieb Lenard: „In diesen Beispielen [der „Verfehlungen des VB". Verf.] scheint es als hätte [...] der Geist der Hochfinanz und Großindustrie seine Hand [...] auf den V. B. gelegt". Eine Beurteilung Lenards durch das Amt Rosenberg vom 11. September 1942 lau-

---

[216] Bavink, Bernhard, Die Naturwissenschaft auf dem Weg zur Religion, S. 14 f.
[217] Abgedruckt bei: Poliakov, Wulf, Das Dritte Reich und seine Denker, S. 296.

tete: „einsetzbar auf engerem Fachgebiet".[218] Trotz dieser Intervention Lenards erhielt Bavinks Buch weiterhin Zuspruch. Es erschien bis 1945 noch in weiteren Auflagen. Ein Reflex dieses Vorgangs findet sich im Berufungsverfahren für Bavinks Honorarprofessur in Münster.

Am 27. August 1934 leistete Bavink in der Auguste-Viktoria-Schule in Bielefeld den Eid auf Hitler: „Ich schwöre: Ich werde dem Führer des Deutschen Reiches und Volkes, Adolf Hitler, treu und gehorsam sein, die Gesetze beachten und meine Amtspflichten gewissenhaft erfüllen, so wahr mir Gott helfe". [219] Die nur wenige Schritte von Bavinks ostfriesischem Elternhaus entfernt in Leer aufgewachsene Lehrerin und Schriftstellerin Wilhelmine Siefkes weigerte sich wie ein weiterer Lehrer ihrer Schule, die Ergebenheitserklärung für Hitler abzugeben: „aus Gründen der Religion und des Gewissens".[220] Der Philosoph Karl Jaspers stellte fest: „Der Eid in staatlichen Zusammenhängen hat einen unbedingten Charakter nur, wenn er auf die Verfassung oder auf die Solidarität einer ihrer Ziele und Gesinnung offen aussprechenden und begründeten Gemeinschaft geleistet wird, nicht als Treueeid gegenüber Personen politischen oder militärischen Amtes. Nirgends hört die persönliche Verantwortung auf."[221]

Konnte zu Beginn des Jahres 1933 die Bildung der Regierung Hitler-Papen noch gleichsam als „Entente" der traditionell-konservativen Machteliten und der NS-Führung gesehen werden,[222] so mussten spätestens mit der „Nacht der langen Messer" zwei Monate vor Bavinks Eidesleistung die Illusionen über den

---

[218] Klee, Das Personenlexikon zum Dritten Reich, S. 366.
[219] Staatsarchiv Münster, Personalakten B 8 24.
[220] Siefkes, Wilhelmine, Erinnerungen, S. 100. Wilhelmine Siefkes wurde zur Ehrenbürgerin der Stadt ernannt.
[221] Jaspers, Karl, Die Schuldfrage, S. 95.
[222] Müller, Klaus Jürgen, „Der Widerstand gegen den Nationalsozialismus", S. 25.

Charakter des Regimes verflogen sein. Hitler hatte am 30. Juni 1934 fast hundert Menschen, SA-Führer und konservative Politiker, ohne jegliches Verfahren ermorden lassen.

Der Schriftsteller Viktor Klemperer schrieb am 14. Juli 1934 in sein Tagebuch: „Ein Kanzler verurteilt und erschießt Leute seiner Privatarmee." Volksstimme nach Klemperer: „Nu, er hat sie eben verurteilt". „Entsetzlich die Begriffsverwirrung im Volk. [...] Das Gräßliche ist, daß ein europäisches Volk sich einer solche Bande von Geisteskranken und Verbrechen ausgeliefert hat und sie immer noch erträgt."[223] Der Vorstand der Exil-SPD sprach von „enthüllter moralischer Verkommenheit, grenzenloser Brutalität und skrupelloser Willkür des Regimes". Resigniert stellt Klemperer fest: „Es scheint festzustehen, daß die Popularität Hitlers bei der großen Masse kaum gelitten hat, sondern in manchen Kreisen vielleicht noch gestiegen ist".[224] Diese Einschätzung wird durch eine Aussage Bavinks bestätigt. Im Juli-Heft 1934 von „Unsere Welt" bekannte Bavink, dass es zu „Adolf Hitlers bewundernswürdigsten Leistungen zähle", Katholiken, Protestanten und „Neuheiden" zu einer „einheitlichen Stosskraft zusammenzuhalten verstanden hat".[225]

Im August des Jahres 1934 war Bavink wie in den Vorjahren[226] Referent in der Reihe „Reinsche Ferienkurse"[227] in Jena. Er hielt zwei Vorträge zu den Themen „Eugenik als Forschung und Forderung der Gegenwart" und „Natur und Mensch". Weitere Vortragsthemen waren u. a.: „Die völkisch-religiöse Bewegung des 19. Jh." (Leisegang), „Der Dichter der neuen Volkswerdung"

---

[223] Klemperer, Viktor, Tagebücher 1933–1934, S. 122 f.
[224] Sopade, Deutschlandberichte, 1934, S. 249.
[225] Unsere Welt, 1934, S. 218 li. Sp.
[226] Bavink, Erinnerungen, S. 387.
[227] Unsere Welt, Heft 7, 1934, S. 224. Der Lehrerfortbildungskurs wurde 1889 von dem Pädagogen Wilhelm Rein begründet.

(Geißler, Erlangen), „Die chemische Waffe" (Brintzinger). Geißler war der Star-Rhetoriker des Dritten Reichs und ein radikaler Bekenntnisrassist.[228] Die Themen der Vorträge orientierten sich in deutlicher Form an die Ideologie des NS-Staates.

Im Herbst 1934 bewarb sich Bavink bei der NSDAP-Gauleitung Westfalen-Nord als Redner im Rahmen der „rassen- und bevölkerungspolitischen Propaganda und Schulung". Der Gauschulungsleiter bekundete daraufhin die Absicht, Bavink im Rahmen der weltanschaulichen Schulung der NSDAP für Vorträge einzusetzen.[229]

1935 war Bavink Gründungsmitglied des Rotary-Clubs Bielefeld. Die Darstellung hier folgt weitgehend der detailreichen Chronik des Clubs zum 75-jährigen Jubiläum, die Ulrich Andermann in seiner Forschungsarbeit untersucht hat.

Die Gründung war mit dem Kreisleiter der NSDAP, Bürgermeister Budde, abgestimmt, der sich wiederum an „höherer Stelle" abgesichert hatte. Es war daher weder ein Akt des Widerstands noch der Nonkonformität. Die Rotarier versuchten seinerzeit, sich dem NS-Regime anzupassen und anzudienen. Bereits im April 1933 war der regimekritische Nobelpreisträger Thomas Mann schmählich aus dem Münchner Club ausgeschlossen worden. Ein „Governor" der Rotarier erwog, Göring oder Goebbels als Schirmherren zu gewinnen. Als Clubmitglied referierte Bavink im Juli 1935 zum Thema „Wert der Wissenschaft". Das vereinsinterne Protokoll dazu gibt den Inhalt wieder: Er sprach vom „Wert den europiden Rassen insonderheit [sic!] der indogermanischen Völker". Und weiter heißt es: „Der Totalitätsanspruch des neuen Staates sei so zu verstehen, dass vom Stand-

---

[228] Chronologie Geissler, Ewald, von Gerd Simon unter Mitwirkung von Dagny Guhr und Ulrich Schermaul http://homepages.uni-tuebingen.de/gerd.simon/ChrGeissler.pdf.
[229] Schreiben vom 17.10.1934, Stadtarchiv Bielefeld, Nachlass Bavink, C I 4/11.

punkt der nationalsozialistischen Weltanschauung aus auch die Urteile der Wissenschaft über das, was wahr und falsch sei, letztlich zu bestimmen seien. Eine ‚objektive Wahrheit' [...] existiere überhaupt nicht, da alles Denken ‚ganzheitlich', d. h. aus individuellen bzw. aus rassisch-völkischen Gesichtspunkten bestimmt sein müsse." Diese Aussage steht in Gegensatz zu dem, was Bavink noch 1934 unter dem Titel „Rasse und Kultur" als seine Auffassung veröffentlichte. Der Clubsekretär schien die Botschaft dieses Vortrags und auch anderer verstanden zu haben. Er schrieb: „Gerade denen, die sich heiß darum bemühen, das grosse und tiefe Gedankengut, das uns diese Jahre des Nationalsozialismus neu gegeben haben, gründlich innerlich zu verarbeiten, mögen diese Vorträge eine grosse Hilfe gewesen sein."

Ein weiteres Gründungsmitglied war Dr. Werner Villinger, der zu dieser Zeit (1934–1939) Chefarzt an den v. Bodelschwinghschen Anstalten in Bethel-Bielefeld war. Villinger war dort an hundertfachen Zwangssterilisationen beteiligt. Er war, wie Bavink, Mitglied des „Ständigen Ausschusses für Fragen der Rassenhygiene und Rassenpflege des Central-Ausschusses der Inneren Mission" und ab Februar 1935 ärztlicher Beisitzer beim Erbgesundheitsobergericht in Hamm. Nach Aufhebung der Eintrittssperre trat er am 1. Mai 1937 der NSDAP bei. Nach einer aufgefundenen archivierten Liste wurde er am 28. März 1941 T4-Gutachter.[230] Die „Aktion T4" war die Tarnbezeichnung für die von Hitler angeordneten und durchgeführten Morde an Menschen mit Behinderung. Die Witwe Werner Villingers hatte in ei-

---

[230] Faksimile abgedruckt in: Klee, Ernst „Euthanasie" im NS-Staat, S. 228. Villinger hat die Erteilung von Gutachten stets bestritten. In einem staatsanwaltlichen Verfahren hat ein ehemaliger Assistent diese Tätigkeit jedoch bezeugt. Villinger wiederum bescheinigte diesem, „aktiven Widerstand gegen den Nationalsozialismus geleistet zu haben. Vgl. Klee, Ernst, Deutsche Medizin im Dritten Reich, S. 335; Klee, Ernst, Was sie taten, was sie wurden, S. 171.

nem Rechtfertigungspapier für ihre Kinder u. a. geschrieben: „War er nicht Mitglied eines Breslauer Widerstandsclub (Adelsclub?) gewesen?" Aus Villingers Entnazifizierungsakte erschließt sich, dass der Rotary-Club in Bielefeld gemeint war. Als besonders hochstehenden Rotarier, dem Villinger „manche wertvolle Anregung" verdanke, nannte er Bernhard Bavink.[231]

Bavink und Villinger waren hinsichtlich der von ihnen im Club vertretenen Standpunkte und Inhalte ideologische Ausnahmeerscheinungen, so Ulrich Angermann. Bavink nahm als Delegierter am 4. September 1937 an einer Vollversammlung der Vertreter der deutschen und österreichischen Clubs teil, in der die Mehrheit für eine freiwillige Selbstauflösung zum 15. Oktober 1937 stimmte.

Bavinks kurze Mitgliedschaft im Club wurde von den Parteiinstanzen dennoch als Negativum in dem Berufungsverfahren für eine Honorarprofessor in Münster gewertet.

Zum 1. November 1936 trat Bavink der „einzig anerkannten kolonialen Organisation im Reiche auf der Grundlage der nationalsozialistischen Weltanschauung" bei. Es handelte sich um den im Mai des Jahres neugegründeten Reichskolonialbund. Die Mitgliedskarte wurde von dem Unterstützer des Kapp-Putsches, Bundesführer Franz von Epp, unterzeichnet. Von Epp hatte im August einen Aufruf veröffentlicht und als Ziel seiner Organisation dargelegt: „...auf der Grundlage der nationalsozialistischen Weltanschauung den kolonialen Gedanken in das ganze deutsche Volk tragen [...] Ich erwarte von allen Mitgliedern des Reichskolonialbundes stärksten Arbeitseinsatz und unerschütterliche Pflichttreue. Die näheren Anweisungen ergehen in meinem Auf-

---

[231] Klee, Ernst, Deutsche Medizin im Dritten Reich, 335 f.

trage durch den Hauptgeschäftsführer [...] SS-Standartenführer Rümann."²³²

Im September 1937 und auch 1938 beteiligte sich Bavink mit seinen Büchern an Ausstellungen im Rahmen der „Gautagung des Amtes für Erzieher" der Partei. Er hatte auch 1936 an der Gautagung teilgenommen. Seine Schrift „Eugenik" und zwei Physiklehrbücher wurden 1938 vom „Nationalsozialistischen Lehrerbund – Gauverwaltung Westfalen-Nord" für die Reichsausstellung ausgewählt.²³³ Dem Lehrerbund war er am 1. August 1933 beigetreten.

Ein besonderer Aspekt der Aktivitäten Bavinks vor und während der Kriegszeit war die Mitwirkung an der auswärtigen Kulturpolitik des NS-Staates. Vor dem Krieg nahm er als „Physiker" im Juni 1937 in Jena an einer vom Eucken-Bund veranstalteten internationalen Tagung von Wissenschaftlern teil. Teilnehmer aus Italien, Rumänien und Frankreich waren anwesend. Die Tagung befasste sich mit dem Einheitsproblem der Wissenschaft.²³⁴ Der Eucken-Bund wurde 1920 von dem Ostfriesen Prof. Dr. Rudolf Eucken (1846–1926) gegründet. Der Jenaer Professor der Philosophie erhielt 1908 den Nobelpreis für Literatur.

Thomas Laugstien schreibt hierzu: „1933 gleitet der Bund ohne anzuecken über die zeithistorische Schwelle [...] Dem NS entgegen kommt vielmehr der Vereinszweck [...] Anders als im Fall der Kant-Gesellschaft weiß der Nazismus aus dem internationalen Renommee des Eucken-Hauses auch symbolisches Kapital zu schlagen. Es wird mit der Pflege kultureller Auslandsbeziehungen

---

[232] Hamburger Weltwirtschaftsarchiv, Deutsche Kolonial-Zeitung Nr. 8, 1. August 1936, D 200. Ab 1937 war Rümann SS-Oberführer beim Stab des Reichsführer-SS.
[233] Stadtarchiv Bielefeld, NL Bavink.
[234] Brief von Frau Irene Eucken (Witwe R. Euckens) an Sohn Walter vom 24.6.1937, ThULB NL Rudolf Eucken VI/34.

beauftragt".²³⁵ Thomas Laugstien bezog sich auf eine entsprechende Mitteilung in der „Tatwelt", der Zeitschrift des Bundes.

Über diese Tagung wurde ausführlich in der „Tatwelt" berichtet.²³⁶ Die Teilnehmer waren u.a.: Der Philosoph Dr. Bruno Bauch, Jena, Parteimitglied der NSDAP. Der Soziologe Arnold Gehlen, der, wie auch Bauch das „Bekenntnis der Professoren zu Adolf Hitler und dem nationalsozialistischen Staat 1933" unterzeichnete und ab 1936 Lektor beim „Beauftragten des Führers für die Überwachung der gesamten geistigen und weltanschaulichen Erziehung der NSDAP" war und daher als aktiver NS-Ideologe bezeichnet werden kann.²³⁷ Der Physiker Pascual Jordan, der 1933 von der DNVP in die NSDAP und SA wechselte, war ein Wissenschaftsideologe der nationalsozialistischen Vier-Jahresplan-Politik.²³⁸ Er war wie Bavink Herausgeber einer naturphilosophischen Zeitschrift.²³⁹

Weitere Teilnehmer waren der „Naziphilosoph" Helmut Schelsky (Gereon Wolters)²⁴⁰ und der damals 25-jährige Atomphysiker Carl-Friedrich von Weizsäcker (nach Irene Eucken: „ein Genie")²⁴¹, der nach dem Zusammenbruch bekannte: „Ich habe zwölf Jahre unter einer Diktatur gelebt. Ich habe mich nicht wie ein Held verhalten".²⁴²

Die auf der Tagung vertretenen Anhänger der „philosophischen Physik", der sogenannten „Kopenhagener Schule" orientierten sich an Bohrs Deutung der Quantentheorie. Wegen ihrer

---

[235] Laugstien, Thomas, Philosophieverhältnisse im deutschen Faschismus, S. 147.
[236] Heft 3 1937, S. 115 ff.
[237] Sandkühler, Hans-Jörg (Hg.), Philosophie im Nationalsozialismus, S. 17.
[238] MAX-PLANCK-INSTITUT FÜR WISSENSCHAFTSGESCHICHTE, Pascual Jordan (1902–1980) Mainzer Symposium zum 100. Geburtstag D. Hoffmann (Berlin), M. Walker (Schenectady): Der gute Nazi: Pascual Jordan und das Dritte Reich. S. 83 ff.
[239] Laugstien, Thomas, Philosophieverhältnisse..., S. 182.
[240] In: Sandkühler, Hans-Jörg (Hg.), Philosophie im Nationalsozialismus, S. 68.
[241] Brief vom 24.6.1937 Repro_TD_2020_10_01_NL_W_Eucken_0003.tif.
[242] Von Weizsäcker, Carl-Friedrich, Die Tragweite der Wissenschaft, S. 12.

jüdischen Abstammung mussten die dieser Schule zugehörigen Wissenschaftler Max Born und Erwin Schrödinger 1933 emigrieren. Nach Auffassung von Thomas Laugstien sollte sich auf der Tagung fachlich Zersplittertes im „Ringen um den schaffenden Geist" verbinden und dadurch den Vierjahresplan beflügeln, der Deutschland kriegsfähig machen sollte.

Der Physiker Werner Heisenberg (Nobelpreis für Physik 1932) hatte aus gesundheitlichen Gründen abgesagt.[243] Er war am 15. Juli 1937 Ziel einer Kampagne des SS-Zentralorgan „Das schwarze Korps" und wurde als „Weißer Jude" bezeichnet. Dort hieß es: „Heisenberg ist nur ein Beispiel für manche andere. Sie sind allesamt Statthalter des Judentums im deutschen Geistesleben, die ebenso verschwinden müssen wie die Juden selbst.'"[244] Himmler selbst unterband diese Kampagne. Im Übrigen wurde spätestens ab 1940 die theoretische Physik, weil sie „kriegswichtig" war, auch von der Partei offiziell anerkannt. Der von dem SS-Organ angegriffene Heisenberg wurde mit Kriegsbeginn zum Leiter des Kernforschungsprojekts ernannt, ab Juli 1942 war er Direktor des Kaiser-Wilhelm-Instituts für Atomforschung. 1943 erhielt er einen Lehrstuhl an der Universität Berlin.[245]

Ähnliches wie Heisenberg war auch Bavink im Juli 1937 widerfahren, als das Provinzblatt „Der Märkische Adler" (1936–1937) aus dem Gau „Kurmark"[246] meinte: „Ein Professor, den wir entbehren können!" Angegriffen wurde er wegen eines Berichtes über einen Vortrag, der angeblich „einen Angriff auf rassi-

---

[243] Brief von Frau Irene Eucken (Witwe R. Euckens) an Sohn Walter vom 17.6.1937 ThULB NL Rudolf Eucken VI/34.
[244] Abgedruckt in: Poliakov, Wulf, Das Dritte Reich und seine Denker, S. 307.
[245] Klee, Ernst, Das Personenlexikon..., S. 241.
[246] BArch NS 26, Hauptarchiv der NSDAP.

sches Denken und damit gegen die nationalistische Weltanschauung darstelle".[247]

Im Herbst 1938 unternahm Bavink eine Vortragsreise in das polnische deutsche Siedlungsgebiet Oberschlesien in die Städte Kattowitz und Bielitz. Er wurde begleitet von dem „netten Ingenieur Viktor Kauder" (Jahrgang 1899), der zudem als Bibliothekar, Deutschtum- und Heimatforscher tätig war.

Bavink schrieb dazu: „Ob er den Ausbruch des neuen Krieges 1939 überlebt hat oder dem fanatischen Deutschhass der Polen [...] zum Opfer gefallen ist, weiß ich nicht. [...] Jetzt [1945. Anm. d. Verf.] ist er sicher vertrieben oder vermißt."[248] Kauder fiel nicht den Polen zum Opfer, sondern machte während der deutschen Besatzung Karriere.

Der polnische Historiker Czesław Madajczyk gelangt zu dem Ergebnis: In Oberschlesien tat sich Ingenieur Viktor Kauder, vor dem Kriege Sekretär des Verbandes deutscher Volksbüchereien, als Totengräber der polnischen Kultur hervor.[249] Im annektierten Teil Polens (Provinz Schlesien), dazu gehörten die Städte Kattowitz und Bielitz, vernichteten die Deutschen vollständig alle polnischen Bibliotheken und Buchhandlungen. Millionen Bücher wanderten in den Reißwolf. Kauder wurde noch 1944 Soldat und war nach dem Krieg zuletzt beruflich in Herne hochgeehrter Leiter der Stadtbüchereien und Stadtamtsleiter. Er verstarb 86-jährig in Zirl/Tirol.[250]

---

[247] Achelpöhler, Mädchen Schule Zeitgeschichte, S. 106 f.
[248] Bavink, Erinnerungen, S. 392 f.
[249] Madajczyk, Czesław, Die Okkupationspolitik Nazideutschlands in Polen 1939-1945, S. 336.
[250] Fahlbusch, Michael u. a. (Hg.), Handbuch der völkischen Wissenschaften: Akteure, Netzwerke, Forschungsprogramme, S. 334 ff.

Kriegsjahre

Die Familie Bavink wurde vom Kriegsbeginn am 1. September 1939 während einer Urlaubsreise überrascht. Bavink musste umgehend aus der Schweiz heimkehren. Bavink schilderte seine Eindrücke bis 1940:

„Das ganze erste Jahr [des Krieges, Verf.] bis zum April 40 ging, abgesehen von nur ca. 2 - 3 Wochen dauernden Polenfeldzug, mit lauter nebensächlichen kleinen Kriegshandlungen hin, man hatte das Gefühl, dass man überhaupt nicht weiter kam. [...] Es gab dann allerlei Ereignisse von Bedeutung. Zunächst die unerwartete Offensive gegen Norwegen ab 9. April. Dann eine herrliche ungekürzte Aufführung der Matth. Passion. [...] beim Ferienanfang, am 10. Mai, [...] war am Morgen gerade die weltbewegende Nachricht von unserem Einmarsch in Holland und Belgien herausgekommen. [...] Als die grossen Siege in Frankreich erfochten und Paris genommen wurde, war ich gerade mit meiner Klasse in Weimar. [...] Die Nachricht von dem franz. Waffenstillstandsgesuch erhielten wir, als wir am Schluss der Festtage im ‚Elefanten' einen solennen Kaffe [sic!] mit Kuchen verzehrten. [...] Seit Ende Mai hatten wir nun auch häufige Fliegerangriffe in der Nacht."[251]

Bavink identifizierte sich seit Beginn des Eroberungskrieges mit den Kriegszielen und forderte den „wissenschaftlichen Soldaten", um die „wirtschaftlichen" und „militärischen Kämpfe" zu gewinnen.[252] In seinen Erinnerungen findet sich das unreflektierte Nebeneinander von Kriegsschrecken und banalen privaten Ereignissen.

---

[251] Bavink, Erinnerungen, S. 336.
[252] Unsere Welt, Nr. 31, 1939, S. 245, zitiert in: Müller, Dorit: Im Pausenraum des Dritten Reiches, S. 43.

Angesichts des „neuen Krieges" änderte Bavink in einem Aufsatz mit dem Titel „Die Wissenschaft im Völkerringen" im Jahr 1939[253] seine Aussagen zur „Objektivität" der Wissenschaft und zur „Übernationalität". Er stellte fest: „Denn die Wissenschaft hat neben ihrer objektiven Seite auch eine subjektive Seite." Es gelte für den deutschen Wissenschaftler, „daß er [...] ganz besonders in Kriegs- und Notzeiten sein ganzes Können und Streben [...] in den Dienst seines Volkes und Vaterlandes zu stellen hat. [...] Die heutige Staatsführung hat [...] in dem bekannten Vierjahresplan ihnen [der Wissenschaft und Technik, Verf.] ganz bestimmte vordringliche Aufgaben gestellt [...] wie noch soeben aus Görings großer Berliner Rede hervorging".[254] Der Führer und sein Beauftragter Hermann Göring, so Bavink, hätten die Leistungen der Wissenschaftler im „vollsten" [sic!] Maße anerkannt. Der Schlussappell von Göring in der Rede am 28. Oktober 1936 im Sportpalast lautete: „Seid würdig unseres großen Führers Adolf Hitler!"[255] Der Vierjahresplan, von Hitler im Jahr 1936 durch eine Denkschrift vorbereitet, diente dazu, das Militär und die Wirtschaft in vier Jahren kriegsfähig zu machen.[256] Hitler hatte festgelegt, dass die Juden einen erheblichen Teil der Ausgaben der Aufrüstung finanzieren sollten.

Bavink sprach in diesem Zusammenhang die Nutzung der inneren Energie der Atome für die „technisch-industrielle" und militärische Verwendung an und forderte, alle geistigen Kräfte mobil zu machen, wenn „Deutschland im Völkerringen bestehen wolle".[257] Die deutschen Wissenschaftler Heisenberg und v.

---

[253] Unsere Welt, Heft 9/10, 1939, S. 241 f.
[254] Enzyklopädie des Nationalsozialismus, S. 852. Göring hielt die Rede am 22.10.1936.
[255] Dokumente der deutschen Politik", Deutsche Hochschule für Politik, Bd. 4, 1937, - - S. 269.
[256] Evans, Richard, Das Dritte Reich, Diktatur, S. 434.
[257] Unsere Welt, Heft 9/10, 1939, S. 242 ff.

Weizsäcker arbeiteten an der Entwicklung der Atombombe (das sog. Uranprojekt).

Albert Einstein warnte 1939 den Präsidenten der Vereinigten Staaten, F. D. Roosevelt, vor einer deutschen Atomwaffe. Er schrieb: „This new phenomenon would also lead to the construction of bombs. [...] I understand that Germany has actually stopped the sale of uranium from the Czechoslovakian mines which she has taken over. That she should have taken such early action might perhaps be understood on the ground that the son of the German Under-Secretary of State, von Weizsäcker, is attached to the Kaiser-Wilhelm-Institut in Berlin where some of the America work on uranium is now being repeated."[258]

Für die Realisierung des „Vierjahresplanes" forderte Bavink nach Kriegsbeginn im Stil von Görings Propagandareden von den Wissenschaftlern:

„Arbeiten! Arbeiten, daß dir der Kopf raucht. [...] Der Soldat, der getreu seine Wache schiebt, der Arbeiter, der Tag für Tag seine Granaten dreht [...] dienen ihrem Volke. [...] Mit Leuten, die halb Soldaten und halb Wissenschaftler sind, kann das Vaterland wenig anfangen. Aber mit solchen, die ‚wissenschaftliche Soldaten' sind, gewinnt es die wirtschaftlichen und zu einem Teile auch die militärischen Kämpfe. Heute ist auch der Wissenschaftler ein um so besserer Soldat, je eifriger er in seinem Bereich [...] für sein Volk arbeitet. [...] Die Außenstehenden mögen sich davor hüten, von dieser oder jener wissenschaftlichen Arbeit verächtlich zu sagen: Ist denn das heute nötig? Was heute nicht nötig ist, wird die Staatsführung [...] schon festsetzen."[259]

Die Diktion gleicht der von Göring. Dessen Feststellung über die beste Unterstützung des Führers lautete für die Volksgenos-

---

[258] Abgedruckt in: Isaacson, Walter, Einstein, S. 120 f. (2020, Stuttgart, Langenmüller).
[259] Unsere Welt, Heft 9/10, 1939, S. 245.

sen in seiner Rede: „wenn er arbeitet und immer wieder arbeitet […] vom Morgen bis zum Abend. […] Ich wende mich in erster Linie um restlose Mitarbeit an alle Erfinder […] Wissenschaftler."[260]

Gauschulungsleiter Dr. Karl Zimmermann beschrieb bereits 1933 in seiner Broschüre „Deutsche Geschichte als Rassenschicksal"[261] Bavinks Forderung:

„(Die Wissenschaft) liefert (damit) einem Herrenvolke die wichtigsten Waffen für seine Erhaltung und seinen Aufstieg. So hat auch entschieden der leidenschaftliche Kampf des schöpferischen Gelehrten und Forschers um die Lösung eines lebenswichtigen Problems, sei es oft auch für den Laien nur ein scheinbar unbedeutendes, etwas Gemeinsames mit dem Kampfe des Kriegers um die Erweiterung und Beherrschung des völkischen Lebensraumes."

Zimmermann wiederum gab etwas umformuliert die Worte des „Führers" wieder. Hitler schrieb 1925 in „Mein Kampf":

„Was wir an materiellen Erfindungen um uns sehen, ist alles das Ergebnis der schöpferischen Kraft und Fähigkeit der einzelnen Person. […] Alles menschliche Denken und Erfinden dient in seinen letzten Auswirkungen zunächst dem Lebenskampf des Menschen auf diesem Planeten, auch wenn der sogenannte reale Nutzen einer Erfindung oder einer Entdeckung oder einer tiefen wissenschaftlichen Einsicht in das Wesen der Dinge im Augenblick nicht sichtbar ist. […] Das Wertvollste an der Erfindung […] ist zunächst der Erfinder als Person. Ihn also für die Gesamtheit nutzbringend anzusetzen, ist erste und höchste Aufgabe der Organisation der Volksgemeinschaft."

---

[260] Dokumente der deutschen Politik, Deutsche Hochschule für Politik, Bd. 4, 1937, S. 269.
[261] Zimmermann, Karl, Deutsche Geschichte als Rassenschicksal, S. 71.

Der von Bavink verwendete Topos „wissenschaftlicher Soldat" spiegelt die Bestandteile der nationalsozialistischen Weltanschauung wie Lebensraum, Lebenskampf, Herrenvolk und Volksgemeinschaft wider. Er argumentierte damit auf der Linie des Pädagogen und „aktiven NS-Ideologen" (Sandkühler) Alfred Baeumler, der „Hofphilosoph" des NS-Ideologen Alfred Rosenbergs war.[262] Baeumlers Antrittsvorlesung am 10. Mai 1933 als neuer Ordinarius für Pädagogik in Berlin war der Auftakt für die darauf folgende abendliche Bücherverbrennung durch seine Studenten. Baeumler sagte: „Wir haben für den Typus, der uns als Bild vorschwebt, den Namen des politischen Soldaten gefunden [...] Mit einem Worte läßt sich hier sagen, was Nationalsozialismus bedeutet: die Ersetzung des Gebildeten durch den Typus des Soldaten".[263]

Der NS-Staat kämpfte an der militärischen und einer geistigen Front. Kulturelle Propaganda war ein wichtiges Kriegsmittel außerhalb des Schlachtfeldes. In einer Sitzung am 19. September 1939 erklärte der Leiter der kulturpolitischen Abteilung des Auswärtigen Amtes, v. Twardowski,[264] im Namen von Staatssekretär Ernst v. Weizsäcker:[265] „Der Krieg werde nicht zuletzt durch das Ringen um die Seele der neutralen Länder entschieden; hier müsse die Kulturarbeit das leisten, was anderswo die Waffen bewerkstelligten." Diese Aussage entsprach der Forderung Bavinks nach dem Typus des „wissenschaftlichen Soldaten".

---

[262] Klee, Ernst, Das Personenlexikon, S. 24 f.
[263] Zitiert bei Ross, Martin Michael in Sandkühler, Hans Jörg (Hg.), Philosophie im Nationalsozialismus, S. 66 ff.; Leske, Monika, Philosophen im Dritten Reich, S. 179.
[264] Von Twardowsky gehörte nach dem Krieg zum harten Kern einer Seilschaft aus vormaligen Auslandspropagandisten und wurde Leiter der Auslandsabteilung des Bundespresseamts. Conze, Eckart und andere, Das Amt und die Vergangenheit, S. 540 u. 654.
[265] Weizsäcker war von 1933–1936 Geschäftsträger in der Schweiz, ab 1936 Leiter der Politischen Abteilung im AA (Enzyklopädie des Nationalsozialismus). Er wurde in den „Nürnberger Prozessen" wegen des „Verbrechen gegen die Menschlichkeit" zu 5 Jahren Haft verurteilt.

Die kulturpolitische und propagandistische Offensive sollte die Aggressionspolitik des Dritten Reichs verschleiern und zugleich unter der Hand unterstützen.[266] Die falsche Fassade des Dritten Reichs als „normaler" Staat sollte in den internationalen Beziehungen gewahrt bleiben. In diese kulturpolitische Kriegsführung wurde Bavink mehrfach eingebunden. Im Krieg reiste Bavink in Abstimmung mit der Reichspropagandaleitung nach Wien (1941), als „wissenschaftlicher Soldat" im Rahmen der „Wehrmachtstruppenbetreuung" gegen Bezahlung nach Paris und in die Niederlande (1942) und in den Jahren 1943 und 1944 in Abstimmung mit dem Auswärtigen Amt mehrfach zu Vortragsreisen in die Schweiz.

Am 23. Oktober 1941 (Bavink nannte nach seiner Erinnerung das Jahr 1942) hielt Bavink in Wien (Österreich gehörte seit 1938 zu Großdeutschland) einen Vortrag zu dem Thema „Das Verhältnis des Menschen zur untermenschlichen Natur". Die einladende Vortragsvereinigung arbeitete „Hand in Hand" mit der dortigen Reichspropagandaleitung.[267] In den Ankündigungen des „Völkischen Beobachters" (Österreich-Ausgabe v. 19.10.1941) und in der Zeitung „Das Kleine Volksblatt" (Ausgabe v. 19.10.1941) wurde Bavink fälschlich als „Göttinger Universitätsprofessor" bezeichnet.

Die historische Situation während der Vortragsreise wird durch die in den genannten Ausgaben veröffentlichten Kriegsberichte verdeutlicht. Die Titelseite von „Das Kleine Volksblatt" enthielt einen Bericht über „Die Vernichtung der Armeen Timoschenkos". Ein Artikel auf der Titelseite des „Völkischen Beobachters" schilderte die verzerrte Realität des Krieges: „Wie sich

---

[266] Zitiert in: Michels, Eckard, Von der Deutschen Akademie zum Goethe-Institut, Institut für Zeitgeschichte, Oldenbourg, S. 137 f.
[267] Bavink, Erinnerungen, S. 340 f.

Gefreiter Schulz das Ritterkreuz holte", nämlich „im Abwehrkampf mit den Sowjets" als „Meister im Bunkerknacken". „Unter dem Feuerschutz der Infanterie erledigte er aus eigenem Entschluss im Zusammenwirken mit einem anderen Pionierkameraden vier weitere Bunker mit Handgranaten und Pistolen". Der Aufmacher dieser Ausgabe lautete: „Beaverbrook sieht das Ende der UdSSR."

Im „Völkischen Beobachter" wurde über Bavinks Vortrag berichtet: „Nach kritischer Sichtung der menschlichen Rolle in der Natur nach Körper und Geist stieß der Gedankengang zu den weltanschaulichen Folgerungen des Leben-Geist-Problems der Gegenwart vor."[268]

Anfang November 1941 reiste Bavink an die Westfront in das besetzte Frankreich zu einem Vortrag vor dem Generalstab der „französischen Besatzungsarmee" in Paris „im Interesse der sog. Wehrmachtsbetreuung". Er wohnte als Gast des „Generalstabs" in dem von der Wehrmacht für privilegierte Gäste beschlagnahmten Hotel „Ritz". Auch Hermann Göring war dort abgestiegen.

Zur gleichen Zeit – von Februar 1941 bis zum Oktober 1942 in Paris – war der Schriftsteller Ernst Jünger als Soldat mit Dienstgrad Hauptmann im Stab des Militärbefehlshabers tätig. In seinem ersten Pariser Tagebuch findet sich für den 10. November zusammenhanglos eine Notiz über Abstammungslehre. Ein Reflex zu einem Vortrag von Bavink? Jünger schrieb am 5. November in sein Tagebuch über den Krieg im Osten: „Roland, aus Russland zurückkehrend, berichtet über den schauerlichen Mechanismus der Tötung von Gefangenen. Man gibt vor, sie messen und wiegen zu wollen, läßt sie die Kleider ablegen und führt

---

[268] Wiener Ausgabe 25. 10.1941, http://anno.onb.ac.at/.

sie vor den ‚Meßapparat', der in Wirklichkeit das Luftgewehr einstellt, das den Genickschuss erteilt."[269]

Jünger schilderte den Alltag eines privilegierten Besatzungsoffiziers, der ebenfalls im Hotel „Ritz" speiste. In seinem Tagebuch notierte er: „Abends in Gesellschaft von Oberstleutnant Andois [...] im ‚Tabarin'. Dort eine Revue mit nackten Frauen vor einem Parkett von Offizieren und Beamten der Besatzungsarmee und einem Peletonfeuer von Sektpfropfen."[270]

Bavinks bezahlter „Einsatz" war wie ein touristischer Ausflug organisiert und wurde von ihm für das Mitbringen von Luxuswaren genutzt, die „hintenrum" besorgt wurden. „Im Herbst 1941 hatten sich deutsche Truppen als Besatzer in Frankreich fest etabliert. Ihr begehrtestes Mitbringsel, auf das Landserfrauen ebenso erpicht waren wie Ministerialräte- und Ministergattinnen: Nylonstrümpfe, Damenwäsche, Parfums aus Paris."[271] Bavink plauderte mit dem Chef des Stabes, Generalleutnant Hilpert, in einem „Schlößchen". „Er war [...] ebenso sorgenvoll wie ich, obwohl damals noch alles äußerlich ganz gut zu stehen schien."[272] Wenige Tage vor Bavinks Pariser Aufenthalt waren als „Sühnemaßnahme" für zwei tödliche Anschläge auf Wehrmachtsbeamte auf Anordnung des Militärbefehlshabers von Stülpnagel in Nantes und Bordeaux 98 Zivilisten hingerichtet worden.[273] Am 20. März 1942 zeichnete Außenstaatssekretär v. Weizsäcker ein Dokument ab, „durch das der Todesgang von 6000 Juden fran-

---

[269] Jünger, Ernst, Strahlungen I, S. 229 und 268.
[270] 6. April 1941.
[271] Vgl. hierzu Hans Peter Bleuel, Das saubere Reich. Theorie und Praxis des sittlichen Lebens im Dritten Reich, München 1972, S. 100.
[272] Bavink, Erinnerungen, S. 341.
[273] Kellner, Friedrich, Vernebelt, verdunkelt sind alle Hirne, Tagebücher 1939–1945, S. 191; Anm. a. V. Stülpnagel gehörte später zum Widerstandskreis des 20. Juli 1944 und wurde hingerichtet.

zoesischer Herkunft sowie staatenloser Juden in die Wege geleitet wurde."²⁷⁴

Weitere Einsätze im Rahmen der „Wehrmachtsbetreuung" folgten nach Bavinks Erinnerung im Winter 1941 und Sommer 1943 in den besetzten Niederlanden (nach seiner ausdrücklichen Bemerkung mit einer Unterbringung in Den Haag im nobelsten Hotel) und wieder mit der Möglichkeit, begehrte Waren einzukaufen. Über den Aufenthalt im Sommer 1943 in dem Küstenort Den Helder notierte Bavink: „Es herrschte geradezu eine feindselige Stimmung [...] Damals war gerade in Amsterdam eine aufsässige Bewegung niedergeschlagen [worden]." Gleiches galt für den zweiten Aufenthalt, da „drohende Unruhen den Aufenthalt in Holland sehr ungemütlich machten". Bavinks „Kriegseinsätze" wurden finanziell zwar honoriert, sie waren nach seiner Auffassung jedoch nicht immer angenehm: „In den Nächten, die ich dort [in Den Helder, Verf.] logierte, wurde ich immer sehr gestört durch die endlosen über den Ort hinwegfliegenden Fluggeschwader, die gerade damals mit den dauernden Terrorangriffen auf den Ind. Bez. [Düsseldorf usw.] in vollem Gange waren." Während Bavinks dortigem Aufenthalt befanden sich jüdische Schülerinnen aus seiner Schule als Flüchtlinge vor der Judenverfolgung in den Niederlanden. Wenn es ihnen nicht gelang, ihre Flucht fortzusetzen, wurden sie verhaftet, deportiert und ermordet. Eine Schülerin beging Selbstmord, weil die Flucht nach England scheiterte.²⁷⁵

Bavink bezeichnete dieses Kriegsjahr 1943 als ein „ganz besonderes Glücksjahr, ja geradezu als den Höhepunkt meines bisherigen Lebens". Hintergrund war eine erneuerte Freundschaft mit einer früheren Studienkollegin und die Überreichung des Ri-

---

[274] Schulte, Jan Erik; Wala, Michael (Hg.), Widerstand und Auswärtiges Amt, S. 257.
[275] Achelpöhler, Fritz, Mädchen, Schule, Zeitgeschichte, S. 48 ff.

necker-Preises durch die Universität Würzburg. Die Medizinische Fakultät der Universität Würzburg vergibt seit 1890 die nach Franz von Rinecker benannte Medaille an Mediziner und Naturwissenschaftler mit besonderen Beziehungen zu Würzburg. Erster Preisträger war Robert Koch.[276] In der NS-Zeit wurde dieser Preis zweimal verliehen, 1936 an den 34-jährigen Chemiker Adolf Butenandt,[277] Direktor des KWI-Instituts für Biochemie, und 1943 an den 64-jährigen Oberstudienrat für Physik und Chemie Bavink.

Bavink war weder Mediziner noch lehrender oder forschender Naturwissenschaftler und hatte keine besondere wissenschaftliche Beziehung zu Würzburg, aber eine spezielle persönliche Beziehung zum Lehrkörper. Im Herbst 1942 besuchte Bavink auf dem Rückweg von Wien Günther Just in Berlin-Dahlem und stellte fest, „daß er sich sehr stark mit der Partei liiert hatte [...] Er ist tatsächlich sehr bald darauf Ordinarius in Würzburg geworden." Der Zoologe Günther Just besetzte 1942 einen Lehrstuhl für Vererbungslehre und Rassenforschung in Würzburg.[278] Bavink bezeichnete Just als „alten Freund". Just hatte bereits 1931/32 in Greifswald einen Vortragszyklus unter dem Titel „Eugenik und Weltanschauung" organisiert. Bavink hielt dort einen Vortrag über „Eugenik und Protestantismus". Die Vorträge wurden 1932 in einem Sammelband veröffentlicht. In einer von Günther Just herausgegebenen Reihe „Schriften zur Erblehre und Rassenhygiene" konnte Bavink 1933 eine 60-seitige Broschüre mit dem Titel „Organische Staatsauffassung und Eugenik" veröffentlichen.

---

[276] Wuerzburgwiki.de.
[277] Ab 1.5.1936 NSDAP-Mitglied; Quelle: Robert N. Proctor, Adolf Butenandt (1903–1995): Nobelpreisträger, Nationalsozialist und MPG-Präsident. Ein erster Blick in den Nachlaß.
[278] Klee, Ernst, Deutsche Medizin im Dritten Reich, S. 193, 262.

Der vormalige Preisträger Butenandt, seit 1936 Parteimitglied, hatte ebenfalls Kontakte zu Just. Die Rolle Butenandts im Nationalsozialismus ist teilweise umstritten und noch ungeklärt. 1939 erhielt er den Nobelpreis für Chemie, den er aus politischen Gründen nicht annehmen durfte, und 1943 das Kriegsverdienstkreuz I. Klasse. Seine Beteiligung an geheimen militärmedizinischen Forschungen ist ein Kritikpunkt. Butenandt arbeitete von 1943-1945 bei diesen Projekten mit dem „Rassenforscher" Otmar Freiherr Verschuer zusammen.[279] Nach dem Krieg, am 27. August 1948, schrieb Butenandt an Verschuer, Günther Just habe den Ruf nach Tübingen als Ordinarius für Anthropologie bekommen: „Damit finden leider unsere so oft besprochenen Pläne einer erneuten Zusammenarbeit am gleichen Ort zunächst ihr Ende. Sie wissen, wie leid das mir tut."[280] Am 5. Dezember 1950 schrieb er an Fritz Lenz in Göttingen und schlug Gieseler, der SS-Untersturmführer im Rasse- und Siedlungshauptamt war, als Nachfolger von Just vor. Butenandt hatte Gieseler bereits in Tübingen zur Seite gestanden.[281]

Bavink, Just und Lenz gehörten zu einem Netzwerk von „Rassenhygienikern", die nach Auffassung von Bavink halfen, „die geistige Atmosphäre mit [zu] schaffen, in der das Dritte Reich zur Existenz gelangen konnte."[282] Diese persönlichen Verflechtungen könnten Gründe für die ungewöhnliche Verleihung des Preises in Würzburg gewesen sein.

---

[279] Proctor, Robert N., Robert N. Proctor, Adolf Butenandt – Nobelpreisträger, Nationalsozialist und MPG-Präsident, S. 21 f. (Forschungsprogramm „Geschichtehttps://www.mpiwg-berlin.mpg.de/KWG/Ergebnisse/Ergebnisse2.pdf der Kaiser-Wilhelm-Gesellschaft im Nationalsozialismus).

[280] Proctor, Robert N., a. a. O., S. 26.

[281] Ernst Klee, Deutsche Medizin im Dritten Reich, S. 348 ff.; Robert N. Proctor, Adolf Butenandt -Nobelpreisträger, Nationalsozialist und MPG-Präsident.

[282] Unsere Welt, Heft 6, 1939, Aufsatz: Eugen Fischer 65 Jahre alt, S. 154 f.

Bavinks Vortrag anlässlich der Verleihung der Rinecker-Medaille fand am 27. Mai 1943 in apokalyptischer Zeit statt. Die 6. Armee der Wehrmacht kapitulierte im Februar in Stalingrad, Goebbels rief am 18. Februar 1943 den „totalen Krieg" aus. Im Mai wurde der Aufstand im Warschauer Ghetto blutig niedergeschlagen.

Der Preisträger referierte über das Thema „Die Bedeutung des Konvergenzprinzips für die Erkenntnistheorie der Naturwissenschaften" vor der Physikalisch-Medizinischen Gesellschaft. Bei der Behandlung der Konvergenz in Bezug auf physikalische Größen wie Materie, Elektrizität und Strahlungsenergie wurden Max Planck und die „grundlegende neuere physikalische Theorie, die Relativitätstheorie" erwähnt, aber nicht der Urheber, der jüdische Wissenschaftler Albert Einstein.[283]

Bavink reiste in den Jahren 1943 und 1944 nach seinen Angaben „im Interesse der deutschen Kulturpropaganda" in das neutrale Ausland."[284] Er konterkarierte damit sein Diktum zu Beginn des Krieges „Inter arma silent musea".[285] Reichsminister Goebbels hatte schon am 27. November 1939 in einer Rede betont: „Für uns hatte das Wort, daß im Waffenlärm die Musen schweigen, keine Berechtigung [...] daß die Kunst kein Zeitvertreib für den Frieden, sondern eine scharfe geistige Waffe für den Krieg ist."[286]

Die Reisen wurden vom „Auswärtigen Amt gern gesehen und in jeder Weise gefördert."[287] Bavink war damit Bestandteil der

---

[283] Den gleichen Vortrag hielt er am 30. November 1943 in Zürich. Abdruck in: Zeitschrift für Philosophische Forschung, Band II, Heft 1, 1947, S. 111 f. (während der Drucklegung des Heftes starb Bavink am 27.6.1947).
[284] Staatsarchiv Münster, Provinzial Schulkollegium, Personalakte Nr. B 8, Schreiben v. 8.1.1944 an den Oberpräsidenten.
[285] Unsere Welt, Heft 9/10, 1939, S. 241.
[286] Völkischer Beobachter v. 28.11.1939 (anno.onb.ac.at).
[287] Staatsarchiv Münster, Provinzial Schulkollegium, Personalakte Nr. B 8.

durch das Auswärtige Amt gesteuerten propagandistischen Offensive des im Krieg befindlichen NS-Staates. Die arbeitsmäßige Belastung für „die Kulturpropaganda im neutralen Ausland" war für den Oberstudienrat der Anlass, am 8. Januar 1944 wegen gesundheitlicher Beeinträchtigungen und der vermehrten wissenschaftlichen und literarischen Arbeit die Versetzung in den Ruhestand zu beantragen.[288] Der Grund waren zahlreiche Einladungen zu Vorträgen, auch aus der Schweiz.[289]

Das Reichsministerium für Wissenschaft, Erziehung und Volksbildung äußerte im November 1943 Zweifel an Bavinks fachlicher Eignung. Diese kritische Einschätzung hatte jedoch keine Folgen. Sie verhinderten nicht die Propagandareisen im Herbst 1943 (am 23. und 24. November in Zürich, am 25. November in Bern) und im Februar 1944 in verschiedene Schweizer Orte (Aarau, Davos, St. Gallen, Luzern).

Bavink wurde während dieser Reisen vom Schuldienst beurlaubt und beantragte am 18. Januar 1944 beim Reichsminister für Wissenschaft, Erziehung und Volksbildung den Ausgleich von „Unkosten".[290] Als Gegenleistung berichtete er über die Vortragsreisen an das Auswärtige Amt.[291]

Bavink war offenbar ein privilegierter „Einflussagent".[292] Der Philosoph Karl Jaspers erhielt 1941 keine Genehmigung zu Gastvorlesungen an der Universität Basel. Erst nach Intervention durch den Staatssekretär von Weizsäcker erhielt er später die Erlaubnis. Allerdings durfte seine (jüdische) Frau ihn nicht beglei-

---

[288] Personalakte Münster, Schreiben vom 8.1.1944.
[289] Gromann, Margret, Bernhard Bavink, S. 148 f.
[290] Personalakte Münster, Schreiben 18.4.1944.
[291] Conze, Eckart und andere, Das Amt und die Vergangenheit, S. 170.
[292] Gromann, Margret, Bernhard Bavink, S. 148 f. Er erhielt nicht die von ihm begehrte Einreiseerlaubnis für seine lungenkranke Tochter.

ten. Jaspers blieb in Deutschland.[293] 1938 hatten Schweizer und Deutsche Behörden vereinbart, dass die Pässe von deutschen Juden eine Kennzeichnung erhielten, die sie als Juden auswiesen (J-Stempel), damit sie an der Grenze von den Schweizer Behörden abgewiesen werden konnten.[294] Jaspers hatte ab 1938 Publikationsverbot und war mit seiner Frau auch persönlich gefährdet. Auch der betagte Max Planck erhielt die Erlaubnis, in das neutrale Schweden und die Schweiz zu reisen, weil die NS-Machthaber darin einen Propagandavorteil („useful in cultural warfare". J. L. Heilbron) sahen, ähnlich wie dessen Mitwirkung 1942 in einem NS-Propagandafilm.[295] Dieser Vergleich belegt Bavinks privilegierte Stellung im NS-Staat.

Die formal neutrale Schweiz war im Krieg ein sehr wichtiges Propagandaziel des NS-Staates, weil dort Goldbestände in Devisen umgewandelt werden konnten. Die aus Deutschland gelieferten Goldmengen hatten als Ursprung u.a. geraubte Bestände in den von Deutschland besetzten Ländern; aber auch das Opfergold der ermordeten Juden in den Konzentrationslagern wurde eingesetzt. Damit konnten kriegswichtige Lieferungen aus dem Ausland bezahlt werden, so z. B. Lieferungen von Wolfram aus Portugal.[296] Es diente zur Herstellung der panzerbrechenden Munition für die Wehrmacht. Außerdem lieferte die Schweiz Präzisionswaffen und andere wichtige Geräte (z. B. Zünder, Munition, Kugellager)[297] im Wert von 600 Millionen Franken nach Deutschland und gleichzeitig im Wert von rd. 337 Millionen Franken an

---

[293] Saner, Hans; Jaspers, Karl, S. 47.
[294] Philippe Marguerat, Louis-Edouard Roulet (ed.), Diplomatic Documents of Switzerland, vol. 15, doc. 20-A 1, dodis.ch/11958, Bern 1992. Texte de l'accord germano-suisse réglant les conditions d'entrée en Suisse des Juifs ressortissants du Reich.
[295] Vgl. Heilbron, J. L., The dilemmas of an upright man, S. 188.
[296] Unabhängige Expertenkommission Schweiz Zweiter Weltkrieg, Zwischenbericht, S. 25 f.
[297] Bericht zur deutschen Wirtschaftslage 1943/1944 des Reichsministeriums für Rüstung und Kriegsproduktion, S. 22, veröffentlicht in: IFZ, 2007, Heft 3.

andere Länder (entweder Mitglieder der Achsenmächte oder der Alliierten). Insgesamt erreichten die Schweizer Waffenlieferungen an die kriegführenden Länder somit einen Wert von etwa 1 Milliarde Franken.[298]

Deutsche und schweizerische Regierungsmitglieder hatten ein gemeinsames finanzielles und wirtschaftliches Interesse, die Beziehungen gegenüber der Weltöffentlichkeit als „normal" darzustellen, obwohl den Schweizer Behörden die Existenz von Vernichtungslagern seit September 1943 bekannt war.[299]

Die Schweiz war außerdem für die führenden Nationalsozialisten und „kompromittierte Angehörige der konservativen Eliten, die mit den Nationalsozialisten zusammen gearbeitet hatten", ein sicherer Hafen für private Vermögenswerte, die vielfach verdeckt angelegt wurden. So wurden z. B. später die Konten für Franz v. Papen, Ernst v. Weizsäcker und Hjalmar Schacht entdeckt.[300] Die Schweizer Waffenlieferungen und Finanzhilfen verlängerten den Krieg und kosteten unzähligen Menschen das Leben.[301]

Bavink hielt am 30. November 1943 in Zürich einen Vortrag zu dem Thema: „Die Bedeutung des Konvergenzprinzips für die Erkenntnistheorie der Naturwissenschaften".[302] Seine Legende war, kein Nationalsozialist, sondern ein „Demokrat" zu sein. Sein Selbstbild zeigte die beabsichtigte Wirkung beim schweizerischen Publikum. Wegen seiner „allzu demokratischen" Einstellung sei er nicht Professor an der Universität Bielefeld geworden, wurde dort kolportiert. Politik sei nach Angaben der ihn Einladenden

---

[298] Schlussbericht der Unabhängigen Expertenkommission Schweiz – Zweiter Weltkrieg – S. 205 f.
[299] Marguerat, Philippe; Roulet, Louis-Edouard (ed.), Diplomatic Documents of Switzerland, vol. 15, doc. 20-A 1, dodis.ch/11958, Bern 1992.
[300] Schlussbericht der Unabhängigen Expertenkommission Schweiz – Zweiter Weltkrieg, S. 96 f.
[301] Ziegler, a.a.O., S. 167.
[302] Abdruck in: Zeitschrift für Philosophische Forschung, Band II, Heft 1, 1947, S. 111 f.

kein Thema in seinen Vorträgen gewesen. Als Gewährsmann für diese Angabe wurde der Zürcher Mediziner Kurt von Neergard in einem Bericht des Nachrichtendienstes der Kantonspolizei Zürich vom 12. November 1943 genannt.[303] Dieses Polizeidossier über Bavink entstand wegen der beantragten Aufenthaltsgenehmigung und der Erteilung des Einreisevisums anlässlich von Bavinks Vortragsreise im November 1943. Politische Auftritte von Ausländern waren nicht erwünscht. Kurt von Neergard, ein Schwede mit deutschen Wurzeln, war ein Bekannter von Bavink. Auch er war wie Bavink in jüngeren Jahren wegen einer Lungenerkrankung für eine medizinische Behandlung in Davos gewesen.[304] Vielleicht sind sich die beiden Männer dort erstmals begegnet.[305] Bavink erhielt nach Angaben des Polizeiberichts von den Veranstaltern in Zürich ein Honorar von 100 SFR zuzüglich Reisespesen. Etwa zeitgleich (am 14. November 1943) notierte der jüdische Romanist Viktor Klemperer in seinem Tagebuch: „Endlosigkeit des Krieges. [...] Hinrichtungen und Angst im Innern bei beginnendem Hunger (Kartoffelnot). [...] Es kann noch ein Jahr dauern."[306] Zu der Zeit von Bavinks Vortrag fand vom 28. November bis 1. Dezember 1943 die erste alliierte Kriegskonferenz mit Roosevelt, Stalin und Churchill in Teheran statt.

Bavinks Vorträge waren für den NS-Staat wichtig genug, um sie amtlich zu bewerten und zu dokumentieren. Im Politischen Archiv des Auswärtigen Amtes[307] befindet sich ein Bericht des Deutschen Generalkonsuls in Davos, Herbert Diel, vom 1. März 1944 über die Vorträge Bavinks im Februar 1944 vor der Natur-

---

[303] Schweizerisches Bundesarchiv, AZ. C.20-225 P, Signatur: E4320B#1991/134#145.
[304] Rüttimann, Beat, Neue Deutsche Biographie (1998), S. 25 f. (Onlineversion).
[305] Auch der Münchner Verleger Lehmann verbrachte 1908 einen Kuraufenthalt in Davos. Vgl. Gies, Horst, Richard Walther Darré, S. 93.
[306] Klemperer, Viktor, Tagebücher 1943, S. 151.
[307] Politisches Archiv des Auswärtigen Amtes, Dkult 11, Nr. 5, Bern 3428.

forschenden Gesellschaft, der Kunstgesellschaft und in dem Gymnasium „Fridericianum" in Davos. Das „Alpine Pädagogium Fridericianum" war ein Internat für lungenkranke Kinder aus dem Reich. Der Konsulatsbericht wurde über das Generalkonsulat Zürich und die Deutsche Gesandtschaft in Bern an das Auswärtige Amt in Berlin geschickt.

In Davos gab es eine aus deutschen Ärzten, Pflegern, Schwestern und Gewerbetreibenden bestehende deutsche Kolonie von etwa 1.500 Menschen, eine deutsche Heilstätte[308] und ein deutsches Kriegerkurhaus für Lungenkranke. Görings Raubgut landete auf Konten, die auf den Namen des deutschen Sanatoriums in Davos lauteten. Diese Einrichtung wurde vollständig vom NSDAP-Apparat kontrolliert.[309] Seit 1931 existierte dort eine Ortsgruppe der NSDAP.[310] Davos hatte nach 1933 den Ruf als das „Hitlerbad" und „Nazi-Nest".[311] Der Davoser „Landammann" (Gemeindepräsident) verweigerte 1935 aus Rücksicht auf die nationalsozialistisch dominierte deutsche Kolonie Erika Manns bekanntem regimekritischen Kabarett „Die Pfeffermühle" eine Auftrittsgenehmigung. In den Vortragsveranstaltungen Bavinks in Davos saßen im Publikum überwiegend deutsche Ärzte. Die Zahl der Zuhörer war allerdings gering. Als Begründung wurde von Konsul Diel in seinem Bericht angeführt, dass die „extrem feindlich eingestellte Leitung der Ortszeitung"[312] keine Voranzeige veröffentlichte.

---

[308] Wegen einer beginnenden Lungentuberkulose hatte der 22-jährige Bavink dort zu seiner Studentenzeit einen ersten Kuraufenthalt. Vgl. Gromann, Margret, Bernhard Bavink, S. 78 ff.)
[309] Ziegler, Jean, Die Schweiz, das Gold und die Toten, S. 181.
[310] Der erste Leiter Wilhelm Gustloff wurde 1936 in Davos erschossen und von den Nationalsozialisten zu einem ihrer Märtyrer erklärt.
[311] Artikel in „Zeit" v. 18.1.2007; Tobias Engelsing, Städt. Museum Konstanz Urs Gredig, Gastfeindschaft.
[312] Die „Davoser Zeitung" war eine „freisinnig", also eine liberal orientierte Zeitung.

Konsul Diel war ein altgedienter Diplomat, der, bevor er 1943 nach Davos versetzt wurde, in der Rechtsabteilung des Auswärtigen Amtes tätig war.[313] Er kannte die Direktiven seines Amtes. Nach seiner Einschätzung war Bavinks Vortrag geeignet, „den Eindruck der fortdauernden deutschen Leistungsfähigkeit auf dem Gebiet der Physik und der Grundlagen-Wissenschaften gegenüber den vielfachen Versuchen einer Diskreditierung im Auslande zu vermitteln". Diese Aussage entsprach exakt dem ersten Punkt des Programms der Kulturpolitischen Abteilung des Auswärtigen Amtes von 1942. Dort heißt es: „die Aufgabe, dem Ausland trotz des Krieges einen Eindruck vom kulturellen Selbstbehauptungswillen und den geistigen Reserven Deutschlands zu geben. [...] der Auftrag, der feindlichen Propaganda über die Kulturfeindlichkeit des Dritten Reiches entgegenzutreten..."[314] Bavink erfüllte nach Diels Einschätzung dieses Propagandaziel perfekt.

In einer Buchbesprechung aus dem Jahr 1945 über die 8. Auflage seines Hauptwerks in der Zeitschrift „Schweizer Schule", herausgegeben von den katholischen Schul- und Erziehungsvereinigungen der Schweiz, nahm der Verfasser, der Religionspädagoge F. Bürkli, Luzern, Bezug auf die Vortragstournee von „vor zwei Jahren". Bavink habe die Vereinigung von Naturwissenschaft und Glaube dargestellt und dort bekundet: „tun die Naturwissenschaften [...] nichts anderes, als die Wunder von Gottes Schöpfung offenbaren".[315] Die Zuhörerschaft erhielt den Eindruck von geistigen Überlegungen aus einem „normalen" Land.

---

[313] Schweizerisches Bundesarchiv, Aktennotiz vom 1.6.1949, AZ. p.B.23.22.A. – TU. Signatur: E2001D#1000-1553#1755.
[314] Michels, Eckard, Von der Deutschen Akademie zum Goethe-Institut, Institut für Zeitgeschichte, Oldenbourg, S. 138.
[315] ETH-Bibliothek, www.e-periodica.ch.

Die praktische Fiktion eines Primats von geistigen Erkenntnissen wurde aufrechterhalten und ließ wohl oder übel den völkermordenden Raubzug im Licht höherer Ideale erscheinen.[316] Während Bavink 1944 in der Schweiz weilte[317], erlebte Berlin am 16. Februar den schwersten Luftangriff seit Kriegsbeginn. Der Generalbevollmächtigte für den Arbeitseinsatz forderte im Februar 1944: „Angesichts der unvergleichlichen Leistungen unserer Soldaten [...] prüfe jeder ernsthaft sein Gewissen und stelle soweit wie möglich seine Arbeitskraft für die deutsche Kriegswirtschaft und damit für den Sieg freiwillig zur Verfügung."[318] In einem Wehrmachtsbericht im Februar 1944 heißt es: „Im Nordabschnitt der Ostfront verlaufen unsere Absetzbewegungen [...] planmässig. [...] Nach Aufgabe der Belagerung von Leningrad [...] sind Rückmarschbefehle erteilt worden, die eine Aufgabe dieses militärisch unwichtigen Geländes mit sich gebracht haben. [Leningrad war seit dem 8. September 1941 abgeschnitten worden. Verf.] [...] Der Führer hat nach Abschluss der Durchbruchskämpfe westlich Tscherkassy eine große Anzahl hoher Tapferkeitsauszeichnungen an Heeresangehörige verliehen."[319]

Bavink war in der Schweiz aufgrund seiner Vortragsreisen und seiner Veröffentlichungen ein bekannter, aber nicht unumstrittener Akteur. 1933 kritisierte der Berner Pädagoge Heinrich Würgler im Schweizerischen Evangelischen Schulblatt (68/15, S. 84 f.) Bavink als den evangelischen Befürworter der Sterilisation und der nationalsozialistischen Rassenhygiene. Er sprach von „scham-

---

[316] Laugstien, Thomas, Philosophieverhältnisse im deutschen Faschismus, S. 113.
[317] Vom 7. bis 20. Februar 1944 in Aarau, Davos, St. Gallen, Luzern. Vgl. Gromann, Margret, Bernhard Bavink, S. 148. In der von seiner Tochter nach dem Krieg veröffentlichten Biographie begründete Bavink diese Februarreise nach Davos mit der Notwendigkeit eines Kuraufenthalts seiner schwerkranken Tochter, die jedoch keine Einreiseerlaubnis erhielt.
[318] Gauleiter Sauckel als Generalbevollmächtigter für den Arbeitseinsatz im „Völkischen Beobachter" vom 17.2.1944 (zitiert in: Kellner, Friedrich, S. 632).
[319] Zitiert in: Kellner, Friedrich, S. 628 f.

loser Propaganda" zum „Postulat für Freigabe der Sterilisation". Der Kulturverfall äußere sich darin, dass „der Mensch nur als Material angesehen wird, das man durch Eugenik zu heben hofft". Der angesehene Schweizer Wissenschaftler Adolf Portmann schloss sich dieser Kritik an der „Verachtung des Einzelindividuums und seiner Rechte zugunsten der Volksgemeinschaft" in seinen Betrachtungen 1942 und 1944 an.[320]

Im Organ der Freigeistigen Vereinigung der Schweiz mit dem Titel „Der Freidenker" wurde 1935 Bavinks Schrift „Die Naturwissenschaft auf dem Weg zur Religion" von Prof. Th. Hartwig aus Prag einer kritischen Analyse unterzogen. Bavink wurde als rationalistischer Theologe benannt, der „sozusagen einen physiko-theologischen Gottesbeweis zu liefern versucht."[321]

In der Zeitschrift „Die Irrenpflege" vom März 1939 wurde ein Vortrag von W. Schmid, Küsnacht, vom 19. September 1938 für die 103. kantonale Schulsynode in Andelfingen wiedergegeben. Der Vortragende beklagte die fortschreitende Entartung des schweizerischen Volkskörpers und forderte drastische Maßnahmen in der Geburtenpolitik. Er erwähnte Bavink als Befürworter einer qualitativen Geburtenpolitik und als Verteidiger der Erbhygiene aus protestantischer Sicht.[322]

Sein Werk „Ergebnisse und Probleme der Naturwissenschaften" erschien in der Schweiz in mehreren Auflagen. Eine überaus kritische Besprechung der 8. Auflage (Bern 1945) findet sich in der „Schweizerischen Medizinischen Wochenschrift", Ausgabe vom Oktober 1945.

---

[320] Zitiert in: De Vincenti et. al., Schweizerische Zeitschrift für Religions- und Kulturgeschichte, Bd. 109 (2015), S. 321 f.
[321] Zeitschrift „Freidenker", Jg. 1935, S. 161, ETH-Bibliothek www./e-periodica.ch.
[322] Zeitschrift „Die Irrenpflege", Nr. 3, 1939, S. 49 f.

Ein Widerhall der Vorträge Bavinks scheint sich in einem Bericht von Arthur Ladebeck, Lehrer und Politiker aus Bielefeld, über eine sozialdemokratische Tagung kurz nach dem Krieg in schweizerischen Cavigliano, Tessin, wiederzufinden. Dort habe eine Teilnehmerin Bavink positiv erwähnt.[323] Dieser Vorgang führte zur Initiative Ladebecks, Bavinks schulische Wirkungsstätte nach ihm zu benennen. Den schweizerischen Behörden, einem Teil seines Publikums und auch Ladebeck war offenbar nicht bekannt, dass Bavink im Krieg mit Unterstützung und finanzieller Förderung des Auswärtigen Amtes als „wissenschaftlicher Soldat" und „Einflussagent" in der Schweiz tätig war. In Bielefeld waren die kritischen Stellungnahmen in schweizerischen Publikationen entweder nicht bekannt oder sie wurden ignoriert.

Auch während des Krieges konnte Bavink publizieren. Im Sommer 1944 wurde, wie Bavink im Vorwort schrieb, trotz der Schwierigkeiten bei der Papierbeschaffung und der Verzögerungen durch die Kriegsereignisse mithilfe staatlicher Stellen die 8. Auflage seines Hauptwerkes aufgelegt. Nach seinen Angaben gab es u. a. eine Nachfrage von Frontsoldaten und aus der Schweiz, für die eine weitere Auflage gedruckt wurde. Der Krieg, der in dieser Zeit durch die Invasion der Alliierten in Frankreich und eine russische Großoffensive geprägt war, wurde nur indirekt erwähnt. Das Kapitel „Natur und Mensch" gab „germanische" Durchhalteparolen des Schriftstellers Felix Dahn wieder. Der Zivilist Bavink schrieb, dass nach seiner Überzeugung die „Vertreter des Germanentums" ihr Heil im Kampf bis zum Untergang sehen. Die Einstellung, „solange zu kämpfen, solange ich kann, auch wenn ich weiß, daß es vergeblich ist", sei „die einzige des Mannes würdige."[324]

---

[323] Achelpöhler, Fritz, Mädchen. Schule. Zeitgeschichte, S. 100 f.
[324] Bavink, Ergebnisse und Probleme, 8./9. Auflage, S. 729.

Diesem Diktum entsprechend lautete eine der letzten zeitnahen Eintragungen in seinen „Erinnerungen": „Soeben brachte Elli [...] die Nachricht vom Tode Hitlers mit. Wenn es wahr ist, dass er im Kampf um die Reichskanzlei in Berlin gefallen ist, so hat er wenigstens ein rühmliches Ende gefunden".[325]

Nach alledem stellte der Krieg offenbar keine Zäsur in den Aktivitäten Bavinks dar, wie auch das folgende Kapitel zeigen wird. Er, der zum „militärischen" Soldaten ungeeignet war, wurde zum „wissenschaftlichen Soldaten". Er genoss Privilegien wie nur wenige Wissenschaftler.

Die Offensive 1941–1944 für eine Professur in Münster

Dieser Exkurs schildert, wie unterschiedlich Staats- und Parteidienststellen in einem polykratischen Staat bis zum Zusammenbruch agierten und wie beliebig die Argumente der Universitätsleitungen vor und nach dem Krieg in Berufungsverfahren waren.

1939 wurde von der evangelisch-theologischen Fakultät der Universität Münster dem Theologen Karl Barth der 1922 verliehene Grad eines „Doktors der Theologie e. h." entzogen. Die Begründung in den „Nationalsozialistischen Monatsheften": „Weil er sich einer deutschen akademischen Würde unwürdig erwiesen hat."[326] Der damalige Rektor der Universität, der Jurist Hubert Naendrup, dichtete im November 1939: „Der größte Räuber in der Welt/Er steht an uns'ren Toren/Der Jude hat sich ihm gesellt/Hat uns'ren Tod geschworen".[327] Sechzehn jüdische Wissenschaftler der Universität Münster emigrierten nach der

---

[325] Bavink, Erinnerungen, S. 340; geschrieben April/Mai 1945. Hitler tötete am Nachmittag des 30. April 1945 sein Frau und sich selbst.
[326] Poliakow/Wulff, Das Dritte Reich und seine Denker, S. 113.
[327] Klee, Ernst, Das Personenlexikon zum Dritten Reich, S. 427 f.

Machtübernahme der Nationalsozialisten, drei starben im Konzentrationslager, zwei verübten Selbstmord.[328]

Im Krieg, kurz nach dem Überfall auf die Sowjetunion am 22. Juni 1941 – Bavink reiste zur von ihm so bezeichneten „Sommerfrischenzeit" nach Vorarlberg[329] – bat der Dekan der philosophischen und naturwissenschaftlichen Fakultät Münster, Kratzer, mit Schreiben vom 28. Juni 1941 das Reichsministerium für Erziehung, Wissenschaft und Volksbildung in Berlin, Bavink zum Honorarprofessor für Naturphilosophie in Münster zu ernennen.[330] Die Kreisverwaltung des NSLB – NSDAP-Halle – bescheinigte am 18. Juli 1941, dass „der Pg. Dr. Bavink den Ahnennachweis erbracht hat."

Mit dem Schreiben des Dekans begann in einer Welt des moralischen und militärischen Untergangs - der britische Historiker Ian Kershaw sprach vom „riesigen Leichenschauhaus" Deutschland -[331] eine fast surrealistisch anmutende bürokratische Prozedur, die erst kurz vor dem Ende des NS-Regimes abgeschlossen war. Sie wurde offenbar immer wieder von Bavink und seinen Freunden stimuliert und beschäftigte die Universitätsinstanzen sowie die Staats- und Parteidienststellen im Inferno der letzten Monate des Krieges.

Begründet wurde der Antrag des Dekans mit dem „vortrefflichen Werk „Ergebnisse und Probleme der Naturwissenschaften", das „mitten im Krieg in sechster Auflage hat erscheinen kön-

---

[328] Respondek, Peter, Besatzung – Entnazifizierung – Wiederaufbau, Die Universität Münster 1945-1952, S. 26.
[329] In der Niederschrift seiner Erinnerungen endet jetzt die zeitnahe Aufzeichnung. Weitere Schilderungen stammen bereits aus der Zeit „nach dem unglücklichen Ausgange des Krieges".
[330] Auch für das folgende Verfahren s. Personalakte Bavink B 1448, BArch R 4901, 24181. Durch das Hochschullehrergesetz vom 21.1.1935 war das Ministerium allein zuständig für Honorarprofessuren.
[331] Kershaw, Ian, Das Ende, S. 16 f.

nen".³³² In einem Aktenexemplar wurde dem Antrag durch das Ministerium am 19. März 1942 zugestimmt. Allerdings erhielt der Sachbearbeiter am 18. März 1942 den Hinweis, „dass das mit großer Reklame angekündigte Buch von Bavink-Münster von der Partei verboten wurde." Der Dekan Hermann Senftleben stellte diese Behauptung mit Schreiben vom 9. November 1942 richtig: Nicht kürzlich sei ein Buch verboten worden, sondern „daß im Jahre 1933, sogleich nach der Umwälzung, eine kleine Schrift [...] verboten wurde. Sie führte den Titel ‚Organische Staatsauffassung und Eugenik'. [...] Anstoß erregt haben einige Stellen, die als vorgängige Kritik geplanter (noch nicht erlassener) Gesetze aufgefaßt werden konnten. Im Übrigen stand die Schrift aber völlig auf Seiten der nationalen Bewegung, an der Herr Prof. Bavink jahrelang schon vor 1933, mit offener Zustimmung des Braunen Hauses, mitgearbeitet hatte. Auch in der Broschüre kommt seine gegen die Judenherrschaft in Deutschland gerichtete Einstellung klar zum Ausdruck." Als weitere Begründung wurde die enge Zusammenarbeit Bavinks mit NS-Dienststellen genannt. So wurde mitgeteilt, offenbar in enger Abstimmung mit dem Kandidaten, „daß seine wissenschaftliche und publizistische Tätigkeit von amtlicher Seite erbeten und gefördert wird. Die Abteilung für ‚Zeitdokumentarisches Schrifttum' bei der Deutschen Bücherei (unter der Oberleitung des Propaganda-Ministeriums), hat Herrn Bavink veranlaßt, eine Liste der gesamten naturphilosophischen wichtigen Literatur bis 1939 zusammenzustellen. [...] Eine Presseabteilung des Auswärtigen Amtes hat ihn im vorigen Jahr gebeten, Beiträge für gewisse Publikationen deutscher Gelehrter zu

---

[332] Der Rektor der Universität bedauerte in seiner Stellungnahme vom 17. Juli 1941, dass es nicht möglich sei, für Bavink und seine Frau den Ariernachweis beizubringen, „da die Schulabteilung beim Oberpräsidium in Münster durch die letzten Luftangriffe stark in Mitleidenschaft gezogen ist." Stadtarchiv Münster In den Nächten vom 6.–10. Juli 1941 starben in Münster 43 Menschen, 10 blieben vermisst.

liefern, die im Auslande erscheinen sollen und auch erschienen sind".

Der Verfasser dieser Zeilen Hermann Senftleben war zu der Zeit in Münster als „uniformierter Professor" bekannt, weil er in der Universität regelmäßig eine SA-Uniform als Obertruppführer trug, was vom Dienstgrad her einem Oberfeldwebel in der Wehrmacht entsprach.[333]

Senftleben nannte als Qualifikationsmerkmal für einen künftigen Honorarprofessor Bavink dessen Einstellung gegen die „Judenherrschaft". Zu diesem Zeitpunkt waren fast alle Juden aus Münster, soweit sie nicht flüchten konnten, in die Vernichtungslager deportiert worden. Ab Dezember 1941 hatten die Deportationen aus Münster nach Riga begonnen. Am 31. Juli des folgenden Jahres wurden mit dem vierten Transport fast alle verbliebenen Juden aus Münster nach Theresienstadt gebracht. Insgesamt konnte etwa die Hälfte der nach 1933 noch in Münster lebenden Juden auswandern; 1937 waren es 410 Menschen, von denen einige Selbstmord begingen; über ein Drittel wurde ermordet. Nur 3 % der Deportierten überlebten die Konzentrationslager.[334] Nach dem Krieg stellte „SA-Professor" Senftleben die von ihm befürwortete Ernennung Bavinks in seinem Entnazifizierungsverfahren als Positivum für sich dar.

Das Ministerium forderte mit Schreiben vom 22. Dezember 1942 die Parteikanzlei in München auf, aus politischer und weltanschaulicher Sicht Stellung zu nehmen. Im Ministerium wurden am 7. Dezember 1942 Bedenken gegen eine Ernennung Bavinks laut, weil sie eine „folgenschwere Stellungnahme im Streit um die

---

[333] Respondek, Peter, Besatzung – Entnazifizierung – Wiederaufbau, Die Universität Münster 1945-1952, S. 240; vgl. auch Weiguny, Achim, Die Physik an der Universität Münster im Spannungsfeld des Nationalsozialismus.
[334] LWL-Medienzentrum für Westfalen, Booklet: Zwischen Hoffen und Bangen, Jüdische Schicksale im Münster der NS-Zeit.

Grundlagen der Physik (z. B. gegen Lenard) bedeuten würde, und es nicht einleuchte, daß Bavinks Naturphilosophie eine ‚Ergänzung nach der Biologie hin' (lt. Schreiben des Dekans vom 28.6.1941) sein sollte. Seine Gedankengänge (in „Naturwissenschaft auf dem Wege zur Religion" 1933) seien zwar christlich-konfessionellen und kirchlichen Kreisen willkommen, andere Kreise lehnten sie jedoch größtenteils ab. Bavink hatte dieses Werk in der 5. Auflage noch 1937 veröffentlicht und neben einer positiven Würdigung des „Faschismus" behauptet: „Es existiert im buchstäblichsten [sic!] Sinne nicht ein einziges Wirkungsquant in der Welt, ohne daß es ganz direkt und unmittelbar aus Gott hervorginge."

Am 20. Februar 1943 äußerte das „Amt für Wissenschaft" beim „Beauftragten des Führers für die Überwachung der gesamten geistigen und weltanschaulichen Schulung und Erziehung der NSDAP" (auch „Amt Rosenberg" genannt) fachliche Bedenken: „Gegen eine Ernennung B. zum Honorarprofessor [...] müssen Bedenken erhoben werden. Wissenschaftlich betrachtet hat B., von seiner Doktorarbeit abgesehen, selbstschöpferisch weder die Naturwissenschaften noch die Naturphilosophie gefördert."[335]

Am 17. Januar 1944 schrieb die Parteikanzlei, dass Bavink angeblich Freimaurer gewesen sei und daher bis zum Abschluss der Ermittlungen vorläufig der Ernennung zum Honorarprofessor nicht zugestimmt werde. Es scheint sich hierbei jedoch um eine falsche Meldung gehandelt zu haben. Aus den Unterlagen ergeben sich keine Hinweise darauf, dass Bavink Freimaurer war. Am 25. Januar 1944 insistierte die Universität noch einmal im Sinne des Antrags, weil durch die „Terrorangriffe auf Berlin" Akten

---

[335] BArch NS 15–122.

vernichtet worden waren und darunter auch der Antrag gewesen sein könnte. Im Juni 1944 wurde der Antrag noch einmal wiederholt.

Zwischenzeitlich war Bavink auf Antrag der philosophisch-naturwissenschaftlichen Fakultät im Juni 1944 zum Ehrenbürger der Universität ernannt worden.[336] Zu dieser Zeit waren die Alliierten in der Normandie gelandet und die Ostfront zusammengebrochen. Am 14. Juli 1944 teilte die Parteikanzlei mit, dass noch nicht abschließend Stellung genommen werden könne. Am 25. September 1944 war durch einen Erlass Hitlers als letzte Reserve der Volkssturm gebildet worden, der auch Kinder ab 16 Jahren zu Soldaten machte. Am 20. Dezember 1944 teilte die Parteikanzlei mit, dass gegen die Ernennung Bavinks zum Honorarprofessor Bedenken erhoben worden seien, weil er dem „Rothary-Club" angehört habe und in weltanschaulicher Hinsicht nicht die nötige Festigung besitze. Eine Änderung seiner Haltung sei in seinem fortgeschrittenen Alter, Bavink war zu dieser Zeit bereits 65 Jahre alt, nicht mehr zu erwarten. Das Ministerium lehnte am 16. Februar 1945 den Antrag von 1941 aufgrund dieser Stellungnahme ab.

Nach dem Zusammenbruch des NS-Regimes wurde die Ernennung zum Honorarprofessor weiter betrieben. Offenbar war es zu dieser Zeit nicht mehr relevant, dass der „Herr Prof. Bavink [...] völlig auf Seiten der nationalen Bewegung [...] und gegen die Judenherrschaft eingestellt war" und eng mit NS-Dienststellen zusammen gearbeitet hatte. Der Dekan der philosophischen und naturwissenschaftlichen Fakultät Heinrich Behnke, fragte am 13.

---

[336] Staatsarchiv Münster, Provincial Schulkollegium, Personalakte Nr. B 8.

Februar 1946[337] die Abteilung für höhere Schulen, ob die Militärregierung den Studienrat Bavink in seinem Amt bestätigte.[338] Bavink wurde nach formularmäßiger Mitteilung des Oberpräsidenten in Münster vom 25.11.1946 von der Militärregierung als „genehm" bezeichnet, allerdings mit dem im Formular standardmäßig nicht vorgesehenen Zusatz: „weise Sie aber gleichzeitig daraufhin, dass diese Entscheidung zurückgezogen werden kann, wenn Ihr Verhalten in irgendeiner Weise als unbefriedigend angesehen wird." Die exakte wörtliche Übersetzung der in Englisch verfassten Entscheidung der Militärregierung an die deutschen Behörden in Düsseldorf vom 25. Oktober 1946 lautete: „Folgende Lehrer wurden als akzeptabel beurteilt [...] Sie werden sie darüber informieren, dass sie entlassen werden können, wenn ihre Dienste oder ihr Verhalten als unbefriedigend eingestuft werden."[339]

Bavinks Mentor Behnke, der seit 1927 ordentlicher Professor in Münster war, schrieb: „Seit 15 Jahren bin ich bemüht, Herrn Prof. Bavink eine Honorarprofessur an unserer Universität zu verschaffen. Das ist mir immer wieder misslungen. Jetzt wäre dafür die allerletzte Möglichkeit." Fürchtete Behnke eine Änderung in den Anforderungen für eine Honorarprofessur nach Beendigung der Wirren des Zusammenbruchs und des Zwischenstadiums eines Besatzungsregimes? Die Zeitangabe von 15 Jahren fällt mit dem Zeitraum zusammen, in dem Bavink sich der „nationalen Bewegung" anschloss. Behnke selbst ließ in den Entnazifizierungsverfahren an der Universität – er war zeitweise Mitglied des entsprechenden Ausschusses – „Milde" walten. In Einzelfällen

---

[337] Bei der Datumsangabe handelt es sich um einen Schreibfehler. Der Brief trägt das Datum 1945.
[338] Staatsarchiv Münster, Provinzial Schulkollegium, Personalakte Nr. B 8.
[339] Staatsarchiv Münster, Provinzial Schulkollegium, Personalakte Nr. B 8, Schreiben v. 8.1.1944 an den Oberpräsidenten.

wurden sogar SS-Männer und „alte Kämpfer" unter seiner Mitwirkung wieder zum Universitätsbetrieb zugelassen.[340] Im Antrag des Dekans vom 30. November 1946 wurde Bavink als einer der angesehensten Schriftsteller der Naturphilosophie bezeichnet.

Während des Besatzungsregimes wurde von der Universität in der Argumentation in Bezug auf die NS-Zeit ein Wechsel vollzogen. Galt Bavink vor dem Zusammenbruch als ausgewiesener regimetreuer Parteigenosse, der sich durch Judenfeindschaft und enge Zusammenarbeit mit NS-Dienststellen hervortat, galt er nunmehr als ein vom Regime Verfolgter. Das Verbotsverfahren für eine „kleine Schrift" im Jahr 1933 wurde jetzt als entlastendes Beweismittel angeführt. Es hieß im Antrag: „In Parteikreisen hatte B. sich sogleich durch seine Schrift ‚Organische Staatsauffassung und Eugenik' stark verdächtigt gemacht. Mehr als 10 Jahre hat dann die Philosophische und Naturwissenschaftliche Fakultät in Münster versucht, ihn als Honorarprofessor zu gewinnen. Die Erfüllung dieses Wunsches wurde vom Ministerium lange Zeit immer wieder hinausgezögert und schließlich kategorisch abgelehnt, obwohl Bavink Pg. (Parteigenosse. Verf.) geworden war."[341]

Am 8. April 1947 wurde Bavink vom Kultusminister des Landes Nordrhein-Westfalen mit Wirkung vom 1. April 1947 zum Honorarprofessor in Münster ernannt. Bavink starb im Juni 1947. Hätte er die Professur noch ausüben können, wäre er in Münster auf sehr vertraute Namen und Personen gestoßen.

1951 wurde der Mitherausgeber des NS-Standardwerks für Rassenhygiene „Baur-Fischer-Lenz", Otmar Freiherr v. Verschuer, Professor in Münster. Er war der führende Rassenhygie-

---

[340] Hartmann, Uta, Heinrich Behnke (1898–1879): Zwischen Mathematik und deren Didaktik, S. 55 f.
[341] Universitätsarchiv Münster, 10/725.

niker während der NS-Zeit. So bezeichnete ihn Karl Brandt, Begleitarzt Hitlers und mitverantwortlich für die Aktion T4. Verschuers Assistent in Berlin, Josef Mengele, führte Menschenversuche im KZ Auschwitz durch.[342] Mengele arbeitete von 1943–1945 mit Verschuer in militär-medizinischen Projekten zusammen.[343] Ein Mitarbeiter Verschuers, Dr. Heinrich Schade, Gutachter für illegale Zwangssterilisierungsmaßnahmen gegen „Mischlingskinder" im Rheinland, die im Jargon der Nazis „Rheinlandbastarde" genannt wurden, wurde 1954 apl. Professor in Münster.[344] 1953 wurde der Psychiater Friedrich Mauz nach Münster berufen. Mauz war ab 2. September 1940 Gutachter für die Aktion T4 und hatte an der Abfassung des „Euthanasie-Gesetzes" mitgearbeitet.[345]

Verschuers Nachfolger in Münster wurde 1965 Widukind Lenz (1919–1995), der Sohn von Fritz Lenz, mit dem Bavink befreundet war.

Der Literaturhistoriker Walter Jens schrieb 1977 zu dem Quellenmaterial im Archiv der Tübinger Universität: „[...] sind die Protokolle aus der Ära nach 1945 die gespenstischsten: Als ob nichts geschehen sei! Kein Stalingrad und kein Auschwitz, keine eugenische Sterilisation und keine wissenschaftliche Nobilitierung des Antisemitismus! [...] Nichts davon! Keine Trauerarbeit, kein Eingeständnis der Schuld, keine Bestandsaufnahme, keine vom Geist der Gewissenserforschung bestimmte Selbstreflexion, keine Aufarbeitung der Geschichte, die längst entschieden war, als sie, 1933, scheinbar begann."[346]

---

[342] Klee, Ernst, Das Personenlexikon zum Dritten Reich.
[343] Proctor, Robert N., Adolf Butenandt -Nobelpreisträger, Nationalsozialist und MPG, S. 21 f.
[344] Kaupen-Haas, Heidrun (Hg.), Der Griff nach der Bevölkerung, S. 118.
[345] Klee, Ernst, Das Personenlexikon zum Dritten Reich.
[346] Zitiert in: Respondek, Peter, Besatzung – Entnazifizierung – Wiederaufbau, Die Universität Münster 1945–1952, S. 184.

Diese bittere Erkenntnis gilt auch für das Verfahren in Münster, aber auch für die Aufarbeitung der NS-Herrschaft deutschlandweit.

Zweiter Teil: Die geistige Welt der „stramm national gesinnten Männer"

Ein völkisch-nationales Weltbild und der Kepler-Bund

Die öffentlichen Aktivitäten Bavinks in der Weimarer Zeit als Mitglied in der DNVP und der „Hitler-Bewegung" waren neben dem politischen Kampf gegen die neue Republik der weltanschaulichen Versöhnung von Naturwissenschaft und Christentum gewidmet. Der Kampf gegen den antireligiösen „Monismus" war die erste Triebfeder für Bavink, dem Kepler-Bund beizutreten, den Eberhard Dennert und Wilhelm Teudt 1907 gründeten. Für dessen Zeitschrift „Unsere Welt" schrieb er vor dem Ersten Weltkrieg Artikel mit naturwissenschaftlichem Inhalt. Beispielsweise erschien im Jahr 1912 ein Beitrag über Erdmagnetismus und Luftelektrizität. Dennert schrieb Aufsätze wie „Das Geheimnis des Lebens" und „Gott und das mechanische Geschehen".[347]

Der Bund war eine Gegengründung zum „Monistenbund". Diese Vereinigung war eine Gründung des Zoologen Ernst Haeckel aus Jena, der Darwins Evolutionstheorie in Deutschland popularisierte und eine naturwissenschaftliche Weltanschauung mit einer Verneinung der Existenz Gottes verband. Haeckel hatte 1866 polemisch von Gott als dem „gasförmigen Wirbeltier gesprochen".[348] Die naturwissenschaftliche Einfärbung von Weltanschauungen prägte die Ideologie der Arbeiter und forcierte die Entkirchlichung im Bürgertum.[349] Gegen diese Entwicklung stemmte sich der Kepler-Bund.

---

[347] Unsere Welt, 4. Jg., 1912.
[348] Dennert, Eberhard, Hindurch zum Licht, S. 186.
[349] Nipperdey, Thomas, Deutsche Geschichte, Band 1, S. 627.

Der Mitgründer des Kepler-Bundes, Dr. phil. Eberhard Dennert aus Godesberg, war wie Bavink Oberlehrer, jedoch in einer Privatschule, dem „Evangelischen Pädagogium" in Godesberg, und wie Bavink Mitglied der christlichen Verbindung „Wingolf". Er arbeitete ab 1897 mit Adolf Stoecker, dem „bestgehaßten Mann" und späteren kaiserlichen Hofprediger zusammen.[350] Stoecker behauptete 1880, die Juden würden nicht durch „sittliche Arbeit", sondern durch „korrupte Geschäftspraktiken" ihr Vermögen verdienen.[351]

Ab Januar 1903 gab Dennert das Blatt „Glauben und Wissen" heraus. Die „Volkstümlichen Blätter zur Verteidigung und Vertiefung des christlichen Weltbildes" folgten Dennerts Diktum „daß es eine Glaubensmacht gibt, gegen welche die stetig wechselnde Weisheit und Erkenntnis des Menschen Nacht und Finsternis ist".[352] Der Völkerkundler Friedrich Ratzel schrieb in einer der Ausgaben: „gerade das tiefste wissenschaftliche Denken führt zu Gott hin und das Zeitalter der Religion hat nie aufgehört". Ratzels Völkerkunde enthielt eine von rassistischen Prämissen durchdrungene Kulturtheorie, indem er beispielsweise von einer „siegreichen Verbreitung der weißen Rasse über die Erde" sprach. Sein Denkansatz um die Jahrhundertwende zielte auf einen modernen Rassismus in sozialdarwinistischer Gestalt, der in den kommenden Jahren zur Etablierung der Rassenforschung und „Rassenhygiene" führte.[353] Mit der Gründung des Kepler-Bundes 1907 beendete Dennert die Schultätigkeit. Der Stellvertreter des Führers Rudolf Heß, Schüler des Pädagogiums wie auch der „Blut- und Boden"-Ideologe Walther Darré, sagte 1933

---

[350] Dennert, Eberhard, Hindurch zum Licht, S. 172 f.
[351] Gies, Horst, Richard Walther Darré, S. 315.
[352] Dennert, Dr. Eberhard, Glauben und Wissen, 1. Jg., Januar 1903, Heft 1, S. 4.
[353] Walser Smith, Helmut, Fluchtpunkt 1941, S. 207 ff.

über das Pädagogium: „Der Geist dieser Anstalt war schon vor Jahrzehnten der Geist des Nationalsozialismus in seiner besten Form".[354]

Dennert stellte fest, dass „in unserer Zeit [...] der Kampf um die Weltanschauung wogt wie selten sonst". Er fokussierte die Kritik an der Ablehnung des Christentums auf die Sozialdemokratie, weil viele dort ihre christliche Weltanschauung verloren und fragte: „Wie kann das anders sein [...] wenn ein Jude an der Spitze steht...?" Als positives Signal sah er, dass sich die „Sozialdemokraten in Groningen (Holland)" für konfessionelle Schulen aussprachen.

Eberhard Dennert schrieb 1907: „Wer aber in sich die Freiheit der Selbstbestimmung fühlt [...] der wird auch in der Welt selbst eine ‚Tat' erkennen, und zwar die Tat eines unendlichen, weisen Gottes, in dem zu gleicher Zeit sein Herz den Vater der Liebe erkennt. So berühren sich das Weltbild des Naturforschers und die Gottesanschauung des friededürstenden Herzens".[355] Dieses Spannungsverhältnis zwischen Naturwissenschaft und Religion bewegte zeitlebens auch Bavink.

Dennert zitierte 1909 aus dem Aufruf zur Gründung des Bundes: „Der Keplerbund steht auf dem Boden der Wissenschaft und erkennt als einzige Tendenz die Ergründung und den Dienst der Wahrheit an."

Dem Bund gehörten nach seinen Angaben Protestanten, Katholiken und Israeliten an.[356] Stewart Houston Chamberlain, Verfechter einer rassischen Geschichtstheorie, der bis 1908 in Wien lebte, wurde nach der Übersiedlung nach Deutschland im März 1908 Mitglied. Im Jahr 1899 war sein monumentales Werk

---

[354] Dennert, Eberhard, Hindurch zum Licht, S. 159.
[355] Dennert, Eberhard, Die Weltanschauung des modernen Naturforschers, S. 344.
[356] Dennert, Eberhard, Weltbild und Weltanschauung, S. 72 f.

"Grundlagen des 19. Jahrhunderts" erschienen. Es war ein pseudowissenschaftliches Werk, das die "germanische Revolution" prophezeite und den Rassegedanken zu einer Art Ersatzreligion ummünzte. Trotz dieser dilettantischen Geschichtserklärung wurde es ein Bestseller.[357] Auf Wunsch von Wilhelm II. wurden die preußischen Schulbibliotheken mit diesem Werk ausgestattet. Die Lehre Chamberlains erlaubte es dem gebildeten Bürgertum, seinem Schulidealismus treu zu bleiben, sich weiter zur christlichen Kirche zu bekennen und gleichzeitig antisemitisch zu sein.[358] 1910 spendete er 200 Mark als Unterstützung für den Ankauf eines Gebäudes als Sitz des Kepler-Bundes in der Rheinallee in Godesberg. Er wurde im Oktober 1919 zusammen mit Bavink in das Kuratorium des Kepler-Bundes berufen und blieb es bis zu seinem Tode im Jahr 1927.[359] Es könnte ein früher Einfluss auf das Entstehen einer politischen Weltanschauung Bavinks entstanden sein, denn Bavink war schon vor dem Krieg prominenter Redner und Mitarbeiter des Bundes und Dennerts Vertreter.[360] Auf einer Fotografie aus dem Jahre 1913 ist der junge Oberlehrer im Gehrock mit neun anderen Honoratioren zu sehen, platziert in der ersten Reihe mit Dennert und Teudt.[361]

Hitler erwähnte Chamberlain in "Mein Kampf" als einen Außenseiter im Wilhelminischen Reich, an dessen richtigen Erkenntnissen man vorbeigehe.[362]

Houston Stewart Chamberlain und Bavink waren während Hitlers sozialer Randexistenz in Wien bereits prominente Mitglie-

---

[357] Vgl. Nipperdey, Thomas, Deutsche Geschichte 1866–1918, Band I, S. 829 f.
[358] Kampmann, Wanda, Deutsche und Juden, S. 319 f.
[359] Richard Wagner Museum, Chamberlain-Nachlass, Rot 196/272; Unsere Welt, 1920, Heft 5, S. 23 f. Gleichzeitig wurden Geheimrat Prof. Dr. Dyroff, Bonn und Kommerzienrat Klasing, Bielefeld, berufen.
[360] Unsere Welt, Heft 1, 1920, S. 39 f.
[361] Gromann, Margret, Bernhard Bavink, S. 105; Familienarchiv Lars Dennert.
[362] Mein Kampf, S. 285 u. Anm. 219.

der des Kepler-Bundes in Godesberg. Chamberlain war eine Schlüsselfigur für die Erschließung der Denkstrukturen Hitlers und im Kepler-Bund. Hitler verehrte den Komponisten Richard Wagner und dessen späteren Schwiegersohn Chamberlain. Beide befanden sich in der Vorkriegszeit in einer für den jungen Hitler noch unerreichbaren höheren sozialen Klasse.[363] Hitlers Lieblingslektüre in der Wiener Zeit waren Wagners politische Schriften, die von darwinistischen und antisemitischen Elementen durchsetzt waren und ein ideologisches Weltbild des germanischen Guten und des untermenschlichen Bösen zeichneten.[364]

Hitler traf Chamberlain erst im September 1923, als der vom Alter gezeichnet blind und gelähmt war.[365] Chamberlain ließ wenige Tage später Hitler mitteilen: „Daß Deutschland sich in der Stunde seiner höchsten Not einen Hitler gebiert, das bezeugt sein Lebendigsein". Dennert und Bavink stilisierten nach dem Ersten Weltkrieg gleichfalls Hitler als Retter des Vaterlandes.[366]

Chamberlain war für Bavink ein „hervorragender echter deutscher Mann".[367] Diese Einschätzung teilte Bavink mit den Nationalsozialisten. Alfred Rosenberg feierte Chamberlain als „einen der Deutschesten des deutschen Volkes". Der „NS-Chefideologe" schrieb 1936 in sein Tagebuch: „So wurde Ch. deutscher (Hervorh. im Orig.) als die Millionen, die auf Knien vor Rom oder den Juden herumrutschten".[368] Der Anthropologe Felix v. Luschan schrieb 1927, dass er Chamberlains „Grundla-

---

[363] Zimmermann, Karl, Deutsche Geschichte als Rassenschicksal, S. 3.
[364] Fest, Joachim, Hitler, S. 100 f.
[365] Fest, Joachim, Hitler, S. 275; Heiden, Konrad, Adolf Hitler, S. 184.
[366] Dennert, Eberhard, Hindurch zum Licht, S. 276.
[367] Unsere Welt, Heft 2, 1927, S. 63.
[368] Matthäus, Jürgen; Bajohr, Frank (Hg.), Alfred Rosenberg, Die Tagebücher von 1934 bis 1944, 26.12.1936.

gen" insoweit zustimme, als der Verfasser sich selbst als Laien und Dilettanten bezeichne.[369]

In Dennerts im Jahr 1936 erschienenen Rückblick auf sein Leben findet sich eine Eloge auf Hitler:

„Nach dem Zusammenbruch Deutschlands begann besonders durch die Herrschaft des international eingestellten Marxismus unser Volksleben immer unerträglicher zu werden. Die völkisch-nationale Gegenwirkung griff daher mehr und mehr um sich und führte schließlich zum Sieg der großen Bewegung Adolf Hitlers, der mit Hindenburg zum Retter des Vaterlandes wurde. [...] Er brach den Einfluß des Judentums und seines Mammonismus. Er vernichtete den Parlamentarismus und die zahllosen Parteien. [...] Mit der völkischen Bewegung erreicht das eigentliche naturwissenschaftliche Zeitalter seinen Abschluß, [...] denn die Rassenfrage und die Vererbungslehre [...] sind biologische Probleme".[370]

Bavink schrieb in seinen Lebenserinnerungen: „Wir alle im Keplerbund waren stramm national gesinnte Männer. Politisch hatten sich die meisten der deutschnationalen Volkspartei angeschlossen. [...] Unsere Aufgabe war es nicht, für ‚Freiheit und Brot' im politischen Sinn zu fechten, sondern die geistigen Voraussetzungen stärken zu helfen, aus denen ein **opferwilliges** [Hervorh. d. Verf.] Volk hervorgehen kann."[371] Der Slogan „Freiheit und Brot" wurde politisch erstmals von der Arbeiterbewegung unter Ferdinand Lasalle 1863 in das sog. Bundeslied aufgenommen. In den 1920er Jahren verwandte ihn sowohl die KPD als auch die NSDAP auf Wahlplakaten (Arbeit, Freiheit und Brot).

---

[369] v. Luschan, Felix, Völker, Rassen, Sprache, 1927, S. 337.
[370] Dennert, Eberhard, Hindurch zum Licht, S. 276.
[371] Gromann, Margret, Bernhard Bavink, S. 130.

Der Begriff der „Opferwilligkeit" wurde von den Bewunderern der „arischen Rasse" wie Artur de Gobineau, Georges Vacher de Lapouge und Houston Stewart Chamberlain verwendet. Auch für Hitler war „dieser Aufopferungswille zum [...] Einsatz des eigenen Lebens für andere am gewaltigsten ausgebildet bei dem Arier [...] indem er das eigene Ich dem Leben der Gesamtheit willig unterordnet und [...] auch zum Opfer bringt."[372] Hitler verknüpfte 1924/25 den Opferbegriff mit dem des wahren Idealismus, der die Unterordnung der Interessen und des Lebens des Einzelnen unter der Gesamtheit bedeute und dazu befähige, die Phantasterei des pazifistischen Schwätzers zu erkennen und dagegen zu protestieren.[373]

Als 1920 Bavink „wissenschaftlicher Leiter" des Kepler-Bundes wurde, vollzog sich ein Schwenk auf Themen wie „die Rassenfrage", „Vererbungslehre" und „Eugenik". Der Kampf gegen den „Monismus" hatte sich überlebt. Für Bavink war mit dem Ende des Kaiserreichs nicht mehr die religiöse Grenzziehung zum Monismus vorrangig, sondern vielmehr die Abgrenzung zum evolutionären Sozialdarwinismus Haeckels, der auch von linken Gruppen adaptiert wurde. Bavink propagierte jetzt einen „harten" Sozialdarwinismus, der geschichtlich und politisch aufgeladen war. Diese Sichtweise barg die Gefahr, mit der Vorstellung vom Lebensrecht des Stärkeren auch die Restbestände christlicher Moral und Humanität zu verdrängen und zu entmachten.[374] Nach Ansicht von Uwe Hoßfeld hatte man im Kepler-Bund mit dieser Ausrichtung den Boden wissenschaftlicher Diskussionen verlassen und den wissenschaftlichen Gegner

---

[372] Mein Kampf, I/314, Anm. 74, S. 770 f.
[373] Mein Kampf, I/316, S. 775.
[374] Nipperdey, Thomas, Deutsche Geschichte, Band 1, 510 f.

Haeckel und dessen rassenhygienische bzw. eugenische Vorstellungen überholt und zu einer reinen NS-Diskussion gefunden.[375]

Aufgrund dieses Diskurses entstand bei Bavink ein innerer Konflikt zwischen rechtem Sozialdarwinismus und christlichen humanitären Vorstellungen. Bavink musste den Sozialdarwinismus als von Gott gegeben voraussetzen, um diesen Konflikt zu verschleiern. In Bezug auf die „Rassenhygiene" wird, wie wir später sehen, dies noch sehr deutlich werden.

Die Denkweise im Kepler-Bund erschließt sich aus den offiziellen Veröffentlichungen. Der Generalsekretär des Kepler-Bundes Dr. E. Schöning stellte in einem programmatischen Aufsatz in der Januar-/Februar-Ausgabe 1920 von „Unsere Welt", als Bavink die Leitung übernahm, die Ausrichtung des Bundes heraus. Im Zusammenhang mit der Definition des Begriffs „Wissenschaft" sprach er von dem „systematisierten Wissen" als Grundlage für „unsere heutige Zivilisation bzw. Kultur." Er stellte fest: „Ein Neger hat auch Kenntnis von manchen praktischen Tatsachen. Er oder seine Nachfahren können auf diesen Kenntnissen nicht aufbauen, weil er sie nicht nach einem System zusammengestellt hat, und weil er es nicht verstanden hat, daraus eine Wissenschaft zu machen." Nach mehrfachen Zitaten aus Chamberlains Schriften konstatierte er: „Wehe der Welt, wenn sie ganz ihre Seele, ihr Deutschland verlieren sollte. Die Erkenntnis, was sie an Deutschland verloren hat, das ist der Tag der Vergeltung für uns. Vielleicht kommt er früher wie wir alle ahnen." Als höchste Aufgabe der Weltgeschichte definierte er, die „Güter der

---

[375] Vgl. Hoßfeld, Uwe; Weber, Heiko, Rassenkunde, Rassenhygiene und Eugenik im Deutschen Monistenbund – Keplerbund in Jahrbuch für Europäische Wissenschaftskultur, Bd. 3 (2007), S. 257–271.

Seele hochzuhalten, damit doch noch einmal ‚an deutschen Wesen die Welt genesen' kann."[376]

Bavink hatte eine enge Verbindung mit dem weiteren Gründer des Kepler-Bundes und dessen Geschäftsführer seit 1908, Wilhelm Teudt (Jahrgang 1860, Theologe und ehem. Pfarrer). Teudt zog 1920 von Godesberg nach Detmold. Der Bund verlegte seinen Sitz dorthin. Teudt und Bavink wurden Mitglied der DNVP.

Bavink, der in der Nachbarstadt Bielefeld lebte, arbeitete als wissenschaftlicher Leiter eng mit dem selbst ernannten „Germanenforscher"[377] Teudt zusammen, der davon überzeugt war, dass die nahen „Externsteine" eine alte germanische Kultstätte seien. Auch Bavink war zu dieser Zeit von der „Notwendigkeit der Besinnung auf altgermanisches Geisteserbe" überzeugt und wollte „den Judaismen innerhalb der Kirche entgegenarbeiten." Teudt konstatierte 1927 in der Zeitschrift „Unsere Welt": „So leiden wir noch heute unter der Art der Einführung des Christentums, [...] welches durch welsche Fremdherrschaft mit Blut, Kerker und Verbannung dem führenden germanischen Stamm aufgezwungen wurde."[378]

Teudt gründete 1921 in Detmold den „Cheruskerbund", die lippische Untergruppe der Organisation Escherich. Ab Frühjahr 1922 verfügte diese Vereinigung über eine paramilitärische Abteilung, den „Nothung", mit über 1000 Mitgliedern. Der Bund wurde 1924 von Teudt in den „Stahlhelm", den bewaffneten Arm der DNVP, überführt.

---

[376] Das Wort des Dichters Geibel wurde nationalistisch umgeformt, z. B. in einer Rede Kaiser Wilhelms II. bei einem Festmahl für die Provinz Westfalen am 31.08.1907 im Landesmuseum Münster, http://www.westfaelische-geschichte.de/que1271.
[377] Halle, Uta, Archäologie, Germanen und Wikinger im Nationalsozialismus, in: Langebach, Martin (Hg.), Germanenideologie, S. 111.
[378] Unsere Welt, Heft 4, 1927, S. 114.

1928/29 war Teudt „Gauherr" der Detmolder Ortsgruppe im völkisch-antisemitischen „Deutschbund", aus dem die spätere „Vereinigung der Freunde germanischer Vorgeschichte" hervorging. In dieser Vereinigung fanden sich die Protagonisten der völkischen und antisemitischen Elite in der Region und anderer Teile Deutschlands zusammen.[379] Bavink war seit Gründung 1928 Mitglied im „Auswärtigen Ausschuss" dieser Vereinigung.[380] Der „Deutschbund" wurde 1933 in Bielefeld Mitglied einer Arbeitsgemeinschaft zur „Kulturpflege", die Bavink leitete. In einer Laudatio (1935) zum 75. Geburtstag Teudts bezeichnete Bavink die Gründung der „Vereinigung" als eine der wichtigsten Stationen im Lebenswerk von Teudt.[381] Auch der „Reichsführer-SS" Himmler gratulierte Teudt zum 75. Geburtstag.

Bavink charakterisierte im Rückblick (zitiert in Bavinks Lebenserinnerungen in der von seiner Tochter „redigierten" Fassung) seinen langjährigen engen ideologischen Wegbegleiter abwertend als „eine Art Sektenführer einer ‚Gesellschaft germanischer Vorgeschichte' in Detmold".[382] Bavinks aktive Mitwirkung wird nicht erwähnt. Die Vereinigung trat im Mai 1935 dem „Reichsbund für deutsche Vorgeschichte" des Amtes Rosenberg bei. Zwischen den NS-Größen Rosenberg und Himmler bildete sich eine Konkurrenz, denn die SS beanspruchte die Vorherrschaft über das Thema „Germanentum". Das „SS-Ahnenerbe" wurde gegründet.

Als bei einem Vortragsabend über „Astronomie in Alt-Germanien" im März 1931 ein Referent die Theorien Teudts als wissenschaftlich „völlig abwegig" bezeichnete, setzte sich Bavink

---

[379] Hartmann, Jürgen, Rosenland, Zeitschrift für lippische Geschichte, 2010, Nr. 11, S. 23 f.
[380] Universitätsbibliothek Heidelberg, Heid. Hs. 33989 A - 81 (Nachlass Ernst Wahle), Einladung zur 2. Tagung.
[381] Unsere Welt, 1935, S. 384.
[382] Gromann, Margret, Bernhard Bavink, S. 134.

„lebhaft" für ihn ein und lieferte den „Nachweis" für das Bestehen „sog. heiliger Linien in seiner Heimat Ostfriesland".[383] Diese Auffassung wiederholte er auch schriftlich: „...ich muß gestehen, dass sie meinem anfänglichen Skeptizismus gegenüber diesem Teil der Lehren Teudts wesentlichen Abbruch getan, ja mich nahezu überzeugt hat, dass an der Sache doch etwas dran ist."[384]

Bavink bezog sich offenbar auf Herbert Röhrigs Schrift „Heilige Linien durch Ostfriesland" von 1930 (Aurich, Verlag Dunkmann), die von Teudt angeregt worden war.[385] Diese angeblichen wissenschaftlichen Erkenntnisse wurden seinerzeit bereits von Ulrich Kahrstedt[386] als Sektenbildung und nicht als Forschung eingestuft.

Jürgen Hartmann zog das Fazit: „Insgesamt ist festzuhalten, dass Wilhelm Teudts Weltbild eine völkische, nationalistische, rassistische und auch mit einer starken antisemitischen Komponente versehene Prägung aufwies. Seine politische Entwicklung verlief seit Beginn der 90er Jahre des 19. Jahrhunderts geradlinig von der ‚christlich-sozialen' in die völkisch-rassistische und ‚deutschchristliche' Bewegung und schließlich in die NSDAP." Einen ähnlichen politischen Weg verfolgte Bavink. Der Bielefelder Historiker Reinhard Vogelsang schreibt zu den Aktivitäten Teudts und Bavinks in Vortragsveranstaltungen Anfang der 1930er Jahre: „Die Bereitschaft der Bürger aber, Hitlers Auffassungen zu folgen und ihm und seiner Partei in den kommenden Wahlen die Stimme zu geben, mag durch solche Veranstaltungen,

---

[383] Bielefelder Generalanzeiger 20. März 1931 (Zeitpunkt.nrwULB Bonn + ULB Münster Visual Library Server 2019).
[384] Bavink, Bernhard: Heilige Linien durch Ostfriesland. In: Unsere Welt. Illustrierte Zeitschrift für Naturwissenschaft und Weltanschauung. April 1931, Heft 4, S. 100–104.
[385] Röhrig, Herbert, Heilige Linien durch Ostfriesland, Arbeiten zur Landeskunde und Wirtschaftsgeschichte Ostfrieslands (Staatsarchiv Aurich, Hg.) Fünftes Heft.
[386] Kahrstedt, Ulrich, in: Nachrichten aus Niedersachsens Urgeschichte, Nr. 4 (1930), https://journals.ub.uni-heidelberg.de/index.php/nnu/issue/view/3670.

die sich ja im bürgerlich-kulturellen Rahmen und nicht in der politischen Arena abspielten, gefördert worden sein".[387]

Die Arbeit für den Keplerbund setzte sich im NS-Staat fort. Der „Monisten-Bund" wurde am 16. Dezember 1933 verboten.[388]

Mit dem Doppelheft November/Dezember 1939, zwei Jahre vor dem Aus der Zeitschrift, beendete Bavink die Schriftleitung für die Zeitschrift des Kepler-Bundes „Unsere Welt". Er begründete diesen Schritt auf fünf Seiten mit seinem Gesundheitszustand (er war 1938 mehrere Monate krank gewesen)[389] und der Arbeit an der sechsten Auflage seines Hauptwerks. Der neue Schriftleiter Oberstudienrat Dr. Heinze schrieb: „bei der eintretenden Veränderung handele es sich mehr um eine formelle und juristische Angelegenheit. Die rein redaktionelle Arbeit ist in den letzten Jahren aus den von Herrn B. ausgeführten Gründen fast ausschließlich von mir geleistet worden..."[390] Eine Bestätigung dieser Aussage findet sich in der November-Ausgabe 1938. Dort teilte Bavink mit, dass er von Februar bis Oktober 1938 aus Krankheitsgründen keine Beiträge liefern konnte. Er sei vier Monate völlig arbeitsunfähig gewesen. Nach dem Krieg behauptete er, die Beendigung der Schriftleitung habe politische Gründe gehabt. Er beklagte Zensur und Bevormundung.[391] Allerdings war Bavink im Jahr 1941 in „Unsere Welt" noch zweimal als Rezensent beschäftigt (Heft 1, Januar; Heft 4, April 1941) und zweimal in einer Rezension erwähnt. Der Dozent Dr. Gerhard Hennemann zitierte in einem Aufsatz über „politische Wissenschaft"

---

[387] Vogelsang, Reinhard, Geschichte der Stadt Bielefeld, Bad III, S. 149 f.
[388] Aufgrund von § 1 der Verordnung des Reichspräsidenten zum Schutz von Volk und Staat v. 28.2.1933; vgl. Aufsatz: Uwe Hoßfeld – Heiko Weber, Rassenkunde, Rassenhygiene und Eugenik im Deutschen Monistenbund – Keplerbund in Jahrbuch für Europäische Wissenschaftskultur, Bd. 3 (2007), S. 257–271.
[389] Stadtarchiv Bielefeld, NL Bavink.
[390] Unsere Welt, Heft 11/12, 1939.
[391] Gromann, Margret, Bernhard Bavink, S. 142.

Bavinks gegenteilige Auffassung gegenüber Kriecks Diktum der „rassischen Grundkomponente" in der Wissenschaft. Er bezeichnete Bavinks Ausführungen zu dieser These als beachtenswert.[392] Im Dezember 1941 wiederholt Dr. Gerhard Hennemann in „Unsere Welt"[393] als Quintessenz eines Aufsatzes mit dem Thema „Der Objektivitätsbegriff in der Physik" Bavinks Diktum in einem Vortrag im Jahr 1938 in Stuttgart.

Wäre Bavink eine unerwünschte Person gewesen, wäre die Nennung seines Namens und seiner Schriften 1941 vermieden worden. Auch das Reichsministerium für Wissenschaft, Erziehung und Volksbildung hatte am 15. September 1941 keine Bedenken, der Ernennung Bavinks zum korrespondierenden Mitglied der Math.-Phys. Klasse der Akademie der Wissenschaften in Göttingen zuzustimmen.

Das Dezember-Heft von „Unsere Welt" aus dem Jahr 1941 war die letzte Ausgabe. In einer Mitteilung von Verlag und Schriftleitung im März 1942 heißt es: „Die Kriegswirtschaft erfordert stärkste Konzentration aller Kräfte. Diese Zusammenfassung macht es notwendig, daß ‚Unsere Welt' bis auf Weiteres das Erscheinen einstellt, um Menschen und Material für andere kriegswichtige Zwecke freizumachen." Nach dem Überfall auf die Sowjetunion im Sommer 1941 wurde die Papierzuteilung eingestellt. Davon war u. a. auch die Zeitschrift „Die Tatwelt" des Eucken-Bundes betroffen.[394] Am 29. Juni 1943 erklärte sich Bavink in einem Brief an die vorgesetzte Dienststelle für arbeitsunfähig, weil er „40 Pfund abgenommen" habe.[395]

---

[392] Unsere Welt, Heft 6, 1941, S. 91 f.
[393] Unsere Welt, Heft 12, 1941, S. 203.
[394] Laugstien, Thomas, Philosophieverhältnisse im deutschen Faschismus, S. 162.
[395] Staatsarchiv Münster, Provinzial Schulkollegium, Personalakte Nr. B 8.

Zusammenfassend bleibt festzuhalten, dass Bavink bereits vor dem Ersten Weltkrieg im Kreis der „stramm national gesinnten Männer" des Kepler-Bundes wie Eberhard Dennert, Wilhelm Teudt und H. St. Chamberlain, entscheidende Impulse für sein politisches Weltbild erhalten hat. Der Boden der exakten Wissenschaft wurde verlassen. Die Ausrichtung war deutsch-national, völkisch, antisemitisch und sozial-darwinistisch. Dieses geistige Geflecht bildete die Grundlage für die Radikalisierung seiner Weltanschauung nach dem ersten Weltkrieg. Sein Beitritt in die Deutschnationale Volkspartei und später in die NSDAP war eine logische Konsequenz.

Im Netzwerk der „Völkischen Erneuerer"

Nach Bavinks Auffassung bedurfte es einer besonderen geistigen Atmosphäre für die Etablierung des NS-Staates. Dabei wies er der „eugenischen Bewegung" eine wichtige Rolle zu. Die Hauptakteure wie Eugen Fischer, Alfred Ploetz und Fritz Lenz waren „geistige Wegbereiter", in deren Kreis er sich auch selbst einordnete.[396] Bavink bezeichnete seinen Freund Fritz Lenz[397] „als den allerersten deutschen Gelehrten, der es gewagt hat, in der damals gänzlich negativ eingestellten wissenschaftlichen Welt eine Lanze für Adolf Hitler zu brechen".[398] Fritz Lenz war Hauptverfasser des im Münchner Verlag Lehmanns erschienenen Standardwerks zur Rassenhygiene mit dem Kurztitel „Baur-Fischer-Lenz".

---

[396] Unsere Welt, Heft 6, 1939, Aufsatz: Eugen Fischer 65 Jahre alt. S. 154 f.
[397] Brief von Lenz an Frau Bavink v. 3.7.1947, zitiert in: Festschrift anläßlich der Bavink-Gedächtnisfeier in Leer, Hg. Stadt Leer, 1952.
[398] Fangerau, Heiner, Das Standardwerk der Rassenhygiene von Erwin Baur, Eugen Fischer und Fritz Lenz im Urteil der Psychiatrie und Neurologie 1921–1940, Inaugural-Dissertation zur Erlangung des Doktorgrades der Medizin, Ruhruniversität Bochum, 2000, S. 114.

Bavink lobte das Werk in mehreren Rezensionen überschwänglich: „bewundernde Anerkennung, wissenschaftliche Leistung ersten Ranges (1931)", „das Lehrbuch schlechthin" (1936). Bereits 1922, während der weltanschaulichen Findungsphase des Nationalsozialismus, bezeichnete er das Buch als „Werbe- und Kampfbuch".[399]

Lenz bestätigte die These Bavinks für die Entstehung der nationalsozialistischen Ideologie und die Bedeutung seiner (Lenz. Verf.) Mitwirkung daran. Er schrieb 1933 in einem Vorwort zu einem Sonderdruck seines Aufsatzes aus dem Jahr 1917 in „Deutschlands Erneuerung", dieser enthalte bereits „alle Grundzüge der Weltanschauung des Nationalsozialismus. Die Lösung dieser Aufgabe politisch in die Hand zu nehmen, dazu war Adolf Hitler berufen." Lenz behauptete, dass Hitler das Buch „Baur-Fischer-Lenz" (der Verleger Lehmann hatte es diesem zugeschickt) während seiner Festungshaft als Fundus für seine rassehygienischen Ausführungen in „Mein Kampf" benutzt habe. „Jedenfalls hat er die wesentlichen Gedanken der Rassenhygiene [...] sich zu eigen gemacht. [...] sind es nicht neue Ideen, die Hitler hier vertritt".[400] Damit bestätigte er Bavinks Interpretation als „Werbe- und Kampfbuch" und dessen Narrativ, Hitler sei quasi der politische Arm der eugenischen Bewegung geworden. Der Nationalsozialismus erfand mit seiner Führungsgestalt Hitler keine neue Ideologie, sondern bediente sich für die Konstruktion seiner Weltanschauung aus einem Fundus geistiger Versatzstücke, die bereits vor und während Hitlers Eintritt in die Politik geschaffen wurden.

---

[399] Fangerau, Heiner, Das Standardwerk..., Tabelle 24.
[400] Weingart, Peter; Kroll, Jürgen; Bayertz, Kurt (Hg.), Rasse, Blut und Gene, S. 373.

Nach Bavinks und Lenz Diktum lassen sich Parallelen und Schnittmengen in der Ideologisierung der Realität durch Zeitgenossen in der Frühzeit von Hitlers Politisierung nachweisen.

Der prominente Wortführer der „Konservativen Revolution", der Jurist und Schriftsteller Edgar Julius Jung,[401] behauptete im Sommer 1932 ähnlich wie Bavink und Lenz, dass die geistigen Voraussetzungen für die deutsche Revolution außerhalb des Nationalsozialismus entstanden seien. „In unsagbarer Kleinarbeit, besonders in den gebildeten Schichten, haben wir die Voraussetzungen für jenen Tag geschaffen, an dem das deutsche Volk den nationalsozialistischen Kandidaten seine Stimme gab."[402]

Edgar Julius Jung mit seiner Schrift (1927) „Herrschaft der Minderwertigen", Othmar Spanns mit „Wahrer Staat", Arthur Moeller mit „Das dritte Reich" (1923), Oswald Spengler mit „Neubau des Deutschen Reiches" waren allesamt wirkungsmächtige Akteure der Antidemokraten.[403] Sontheimer spricht von der Symbiose zwischen NSDAP und konservativer Revolution.[404]

Die Entstehungsgeschichte der umfassenden Propagandaschrift „Mein Kampf" bestätigt diese Annahmen. Der erste Band von „Mein Kampf" wurde von Hitler ab April 1924 während seiner achtmonatigen komfortablen[405] Festungshaft in Landsberg diktiert. Der zweite Band erschien 1926. Hitler soll geäußert haben, die Haft sei eine „Hochschule auf Staatskosten" gewesen. Er hatte vorher weder einen qualifizierten Schulabschluss noch eine abgeschlossene Berufsausbildung. Wichtig für

---

[401] Jung war 1923 als Mitglied eines konservativen Terrorkommandos an Morden gegen politische Gegner beteiligt und wurde 1934 selbst als politischer Gegner von den Nationalsozialisten im Zuge der sog. Röhm-Affäre ermordet.
[402] Sontheimer, Kurt, Antidemokratisches Denken in der Weimarer Republik, S. 283.
[403] Sontheimer, Kurt, Antidemokratisches Denken in der Weimarer Republik, S. 34.
[404] Sontheimer, Kurt, Antidemokratisches Denken in der Weimarer Republik, S. 295.
[405] Hitler plante z. B. in der Haft den Kauf eines Benz-Mittelklassewagens Typ 11/40, Neupreis 18.000 RM, oder Typ 16/50 Neupreis 19.500 RM (Wikipedia), Mein Kampf, S. 19.

die Entstehung seiner Weltsicht war ein selektiv angelesenes Wissen. Hitler gab nur wenige Quellen preis. Man kann jedoch aufgrund des Inhalts seiner Äußerungen Schriften aus dem ausgehenden 19. Jahrhundert und den frühen 1920er Jahren als Quellen identifizieren.[406]

Die erste formale politische Bildung bot sich dem Gefreiten Hitler beim Militär in einem Kurs des Reichswehrgruppenkommandos 4 in München. Diese Kurse waren als Reaktion auf die gescheiterte Räteregierung in München entstanden. Gedacht als „antibolschewistische Schulung" sollten sie „staatsbürgerliches Denken" fördern.[407] Der Dozent Karl Alexander v. Müller vertrat in diesen Kursen die Überzeugung, dass ein neues, lebendiges, soziales Ideal untrennbar mit dem Glauben an die eigene Nation verbunden war. In seinen Erinnerungen schrieb er dazu rückblickend: „Nie hätte ich mir träumen lassen, welches Unheil gerade aus dieser Verbindung geboren werden konnte."[408] Die Thesen des Dozenten Gottfried Feder, v. Müllers Schwager, über „Zinsknechtschaft" wurden 1920 in das Programm der NSDAP übernommen.

Der Historiker v. Müller war wie auch andere Dozenten ein überzeugter Deutschnationaler. Sie stammten aus dem Kreis von Autoren aus dem Umfeld der „Süddeutschen Monatshefte".

Auch Bavink publizierte 1928 in einem Sonderheft dieser Zeitschrift einen Aufsatz zum Thema „Rassenhygiene".[409] Karl

---

[406] Hitler, Adolf, Mein Kampf, S. 56.
[407] Weber, Thomas, Wie Hitler zum Nazi wurde, S. 146 f.. Hitler thematisiert dieses Motiv in Mein Kampf, 1. Band, S. 219 und 220; vgl. Plöckinger, Othmar, Unter Soldaten und Agitatoren, S. 337.
[408] Müller, Karl Alexander v., Mars und Venus, S. 337.
[409] In der Weimarer Republik verstärkte sich die nationalistische Agitation der Zeitschrift, die sich jetzt auch gegen die Weimarer Republik und deren Institutionen richtete. Hans-Christof Kraus, Süddeutsche Monatshefte, publiziert am 24.07.2006; in: Historisches Lexikon Bayerns, http://www.historischeslexikonbayerns.de/Lexikon/Süddeutsche_Monatshefte (21.02.2021).

Alexander v. Müller war 1917 Gründungsmitglied des bayerischen Landesverbandes der Deutschen Vaterlandspartei (DVLP), einer konservativ-nationalistischen Vereinigung. Angesichts der November-Revolution 1918 löste sich die Partei auf und ging in die neugegründete Deutschnationale Volkspartei (DNVP) auf, der sich auch Bavink anschloss.[410] Im Jahr 1933 trat v. Müller wie Bavink in die NSDAP ein.

Bavinks ideologischer Wegbegleiter und Freund Fritz Lenz (1887-1976) sowie der Förderer und „Curator" des Kepler-Bundes Houston Stewart Chamberlain lieferten 1917 in der Zeitschrift „Deutschlands Erneuerung" wichtige antisemitische und rassistische Versatzstücke für Hitler. Zur Herausgeberschaft dieser Zeitschrift, die 1916 vom Lehmanns Verlag gegründet wurde, gehörte neben H. St. Chamberlain der spätere Putschist Wolfgang Kapp. Im ersten Heft von „Deutschlands Erneuerung" schrieb Chamberlain: „Gleichheit ist die Zwingherrschaft des einebnenden Willens der dummen Mehrzahl" und räsonierte von „wesensfremden Bestandteilen des deutschen Volkes."[411] „Rassenhygieniker" Lenz hielt in derselben Ausgabe fest: „Es kann ein Mensch die Sprache eines Volkes als Muttersprache sprechen und doch der Volksseele fremd gegenüberstehen." Nach Lenz sei das Wesentliche an einem Volk das Blut, die Rasse.[412] Nach seiner Auffassung sei „Rasse" alles, Persönlichkeit wie Staat und Volk. Der Glaube an die Rasse „könne allein mit dem Leiden und Sterben unserer Helden" versöhnen. In zwanzig „Merkworten zur Rassenhygiene" verkündete er das Credo der „Rassenhygieniker":

---

[410] Hadry, Sarah, Deutsche Vaterlandspartei (DVLP), 1917/18, publiziert am 20. 12. 2007; in: Historisches Lexikon Bayerns, www.historisches-lexikon-bayerns.de//Deutsche_Vaterlandspartei_(DVLP),_1917/18.

[411] Deutschlands Erneuerung, 1. Jg., 1917, Heft 1, S. 12 ff., http://tudigit.ulb.tu-darmstadt.de/show/Zs-7252-Bd-1/0279.

[412] Deutschlands Erneuerung, 1. Jg., 1917, Heft 1, S. 37; http://tudigit.ulb.tu-darmstadt.de/show/Zs-7252-Bd-1/0279.

„Alle körperliche und geistige Tüchtigkeit, alle Bildung, aller sozialer Wert eines Menschen erwachsen auf der Grundlage seiner ererbten Anlagen: seiner Rasse. [...] Wenn das Aussterben der Familien in den führenden Kreisen unseres Volkes so weitergeht wie im letzten Menschenalter, so ist der Niedergang und Untergang unserer Rasse nur noch eine Frage der Zeit. [...] **Die nachträgliche Beseitigung** [Hervorh. Verf.] der Unfähigen scheint nur ausnahmsweise möglich sein."[413]

Spätestens seit Juli 1919 wurde „Deutschlands Erneuerung" in den Aufklärungskursen, an denen auch Hitler teilnahm, an die Absolventen verteilt. Einige Hinweise sprechen dafür, dass Hitler in seiner ersten schriftlichen politischen Äußerung vom 16. September 1919 (dienstlicher Brief an Gremlich) diese Zeitschrift als Quelle nutzte.[414] Hitler forderte in diesem Brief die „Wiedergeburt" der Nation und wandte sich mit den Schlagworten wie „unverantwortliche Majoritäten", „Parteidogmen", „unverantwortliche Presse", „Phrasen und Schlagwörter internationaler Prägung" gegen die Republik. Abhilfe schaffe der „rücksichtslose Einsatz national gesinnter Führungspersönlichkeiten". Er behauptete, dass diese Zustände „die innere Unterstützung der vor allem so nötigen geistigen Kräfte der Nation [raubten]." Hier sind bereits die antidemokratischen und antiparlamentarischen Zielsetzungen seiner Politik erkennbar, für die die bürgerliche Rechte später empfänglich war.[415]

Bavink nahm im Heft 2 (März/April 1920) von „Unsere Welt" den Begriff „Deutschlands Erneuerung" in einem Aufsatz

---

[413] Deutschlands Erneuerung, 1. Jg., 1917, Heft 1, S. 272; http://tudigit.ulb.tu-darmstadt.de/show/Zs-7252-Bd-1/0279.
[414] Vgl. Plöckinger, Othmar, Unter Soldaten und Agitatoren, S. 227 f. u. S. 337.
[415] Vgl. v. Albertini, Besson, Deist, Deuerlein, in Vierteljahreshefte für Zeitgeschichte, 7. Jg. (1959), Heft 2, S. 185 ff.; Hitlers Eintritt in die Politik und die Reichswehr; Dokument 12, Plöckinger, Othmar, Unter Soldaten und Agitatoren, S. 331 ff.

mit dem Thema „Naturwissenschaft und Weltanschauung" auf. Er forderte: „Deutschlands Erneuerung muss von innen heraus kommen. Was uns zu Fall gebracht, war neben der Übermacht der Feinde die innere Haltlosigkeit. [...] die inneren und äußeren Feinde zusammen gewannen den Krieg". Er sprach von dem „Mangel einer einheitlichen Weltanschauung", die vorzugsweise eine idealistische und theistische sein sollte.[416]

Hitler empfahl 1922 seinen Ortsverbänden „Deutschlands Erneuerung" als Lesestoff. Ab 1926 war die Zeitschrift „Volk und Rasse" eine Beilage zu „Deutschlands Erneuerung", ab 1928 wurde sie eine selbstständige Zeitschrift. In „Unsere Welt" vom April 1927 empfahl Bavink „dringend" dieses Blatt. Mit „Volk und Rasse" wurde ein weiterer Versuch gestartet, das Netzwerk innerhalb der Rechten auszuweiten und engmaschiger zu knüpfen.[417]

In einem Referat auf der Hauptversammlung des Centralvereins deutscher Staatsbürger jüdischen Glaubens (CV) im Mai 1919 wurde festgehalten, dass in der antisemitischen Literatur das „schlimmste Heft" vom Verlag Lehmanns verbreitet werde.[418] In jüdischen Schriften wurde u. a. „Deutschlands Erneuerung" als „gewerbsmäßiges Hetzblatt" und Chamberlain als „alldeutsch-antisemitischer Demagoge" eingestuft.[419]

Julius Friedrich Lehmann, der Eigentümer des Verlags, unterstützte die NSDAP finanziell, seit Hitler 1921 Vorsitzender ge-

---

[416] Unsere Welt 1920, Heft 2, S. 42 ff.
[417] In: Stöckel, Sigrid (Hg.), Die „rechte Nation" und ihr Verleger, S. 65 ff.
[418] Plöckinger, Othmar, Unter Soldaten und Agitatoren, S. 185 f. Zitiert in: Fangerau, Heiner, Das Standardwerk zur menschlichen Erblichkeitslehre und Rassenhygiene von Erwin Baur, Eugen Fischer und Fritz Lenz im Spiegel der zeitgenössischen Rezensionsliteratur 1921–1941, Anm. 54, dnb-info und Weingart, Peter; Kroll, Jürgen; Bayertz, Kurt (Hg.), Rasse, Blut und Gene, S. 383.
[419] Mitteilungen des Vereins zur Abwehr des Antisemitismus, Bd. 28, 1918, S. 118 (Bayerische Staatsbibliothek – Digitale Sammlungen – MDZ).

worden war. Lehmann war in München ein umtriebiger „Strippenzieher" am rechten politischen Rand und ein radikaler Judenhasser. Er trat 1920 der NSDAP bei, blieb aber gleichzeitig Mitglied der DNVP. 1930 wechselte er schließlich ganz zur NSDAP. Lehmann hatte 1923 während des Hitler-Ludendorff-Putsches die von den Putschisten festgenommenen Mitglieder der Bayerischen Staatsregierung in seiner Villa „in Haft". Zu seinem 70. Geburtstag 1934 verlieh ihm Hitler das „Adlerschild" als höchsten Wissenschaftspreis. Außerdem erhielt er das goldene Parteiabzeichen.[420]

Hitler und Lehmann kannten sich persönlich. Hitler hatte den Verlag 1923 besucht. Außerdem gab es einen Briefwechsel.[421] 1924 veröffentlichte Hitler einen Aufsatz mit Forderungen zu den Themen „Grund und Boden" und „Lebensraum" in einer Verlagspublikation.[422] Der Verleger finanzierte den von Hitler beauftragten agrarpolitischen Funktionär der NSDAP, Richard Walther Darré.[423] Darré war wie Rudolf Hess von 1910–1912 Schüler des Pädagogiums in Godesberg,[424] an dem der Mitbegründer des Kepler-Bundes, Eberhard Dennert, Oberlehrer gewesen war.

Auch Bavink hatte spätestens ab 1925 ein äußerst intensives Verhältnis zum Lehmanns-Verlag aufgebaut. Er hatte nach eigenen Angaben einen persönlichen Briefwechsel mit dem „trefflichen alten Herrn Inhaber". Lehmann schickte Bavink die Bücher von Stoddard („Der Kulturumsturz, die Drohung des Untermenschen" 1925) und von Madison Grant („Der Untergang der großen Rasse") zur Besprechung in „Unsere Welt". Bavink lieferte

---

[420] Klee, Ernst. Das Personenlexikon zum Dritten Reich, S. 362.
[421] Weber, Thomas, Wie Adolf Hitler zum Nazi wurde, S. 356 ff.
[422] Gies, Horst, Richard Walther Darré, S. 409.
[423] Breuer, Stefan, Die radikale Rechte in Deutschland 1871–1945, S. 273.
[424] Gies, Horst, Richard Walther Darré, S. 26.

positive Rezensionen zu den rassenhygienischen Schriften von Lenz, Grant und Stoddard und weiteren rassenanthropologischen Publikationen.[425]

In „Unsere Welt" vom April 1927 empfahl Bavink „dringend" u. a. die von Lenz und Alfred Ploetz geleitete Zeitschrift „Archiv für Rassen- und Gesellschaftsbiologie (ARGB)" aus dem Lehmanns-Verlag.[426] Mitherausgeber des ARGB war der Herausgeber der Zeitschrift „Deutschlands Erneuerung" Max von Gruber. Umgekehrt lobte Lenz in der eugenischen Bewegung die Arbeit Bavinks als Schriftleiter der vom Kepler-Bund herausgegebenen Zeitschrift „Unsere Welt".

Auf Anregung des Verlegers Lehmann gab Lenz 1933 die Schrift „Die Rasse als Wertprinzip" heraus, in der er die „Ausmerzung lebensunwerten Lebens" ethisch rechtfertigte.[427]

Durch Lehmann und dessen Netzwerk geschah eine wichtige Weichenstellung für Bavinks politisches Leben. Er wurde nach eigenem Bekunden durch diesen Kontakt in die deutsche eugenische Bewegung „hineingezogen".[428]

Lenz war ab 1929 mit Kara von Borries verheiratet, eine ehemalige Schülerin Bavinks.[429] 1930 übte sie öffentlich Kritik an einem geplanten „Bewahrungsgesetz". Die Gesellschaft werde nicht vor der „Belastung mit den Nachkommen der Erbminderwertigen geschützt"[430], es könne aber die praktische Durchführung der rassenhygienischen Sterilisierung ermöglichen.[431]

---

[425] Stadtarchiv Bielefeld, NL Bavink, A 8 Erinnerungen, Kap. 7, S. 18.
[426] Unsere Welt, 19. Jg., Heft 4, 1927, S. 102.
[427] Gies, Horst, Richard Walther Darré, S. 295, Anm. 344.
[428] Stadtarchiv Bielefeld, NL Bavink, A 8, Kap. 7, S. 18.
[429] Achelpöhler, Fritz, Mädchenschule Zeitgeschichte, S. 244, Anm. 432.
[430] Richter, Ingrid, Katholizismus und Eugenik in der Weimarer Republik und im Dritten Reich, S. 190.
[431] Willing, Matthias, Das Bewahrungsgesetz (1918-1967), S. 113 f.

Lenz wirkte als Mentor von Bavink. Am 23. November 1932 schrieb Dr. Boehm von der Reichsleitung der NSDAP in München (Reichsorganisationsleitung H.A. III, Abt. für Volksgesundheit-UA f. Rassenhygiene) an Bavink: „...dass Sie unserer Bewegung sehr nahestehen, war mir schon durch Herrn Prof. Lenz bekannt."[432] Dem Oberstudienrat Bavink, der um die Jahrhundertwende Physik, Chemie und Mathematik studierte, gelang es, durch die Zugehörigkeit zu einem informellen Netzwerk seit Mitte der 1920er Jahre von der Führung der NSDAP zur Elite der Rassenhygieniker gezählt zu werden.

1933 veröffentlichte Bavink eine programmatische Schrift für den nationalsozialistischen Staat, kurz nachdem die „große nationale Bewegung zum Siege gelangte". Sie enthielt Vorschläge für die Errichtung eines Ministeriums und eines Zentralamtes (Rassenamtes) für die „praktische Eugenik". Als möglichen Leiter eines solchen Amtes schlug er Lenz vor.

Bavinks eigene Schriften waren in den ideologischen Kanon des Nationalsozialismus integriert. Das zeigt eine Publikation aus dem Jahre 1933.

Dr. Rudolf Benze, Ministerialrat im Preußischen Ministerium für Wissenschaft, Kunst und Volksbildung, publizierte ab 1933 einen „Wegweiser ins Dritte Reich" mit dem Untertitel „Einführung in das völkische Schrifttum".[433]

Die Schrift gibt durch die Nennung der Titel, Autoren und führenden Verlage einen fast vollständigen Einblick in die geistigen Quellen und in die schriftlichen ideologischen Grundlagen des Nationalsozialismus.

---

[432] Stadtarchiv Bielefeld, C I 4/26; Dr. Hermann Boehm war seit 1923 Mitglied der NSDAP (Mitgliedsnummer 120), Teilnehmer am Hitler-Putsch, SA-Gruppenführer.
[433] Benze, Rudolf, Wegweiser ins Dritte Reich, Dritte Auflage 1933.

Auf 42 Seiten werden Schriften von 143 Autoren nach Themengebieten sortiert aufgelistet.

Zu Beginn werden unter Kapitel I. drei „Bücher, die jeder vorweg lesen muß" genannt. Das waren Hitlers „Mein Kampf" in der Volksausgabe, das „Programm der NSDAP" erläutert von Alfred Rosenberg, alternativ die Schrift „Das Programm der NSDAP und seine weltanschaulichen Grundlagen" von Gottfried Feder.

Unter Kapitel II. „Grundfragen" werden u. a. die Bücher „Hitlers Reden", Alfred Rosenbergs Schriften „Die Wesenszüge des Nationalsozialismus" und der „Mythus des 20. Jahrhunderts", Schriften der bekannten völkischen und antisemitischen Autoren Möller van den Bruck, Krannhals, de Lagarde, **H. St. Chamberlain** aufgeführt, von **Bavink** das Werk „Die Naturwissenschaften auf dem Wege zur Religion".

Im Kapitel III. „Politik" sind Schriften u. a. von Alfred Rosenberg, Joseph Goebbels, Hermann Göring genannt.

Unter Kapitel IV. „Rassenkunde" werden Werke von Hans F. K. Günther, Gobineau, Schemann und **H. St. Chamberlain** empfohlen.

Im Kapitel V. „Vererbungslehre" ist neben dem Band **„Baur-Fischer-Lenz"**, das Werk „Eugenik und Weltanschauung", herausgegeben von Just, das einen Aufsatz von **Bavink** enthält, vertreten.

Kapitel VI. „Germanische Vor- und Frühzeit" enthält die „Germanenforscher" Kosinna und Hermann Wirth, das Kapitel VII. „Judentum und Freimaurerei" das „Handbuch der Judenfrage" von Theodor Fritsch, Alfred Rosenbergs „Die Protokolle der Weisen von Zion und die jüdische Weltpolitik".

Im Kapitel VIII. „Erziehung" erscheinen u.a. die Autoren **Fritz Lenz**, Ernst Krieck, W. Harnacke und Johannes Stark und ein Leitfaden der „Hochschule für Politik der

Nationalsozialistischen Deutschen Arbeiterpartei" aus dem Lehmanns Verlag.

Im Kapitel IX. „Religion" wird das Werk des Geschäftsführers des Kepler-Bundes, Wilhelm **Teudt**, „Germanische Heiligtümer" als bahnbrechendes Werk bezeichnet.

Im Kapitel X. „Geschichte" werden Schriften von Hans K. Günther und Karl Zimmermann genannt. Als weitere empfohlene Veröffentlichungen werden z. B. im Kapitel „Wirtschaft" die einschlägigen Werke von Gottfried Feder, Theodor Fritsch und Walter Darré genannt.

Im Kapitel XV. „Lebensbeschreibungen" sind Werke über Hitler, Göring, Feder, Rosenberg, **H. St. Chamberlain** und Mussolini aufgeführt.

Grundlage für die Wahl und die Wertung der Bücher war für Benze der „nordische Rassegedanke". Bemerkenswert ist, dass mit Bavink, Teudt und H. St. Chamberlain Kuratoren bzw. leitende Persönlichkeiten des Kepler-Bundes und auch der „Rassenhygieniker" Fritz Lenz, ein Vertrauter Bavinks, in diesem nationalsozialistischen Literaturkanon vertreten sind.

Bavinks Diktum, dass Männer der „eugenischen Bewegung", zu denen er sich zählte, die geistige Atmosphäre für die Etablierung des NS-Staates schufen und die Autoren in dem „Wegweiser in das Dritte Reich" weisen eine eindeutige Kongruenz auf. Als die genannten „völkischen Erneuerer" ihre pseudowissenschaftliche Weltanschauung konstruierten, war der Katholik und berufslose Österreicher Hitler noch ein parteipolitisch orientierungsloser Soldat und als Gefreiter und V-Mann in einem Bayerischen Infanterieregiment tätig. Er schloss sich erst im Herbst 1919 in München der Deutschen Arbeiter Partei (DAP) an, die im Frühjahr 1920 zur Nationalsozialistischen Deutschen Arbeiterpartei (NSDAP) umgewandelt wurde.[434]

Lenz und Bavink waren offensichtlich stolz darauf, einem Netzwerk anzugehören, das Hitler und den NS-Staat in symbiotischen Beziehungen möglich gemacht hatte.

---

[434] Fest, Joachim, Hitler, S. 92.

Der „Organische Staat": Politische Waffe gegen die Demokratie

Die Idee von dem Staat als ein „lebendiger Organismus" wurde von dem politischen Konservatismus Anfang des 19. Jahrhunderts in die politische Debatte eingeführt. Der katholische Staatstheoretiker und „Herzgl. S. Weimarischer Hofrath" Adam Müller (1779-1829) trug im Jahr 1807 in seinen Vorlesungen über „Die Elemente der Staatskunst" vor, der Staat sei keine „Brandkasse" oder erfundene „Maschine", keine „Mühle" und nicht zu bestimmten Zwecken erfunden worden. Vielmehr sei der Staat die Totalität aller menschlichen Angelegenheiten: frei, vollständig, lebendig und organisch.[435]

Die Ideen aus der Zeit des Absolutismus, die mit dem Topos „organisch" entgegen der damaligen politischen Realität die Inklusion und Integration des Volkes zum Ziel hatten, wurden von den völkischen Ideologen wie Bavink begrifflich übernommen, aber in ihrem Sinn ausgelegt und ins Gegenteil verkehrt. Bavink übernahm nach dem ersten Weltkrieg diese Begriffe. Er sprach vom nicht „organischen Staat" als der „bloßen Maschine" mit „Rädchen" und „Stangen" und „genial konstruierten Automaten".[436]

Die Verfechter der Idee des „Organischen Staates" am Ende des 19. Jahrhunderts transferierten diese Gedanken zu einer Ideologie, mit der das Ziel verfolgt wurde, große Bevölkerungsteile vom „Volkskörper" auszuschließen. Sie war ein Hebel gegen Demokratie und Parlamentarismus und ein Vehikel für Rassis-

---

[435] Müller, Adam Heinrich: Die Elemente der Staatskunst. Bd. 1. Berlin, 1809, S. [I]. In: Deutsches Textarchiv; <http://www.deutschestextarchiv.de/mueller_staatskunst01_1809/7>, S. 53 ff. und 290 ff.

[436] Bavink, Bernhard, Die Naturwissenschaft auf dem Weg zur Religion, Ausgaben 1933, 1937 (jeweils S. 14) und 1947 (S. 29).

mus und Antisemitismus. „Adam Müller eigne sich nicht als Kronzeuge für die völkischen Ideen des Nationalsozialismus", argumentierte Hannah Arendt bereits 1932 in einem Zeitungsartikel. Er setzte sich nach ihrer Auffassung für die „Vision einer erlösenden Gemeinschaft" ein und sei kein Verfechter einer „organischen Gesellschaft" gewesen.[437]

Für den Biologen Oscar Hertwig war der „organische Staat" eine „soziale Arbeitsgemeinschaft", kein Schauplatz für den Kampf ums Dasein und der negativen Auslese nach Darwin. Er propagierte mit Goethe die Ehrfurcht vor Niedrigkeit und Armut, Leid und Tod, Schuld und Elend. Es solle der Grundsatz der Toleranz gelten. Seine Ausführungen waren von einer humanitären Gesinnung geprägt.[438]

Der Missbrauch dieser Staatsidee war ein Kernelement der völkischen und nationalsozialistischen Weltanschauung. Der Historiker Ernst Fraenkel sprach von der Mythologisierung des Volksbegriffs und der Mystifizierung des Staatsbegriffes.[439] Bavinks Wirken war von dieser Ideologie geprägt.

Im geistigen Milieu des Kepler-Bundes und in direktem Kontakt mit dessen Leiter, dem achtzehn Jahre älteren Lehrer und Naturforscher Dennert, und dem „Rassenhygieniker" Lenz, einem der Stichwortgeber für Hitler, und der Verbindung zum Umfeld des Lehmanns-Verlags entstand bei dem jungen Oberlehrer Bavink die Hinwendung zu den Ideen des „organischen Staates" und des „Volkskörpers". Dies führte zur pseudowissenschaftlichen Biologisierung und Medikalisierung der Politik. Bavink nannte 1933 und 1937 als Ziel der faschistischen und nationalsozialistischen Bewegungen in ihrem „innersten weltan-

---

[437] Vgl. Young-Bruehl, Elisabeth, Hannah Arendt: Leben, Werk und Zeit, 2016.
[438] Hertwig, Oscar, Der Staat als Organismus, S. 243 ff.
[439] In: Eschenburg, Theodor u. a., Der Weg in die Diktatur 1918–1933, S. 42.

schaulichen Kern", einen „organismischen Zukunftsstaat" zu errichten.[440] Erst nach dem Zusammenbruch des Regimes kam er zu der Erkenntnis, dass dies für den realen Staat nicht zutraf.

Bavink zog aus dem angeblich herrschenden „mechanistischen Weltbild" in der Weimarer Zeit im Gegensatz zu der von ihm bevorzugten Idee des „organischen Staates" allgemeine politische Schlussfolgerungen für sein Denken und Handeln in den 1920er und 1930er Jahren. Die radikalrechte Deutschnationale Volkspartei, in die Bavink 1918 eintrat, verankerte diesen Begriff bereits 1920 in ihren Grundsätzen: „Uns ist der Staat der lebendige Volkskörper, in dem alle Glieder und Kräfte zu tätiger Mitwirkung gelangen sollen."[441] Das Leitbild, den „staatlichen Organismus" wie einen menschlichen Organismus zu betrachten und davon die Forderung abzuleiten, wertlose oder schädliche Teile abzustoßen, hatte der Arzt Alfred Hoche 1920 in seiner Schrift „Die Freigabe der Vernichtung lebensunwerten Lebens" aufgegriffen.

Das Narrativ „organischer Staat" wurde in Verbindung mit dem Begriff „Rasse" zur politischen Waffe. Der Begriff „Rasse" war gleichermaßen ein zweckpolitisches Konstrukt, das die gesellschaftliche Wirklichkeit verleugnete. „Die Idee des Organischen diente als Mädchen für alles. [...] Den Begriffspaaren Volk-Masse, Gemeinschaft-Gesellschaft entsprach die Antithese von organisch und mechanisch bzw. mechanistisch".[442] Der „organische Staat" bildete die Folie für Angriffe gegen Parlamentarismus und Demokratie, für eine antiwestliche Gesinnung und für den Ausschluss von großen Bevölkerungsteilen. Der Soziologe Max

---

[440] Bavink, Bernhard, Die Naturwissenschaft auf dem Weg zur Religion, Ausgaben 1933, 1937 (jeweils S. 14) und 1947 (S. 29).
[441] Liebe, Werner, Die Deutschnationale Volkspartei 1918–1924, S. 114.
[442] Sontheimer, Kurt, Antidemokratisches Denken in der Weimarer Republik, S. 256 f.

Weber nannte 1918 die geforderte „organische" Gesellschaftsgliederung eine „orientalisch-ägyptische Gesellschaftsgliederung". Ein angebliches „Zuviel an Individualismus oder Demokratie" werde eingetauscht gegen einen „Pazifismus der sozialen Ohnmacht unter den Fittichen der einzigen ganz sicher unentfliehbaren Macht: Der Bürokratie in Staat und Wirtschaft".[443]

Fritz Lenz instrumentalisierte die Begriffe „Rasse" und „Organismus" für Durchhalteparolen im Ersten Weltkrieg.

Bereits Ende 1916 war die militärische Lage als aussichtslos eingeschätzt worden, „die Mittelmächte waren in völliger Erschöpfung". Der Winter 1916/17 ging als „Kohlrübenwinter" in das Bewusstsein der Deutschen ein. Der Chef der Obersten Heeresleitung, Paul v. Hindenburg, forderte die Ausdehnung der Wehrpflicht auf Kinder im Alter von 15 Jahren.[444] Mitte Dezember 1916 schlug Reichskanzler Bethmann-Hollweg den Alliierten vergeblich vor, in Friedensverhandlungen einzutreten. Ab dem 1. Februar 1917 begann der unbegrenzte U-Boot-Krieg der Reichsmarine, der am 5. April zum Kriegseintritt der Vereinigten Staaten führte. Der „Rassenhygieniker" Fritz Lenz stellte in dieser Lage die Frage nach dem Sinn des Seins und Handelns „in großer Volksnot, wo [...] Millionen von Menschen tagtäglich den Tod vor Augen haben [...] seine besten Söhne sterben". Seine Antwort darauf lautete:

> „**Das Volk als Organismus** [Hervorh. d. Verf.] ist unser ethisches Ziel [...] Wir glauben noch an eines: an das Blut, an die Rasse. **Die Rasse ist es, die alles trägt**, Persönlichkeit wie Staat und Volk [...] **Sie ist nicht Organisation, sondern Organismus** [...] Der Glaube an die Rasse allein kann uns mit

---

[443] Weber, Max, Parlament und Regierung im neugeordneten Deutschland, Vorbemerkung V und Kapitel 2.
[444] Schwarte, Max, Geschichte des Weltkrieges, 1932, S. 270 ff.

dem Leiden und Sterben unserer Helden versöhnen. Indem sie für die Rasse gestorben sind, hat ihr Tod noch dem Leben gedient". [445]

Der Antipode des „organischen Staates" war aus Sicht der völkischen Weltanschauung der „Mechanismus". Hitler übernahm diese Denkfiguren in seine Programmschrift „Mein Kampf". Er propagierte das Ziel, die Organisation der Volksgemeinschaft „von dem Fluche des Mechanismus" zu erlösen und „selbst zu etwas Lebendigem" werden zu lassen.[446] Er sprach vom „Monstrum von menschlichen Mechanismus, jetzt Staat genannt."[447] „Aus einem toten Mechanismus [...] soll ein lebendiger **Organismus** [Hervorh. d. Verf.] geformt werden mit dem ausschließlichen Zwecke: einer höheren Idee zu dienen."[448]

In „Mein Kampf" heißt es weiter: „Wir, als Arier, vermögen unter einem Staat also nur den **lebendigen Organismus** eines Volkstums vorzustellen" (Hervorh. d. Verf.).[449] Zugleich wurde dieser Begriff von ihm antidemokratisch gewendet: „der völkische Staat hat [...] die politische Leitung restlos zu befreien vom parlamentarischen Prinzip der Majoritäts-, also Massenbestimmung, um an dessen Stelle das Recht der Person einwandfrei sicherzustellen."[450] Zu diesem Diktum wurde Hitler wahrscheinlich von dem österreichischen Nationalökonomen Othmar Spann (1878–1950) angeregt. Spann beeinflusste mit seinen Theorien den „NSDAP-Wirtschaftsexperten" Gottlieb Feder, dem volkswirtschaftlichen Inspirator von Hitler, den er in „Mein Kampf"

---

[445] Lenz, Fritz, Zur Erneuerung der Ethik, in: Deutschlands Erneuerung, Heft 1, 1917, S. 35 ff.; http://tudigit.ulb.tu-darmstadt.de.
[446] Mein Kampf, II/84.
[447] Mein Kampf, II/16.
[448] Mein Kampf, Band II, S. 30.
[449] Mein Kampf, Band II, S. 25.
[450] Mein Kampf, II/88; Hitler sah die Parlamente als Beratungskörper des Führers; Text in: Hofer, Walther, Der Nationalsozialismus, S. 36.

würdigte.[451] Spann schrieb 1921: „Die Mehrheit in den Sattel setzen, heißt das Niedere herrschend machen über das Höhere. Demokratie heißt also: **Mechanisierung der Organisation** (Hervorh. d. Verf.) unseres Lebens (des Staates)".[452] Spann war Wegbereiter des Austro-Faschismus, propagierte einen „Ständestaat" und fiel wegen dieser Idee später bei den Nationalsozialisten in Ungnade.[453]

Beispiele für die Instrumentalisierung des „Organischen" sind im Kepler-Bund zu finden. Nach dem Ersten Weltkrieg, „an der Bahre des deutschen Kaisertums", veröffentlichte der Leiter des „Kepler-Bundes" Eberhard Dennert eine Schrift mit dem Titel **„Der Staat als lebendiger Organismus"** (Hervorh. D. Verf.) und dem Untertitel „Biologische Betrachtungen zum Aufbau der neuen Zeit". Darin ergeht er sich in „biologisch-politischen Betrachtungen" vom „Staat als Organismus" und wandte Erkenntnisse aus dem Tier- und Pflanzenreich auf die Beurteilung von Demokratie, Parlamentarismus und Republik an. Er sprach von Proletariern und Leuten mit krummer Nase und Plattfüßen, einem antisemitischen Topos. Seine Parole lautete: „Hinweg mit den Parteien". Der Begriff des „Staatsorganismus" bot ihm die Möglichkeit, von menschlichen Schmarotzern, Schädlingen und Parasiten zu sprechen, die „vernichtet" werden müssten. Namentlich nannte er die „Spartakiaden" wie Karl Liebknecht und Rosa Luxemburg, die 1919 von Freikorps-Mitgliedern ermordet wurden, und forderte 1920 ein „rücksichtsloses Herausoperieren des Spartakusfremdkörpers" und die „rücksichtslose Vernichtung der Schmarotzer und Schädlinge".[454]

---

[451] Hitler, Mein Kampf, I/220, Anm. 17.
[452] Zitiert in: Sontheimer, Kurt; Antidemokratisches Denken in der Weimarer Republik, S. 169.
[453] Klee, Ernst; Das Personenlexikon zum Dritten Reich, S. 589.
[454] Dennert, Eberhard, Der Staat als lebendiger Organismus, S. 83 ff.

Hitler hatte 1928 in einer Rede in München vom „Irrsinn der Demokratie" und „dem Unsinn des Parlamentarismus" gesprochen.[455] Im September 1930 sagte er: „Für uns ist ein Parlament nicht ein Selbstzweck, sondern ein Mittel zum Zweck. [...] Im Prinzip sind wir keine parlamentarische Partei, denn damit stünden wir im Widerspruch zu unserer ganzen Auffassung".[456]

Der Staatsrechtler und NS-Rechtstheoretiker Carl Schmitt legte 1933 in einem Aufsatz seine Auffassung über Demokratie dar: „Die organisatorische Durchführung des Führergedankens erfordert zunächst negativ, daß alle der liberal-demokratischen Denkart wesensgemäßen Methoden entfallen. [...] Endlich haben die typisch liberalen Trennungen und Dualismen von Legislative und Exekutive [...] ihren Sinn verloren."

Bavink übernahm Hitlers Auffassung in seiner Schrift „Die Naturwissenschaft auf dem Weg zur Religion" (Zweite Auflage 1933). Nach Bavink herrschten auf fast allen Lebensgebieten „mechanistische" und nicht organische Denkweisen. Der Ersatz der „Gemeinschaft" durch die „Gesellschaft", d. h. „Zweckverband", „Organisation" oder „Verein" sei ein Triumph der mechanistischen Denkweise. Die allein „seligmachende Macht der Organisation" hindere die irregeleiteten Volksmassen an der Rückkehr zur richtigen Einsicht.

Nach Bavinks Überzeugung wirke sich der „Irrwahn der Demokratie" am furchtbarsten im russischen Kommunismus aus. Das gelte aber auch für den Halbbruder des Kommunismus, dem „Sozialismus" westeuropäischer Form. Aber auch der bürgerliche Liberalismus „sei letzten Endes einerlei Abkunft von demselben Aste". Bolschewismus, Sozialismus und Liberalismus hätten auf-

---

[455] Völkischen Beobachter, zitiert in: Hofer, Walther, Der Nationalsozialismus, S. 37.
[456] Zitiert in: Hofer, Walther, Der Nationalsozialismus, S. 28, Rede in München, die in der Frankfurter Zeitung abgedruckt wurde.

fallend wenig Verständnis für die tatsächlich gewordenen Lebensformen wie Familie, Ehe und Volk. Allerdings sei es „überaus verkehrt und irreführend", diesen „Kollektivismus" mit den faschistischen und nationalistischen Bewegungen „in einen Topf" zu werfen. Das folgende Zitat belegt seine Adaption der wesentlichen Merkmale der völkischen und nationalsozialistischen Weltanschauung:

„Die faschistische Idee gehe grundsätzlich nicht von einer mechanistischen, sondern von einer ‚organismischen' Auffassung aus. In ihr ist der ‚Zukunftsstaat' [...] die erstrebte, wenn auch nie ganz verwirklichte, äußere Form eines bereits vorhandenen wirklichen Lebens, eben des Volkslebens. Wo sie Zwang und Beschneidung der Handlungsfreiheit des einzelnen verlangt, da tut sie es (wenigstens grundsätzlich) nur da, wo der Lebenswille des Ganzen (des Volkes) es erfordert, sowie der Arzt unter Umständen wuchernde Körperzellen, die sich auf eigene Hand selbstständig machen wollen (bösartige Geschwülste) wegschneiden muß. [...] Ob diese Grundsätze immer durchgeführt werden (z.B. in Italien) steht hier nicht zur Debatte. Es kam hier nur darauf an, den innersten weltanschaulichen Kern dieser sozialen und politischen Bewegungen klar herauszustellen. [...] Wir können hier nur mit ein paar flüchtigen Strichen einen Teil des neuen Bildes zu skizzieren versuchen, und zwar geht uns vornehmlich das religiöse und weltanschauliche Denken an".[457]

Dem „organischen Staat" wurden die Begriffe „Mechanismus" und „Atomismus" gegenübergestellt. Dies war ein Reflex auf neuere naturwissenschaftliche Erkenntnisse in der „Atomistik". Bavink argumentierte mit dem „Atomismus", der im Staatsleben

---

[457] Bavink, Bernhard, Die Naturwissenschaft auf dem Weg zur Religion, Zweite Auflage 1933, S. 13 f.

der Weimarer Verfassung verkörpert sei und der das Leben eines Volkes als einer Ganzheit zerstören müsse. Er geißelte 1933 und 1934 (und sogar noch 1947) den „liberalistischen Individualismus" und den „Kommunismus", die sich beide in der gleichen „Verdammnis" befänden. Sie seien die bedenklichste Folge des mechanistisch-atomistischen Denkens.

Vorbild für diese Tiraden Bavinks gegen die Republik könnte eine Veröffentlichung des konservativen Journalisten Franz Mariaux aus dem Jahr 1931 gewesen sein. Der hatte unter dem Titel „Der Schutthaufen" gegen den Geist von Weimar polemisiert und die Verfassung als eine auf „die Spitze getriebene Atomisierung" bezeichnet.[458]

Auch Hitler sprach schon 1925 vom „Überindividualismus", der „uns um die Weltherrschaft gebracht hat".[459]

Der Chefideologe des Nationalsozialismus Alfred Rosenberg verbreitete eine ähnliche Diagnose: Eine organisch völkische Weltanschauung verlange inmitten der zusammenbrechenden **atomistischen Epoche** (Hervorh. d. Verf.) ihr „Herrenrecht", sich das Leben neu zu gestalten. Ausdrücklich anknüpfend an Houston Stewart Chamberlain, der ein dichotomisches System von „Rasse" und „Gegenrasse" konstruierte,[460] lehnte er sowohl einen „relativen" Individualismus als auch einen „uferlosen" Universalismus in seinem Werk „Der Mythus des 20. Jahrhunderts" ab.

Nach Bavinks im Jahr 1934 geäußerter Auffassung entging Deutschland nur „dank einer glücklichen Fügung des Geschicks

---

[458] Vgl. Sontheimer, Kurt, Antidemokratisches Denken in der Weimarer Republik, S. 59.
[459] Mein Kampf, Band II, S. 28.
[460] Bajohr, Frank; Matthäus, Jürgen (Hg.), Alfred Rosenberg, die Tagebücher, S. 12, vgl. dort Dokument 1, S. 528.

[gemeint ist die Machtübernahme der Nationalsozialisten. Verf.] diesem Schicksal." Gemeint war die Zerstörung des Volkes.[461]

Auch nach vier Jahren erlebter Erfahrung mit der von ihm bevorzugten „faschistischen" Staatsform blieb Bavink in der 5. Auflage (1937) seiner Schrift bei der Einschätzung, dass der „faschistische Zukunftsstaat" nicht eine theoretische Konstruktion, sondern die äußere Form eines bereits vorhandenen Lebens, d. h. des „Volkslebens" sei. Der Wortlaut seiner Einschätzungen gegenüber 1933 hatte sich in der Realität des NS-Staates nicht geändert.[462]

Erst nach dem Zusammenbruch des Regimes zehn Jahre später kam Bavink zu der Einsicht, „daß auch der ‚faschistische' Staat alles andere als eine „organische Ganzheit tatsächlich war" und ein „Polizeistaat" mit Verbrechern an der Spitze gewesen sei. Die eigene Rolle bei dem Entstehen dieses Staates wurde von ihm nicht thematisiert.

Ein weiteres Ideologem, das aus dem Konstrukt des „organischen Staates" folgte, war die „Vergewaltigung der Minderheit durch die Mehrheit", ergänzt durch den Begriff der „Plutokratie". Dahinter verbarg sich die Auffassung, jüdisches Kapital verführe die Massen für seine Zwecke. Die Vertreter dieser Sicht hielten sich selbst für Angehörige einer kleinen elitären Schicht.

Nach Bavinks Auffassung führe eine „demokratische" Staatsordnung zu einer unerträglichen Vergewaltigung der Minderheit durch die Mehrheit oder der Armen durch die Reichen (also zur „Plutokratie").[463] In seiner Schrift „Eugenik" sprach Bavink 1934 wie Hitler von dem in den „westlichen Demokratien" herrschen-

---

[461] Unsere Welt, Heft 4, 1934, S. 101.
[462] Bavink, Bernhard, Die Naturwissenschaft auf dem Weg zur Religion, 5. Auflage, 1937.
[463] Der Begriff „Plutokratie" wurde von den Nationalsozialisten zur Diffamierung westlicher Demokratien benutzt. Er hatte einen antisemitischen Unterton; Bavink, Bernhard, Die Naturwissenschaft auf dem Weg zur Religion, 6. Auflage, 1947, S. 29 f.

den „politischen durchgeführten Irrwahn", um „mittels des Stimmzettels durchgeführten Kampfes" ein organisches Staatsgebilde zu gestalten. Dieses System habe kein europäischer Staat so konsequent durchgeführt wie die Weimarer Republik, zugleich aber zur „Vernichtung der tragenden Kräfte und der gesunden Erblinien" geführt. Demgegenüber sei die Grundauffassung des „neuen Staates" streng „organisch" [...] und „alle Stände sind in einem solchen Staat lebensnotwendig für das Volksganze". Anschließend schlug Bavink den Bogen zur NS-Ideologie: „Denn Hitler will eine wahrhafte Volksregierung."[464] Hitlers Absichten waren in „Mein Kampf" niedergeschrieben. Dort findet sich eine Passage, auf die sich Bavink offensichtlich bezog: „Mit der Gründung der N.S.D.A.P. war zum ersten Mal eine Bewegung in Erscheinung getreten [...] in dem Bestreben, an Stelle des heutigen widersinnigen Staatsmechanismus einen organischen völkischen Staat zu errichten."[465]

Die Schlagworte „Vergewaltigung der Minderheit durch die Mehrheit" und „Herrschaft des Geldes" waren keine Neuschöpfung. Sie stammten aus der Kaiserzeit. Der Historiker v. Treitschke beklagt sich in Bavinks Geburtsjahr 1879 über die „zunehmende Verwilderung der Massen".[466] Zwei Jahre (1895) bevor Bavink die Universität besuchte, sagte v. Treitschke vor Studenten:

„Eine demokratisierte Gesellschaft trachtet nicht, wie die Schwärmer wähnen, nach der Herrschaft des Talents, das immer aristokratisch bleibt, sondern nach der Herrschaft des Geldes oder des Pöbels, oder auch nach Beiden zugleich." Den elitären Habitus noch verstärkend behauptete er: „Wo je-

---

[464] Bavink, Bernhard, Eugenik, S. 114 f. u. S. 124.
[465] Mein Kampf, Band II, S. 181.
[466] Treitschke, Heinrich von, Unsere Aussichten, S. 571.

der über Jedes, nach der Zeitung oder dem Conversationslexikon mitredet, da wird die schöpferische Kraft des Geistes selten. [...] nur vereinzelt ragen die Edeltannen ursprünglicher Gedankenkraft aus dem niederen Gestrüpp der Notizensammlungen hervor [...] Das alles sind ernste Zeichen der Zeit".[467]

Bavinks Votum gegen die Demokratie stand in der Tradition der völkischen Nationalisten, die sich beispielsweise im „Reichs-Hammer-Bund" versammelten. In einer Eingabe aus dem Jahr 1916 prangerten sie die „unheimliche, unangreifbare Macht der Plutokratie" an.[468] Oswald Spengler verwendete diese Chiffre in seinem Werk „Untergang des Abendlandes". Dort hieß es 1922: „Versteht man unter Demokratie die Form, welche der dritte Stand als solcher dem gesamten öffentlichen Leben zu geben wünscht, so muß hinzugefügt werden, daß Demokratie und Plutokratie gleichbedeutend sind." Er beschwor „Die Heraufkunft des Cäsarismus", der die Diktatur des Geldes und ihrer politischen Waffe, der Demokratie", brechen wird."[469]

Fritz Lenz sprach 1917 von der Verderblichkeit der „Zivilisation des Westens" und wünschte, dass der Krieg „die abendländische Zivilisation [...] hinwegfegen möge, damit Raum werde für die kommende deutsche Kultur.[470]

Die Auffassung Bavinks war in der politischen Diskussion kein Allgemeingut. Es gab ablehnende politische Diskussionsbeiträge. Der badische Reichstagsabgeordnete und Jurist Ludwig Haas, Mitglied der liberalen „Fortschrittlichen Volkspartei", und

---

[467] Treitschke, Heinrich von, Zum Gedächtnis des Großen Krieges, Rede am 19. Juli 1895 in der Königlichen Friedrich-Wilhelms-Universität zu Berlin, S. 26 f.
[468] Breuer, Stefan, Die radikale Rechte in Deutschland 1871–1945, S. 250.
[469] Spengler, Oswald, Untergang des Abendlandes, S. 1061 und S. 1193.
[470] Lenz, Fritz, Aufsatz „Zur Erneuerung der Ethik", in: „Deutschlands Erneuerung", 1. Jg., 1917, Heft 1, S. 54.

Verfechter eines Bündnisses mit den Linken, plädierte 1913 für die „Ablösung der Vorherrschaft des Junkertums durch die Demokratisierung und die Liberalisierung des deutschen Staatswesens".[471] Ein Zeitgenosse Bavinks, der Soziologe Max Weber, analysierte 1917/18 die jahrzehntelange Gegnerschaft zur Demokratie und zum Parlamentarismus und die Diskreditierung der Volksvertretungen durch das akademische Bildungsbürgertum und entlarvte das dahinter stehende politische Kalkül. Er geißelte die „literarischen Spießbürger" und die „Amtsreflektanten" und schrieb:

„Sehr oft in der überheblichsten und maßlosesten Form, mit wegwerfender Gehässigkeit und ohne jede Spur von gutem Willen, die Existenzbedingungen leistungsfähiger Parlamente überhaupt verstehen zu wollen. [...] Wenn es aber von Dilettanten zum wohlfeilen Sport gemacht wird, eine Lanze gegen den Parlamentarismus zu brechen, so ist es [...] an der Zeit, auch einmal ohne besondere Schonung die politische Einsicht dieser Kritiker zu prüfen. [...] Man komme uns nicht mit dem [...] eitlen Gerede von dem Gegensatz der ‚westeuropäischen' und der ‚deutschen Staatsidee'. Ganz abgesehen davon, daß weder der Parlamentarismus der deutschen Geschichte fremd noch irgendeines der entgegengesetzten Systeme nur Deutschland eigen gewesen ist." Zu dem von Bavink verwendeten Begriff „Plutokratie" schrieb er: „Daß ferner die ‚Plutokratie' in Deutschland [...] ebenso blüht wie sonst wo, daß gerade [...] die großkapitalistischen Mächte [...] bei uns wie ein Mann auf Seiten des bürokratischen Obrigkeitsstaates und gegen Demokratie und Parlamentarismus stehen, hat doch seine guten Gründe. Nur bleiben sie dem literarischem Spieß-

---

[471] Haas, Ludwig in Naumann, Friedrich (Hg.), Patria!, , S. 11.

bürger verborgen." Er hielt den „Amtsreflektanten" eben so viel „Streberei und Gehaltshunger" vor, wie diese den Parlamentariern vorwarfen.[472]

Webers Bezeichnung von Angehörigen des „Bildungsbürgertums" als Dilettanten, „Amtsreflektanten" und „literarische Spießbürger" als einem der Ideengeber für die Weimarer Reichsverfassung war eine Reaktion auf die uferlose Polemik der Konservativen gegen den Parlamentarismus.

Die Vokabel „Plutokratie" wurde von Nationalsozialisten immer dann verwendet, wenn die westlichen Demokratien diffamiert werden sollten. Sie war wie in zahlreichen Reden Hitlers mit antijüdischem Hass unterlegt, der behauptete, einer angelsächsischen global operierenden jüdisch-plutokratischen Verschwörung gegenüberzustehen.[473] Goebbels verwandte den Begriff in seiner frenetisch bejubelten berüchtigten Rede im Berliner Sportpalast am 18. Februar 1943, als er behauptete: „...tarnt es [das Judentum, Verf.] sich in den angelsächsischen Staaten plutokratisch-kapitalistisch, [....] das Zusammengehen zwischen internationaler Plutokratie und internationalem Bolschewismus durchaus kein Widersinn. [...] reicht sich das westeuropäische scheinzivilisierte Judentum und das Judentum des östlichen Gettos die Hände. Damit ist Europa in Todesgefahr." [474]

Die völkische und antiwestliche Grundhaltung war, so die Analyse von Kurt Sontheimer, eine Wirkung der geistigen Umschichtung zu Beginn des 20. Jahrhunderts. Die Kombination von irrationaler Geistesströmung, Lebensgefühl und politischem Tatwillen ist die Geburtsstunde des antidemokratischen Denkens

---

[472] Weber, Max, Parlament und Regierung im neugeordneten Deutschland, Vorbemerkung V u. Kapitel 2.
[473] Simms, Brendan, Hitler, S. 685 u. weitere Nachweise, S. 1041.
[474] Kundgebung der NSDAP, Gau Berlin, im Berliner Sportpalast, Joseph Goebbels, 18. Februar 1943, Auszug aus der Rundfunkübertragung, DRA-Nr. 2600052.

in der Weimarer Republik. Thomas Mann bezeichnete die Popularisierung und Politisierung der bereits aus dem 19. Jahrhundert stammenden Lebensphilosophie als „Verhunzung". Die vulgäre Lebensphilosophie arbeitete mit Vokabeln wie „kalt", „starr" und „tot" im Gegensatz zu „lebendig", „organisch" und „blühend". Helmuth Plessner attestierte dieser brutal-primitiven Variante der Lebensphilosophie eine „von den Bedürfnissen der Massenpropaganda erzwungene Rohheit."[475]

Die politisierte Lebensphilosophie übertrug diese Eigenschaften auf die politischen und sozialen Phänomene der Zeit. Sie verwendete, wie Bavink und die Nationalsozialisten zeigten, für die demokratische Regierungsform die Adjektive „mechanisch" oder „mechanistisch". Das Parlament sei eine Abstimmungsmaschinerie, die Regierung eine Herrschaftsapparatur. In diesen Köpfen existierte ein anderes Staatsbild, das in Variationen vom totalen Staat bis zum völkischen Gemeinwesen reichte. „Volkhaft" oder „völkisch" Denken, das war deutsch Denken. Deutsch war vor allem „nicht jüdisch". In dieser Wortwahl zeigte sich bereits die geistige Quelle für den barbarischen Antisemitismus der Nationalsozialisten.[476]

Bavink ging noch einen radikalen Schritt weiter, wenn er forderte, dass der organische Staat Zwang dort ausüben dürfe, „wo der Lebenswille des Volkes es erfordert, sowie der Arzt unter Umständen wuchernde Körperzellen, die sich auf eigene Hand selbständig machen wollen (bösartige Geschwülste), wegschneiden muß." Dieses Bild verwandte auch Alfred Rosenberg in einer Rede am 26. März 1941. Im Hinblick auf die Bekämpfung der Juden sprach er von dem Chirurgen, der „nach langer Erfor-

---

[475] Vgl. Sontheimer, Kurt, Antidemokratisches Denken in der Weimarer Republik, S. 58 ff.
[476] Vgl. Sontheimer, Kurt, in: Der Weg in die Diktatur 1918–1933, S. 58 ff.

schung einer inneren Erkrankung durch einen operativen Eingriff eine lebensgefährdende Geschwulst entfernt".[477]

Die Forderung nach einem „organischen Staat" hatte zwei Stoßrichtungen: Zum einen sollte die Einführung einer Demokratie nach westlichem Muster verhindert werden. Und zum zweiten, so konstatierte Kurt Sontheimer, führte das Postulat von dem alleinigen Maßstab der Vitalität und Kraft für die Fülle des Lebens, zur grausigen Realisierung der Vernichtung lebensunwerten Lebens im Namen des Volkes.[478] Damit bildete die Figur des „organischen Staates" gleichzeitig die Brücke zur „Biologisierung" der Politik, die Bavink vertrat.

Bavink erschien mit seiner politischen Ausrichtung geradezu als Prototyp der antidemokratischen Akteure nach 1918. Mit dem zentralen Begriff „Volkskörper" wurde Hitlers Ideologie gefördert und vorweggenommen.

---

[477] Bajohr, Franz; Matthäus, Jürgen (Hg.), Alfred Rosenberg, Die Tagebücher von 1934 bis 1944, vgl. dort Dokument 6, S. 550.
[478] Vgl. Sontheimer, Kurt, in: Der Weg in die Diktatur 1918–1933, S. 63.

Dritter Teil: „Die biologische Katastrophe"

In „Der wahre Jakob": „Sie schwärmen für edle Geburt und Rasse. Sie predigen die Verachtung der Masse. Sie lästern das Volk mit dummdreisten Hohn [...] die Führer der einigen großen Nation."[479]
Dr. med. Otmar Freiherr von Verschuer: „Es gibt keine biologische Gleichheit der Menschen [...] Der Geist [...] ist von der Rasse abhängig [...]Bedarf es überhaupt eines Beweises, daß der Geist eines Negers und eines Europäers etwas so Grundverschiedenes ist, daß alle Künste der Welt sie nicht gleichmachen können?[480]

Arier und Germanen und die Weltherrschaft

Darwinismus, Eugenik, Rassenhygiene, Rassenbiologie und „Organischer Staat" waren Stichworte des 19. Jahrhunderts und stimulierten nach dem Ersten Weltkrieg eine dystopische Weltsicht.

In der Biologie vollzog sich eine Revolution. Darwins Thesen zur Evolution und Selektion der Arten und die Wiederentdeckung der „Mendelschen Gesetze" zur Vererbung von Eigenschaften waren der Anstoß für die Erforschung von Zellen und Vererbungsvorgängen auch beim Menschen. Es entstand der Wissenschaftszweig der Genetik.

Die für Nichtwissenschaftler oft verblüffenden neuen Erkenntnisse der Physik und Biologie führten zu einer Popularisierung durch zahlreiche Veröffentlichungen und Vorträge, u. a. durch Volksschul- und Gymnasiallehrer wie Bavink. Vor dem Ersten Weltkrieg bemächtigten sich Rechte, Sozialdemokraten

---

[479] „Hymnus auf die geistigen Erneuerer", Gleissberg, Gerhart, in: „Der wahre Jakob", 1932, S. 362 (Digitale Bestände UB Heidelberg).
[480] Verschuer, Otmar von, Rasse (Deutsche Politik), 1924, S. 1 und 6; Verschuer wurde 1951 Professor in Münster.

und Liberale der biologischen Betrachtungsweise für ihre politischen Ansätze. Im politischen Denken und im Sprachgebrauch wurden „Kampf ums Dasein", „Überleben", „Selektion" der Tüchtigen und „Weltherrschaft" auf die Beziehungen zwischen Völkern, Klassen und Leistungsgruppen übertragen.[481]

Ausgangspunkt aller Überlegungen war für den lutherischen Christen Bavink der befürchtete „rassische Niedergang", die „biologische Katastrophe". Als Tatsachen sah Bavink die erbliche Ungleichwertigkeit der verschiedenen Bevölkerungsschichten und die umgekehrte Proportionalität der Vermehrungsquote mit dem „Erbwert" an.[482] Der christliche Ethiker, so Bavink, solle sich überlegen, ob er es vom Standpunkt der Volksgesundheit aus heute noch verantworten könne, wenn er allen Kreisen ohne Unterschied das „Seid fruchtbar und mehret euch" als göttliches Gebot predigte. Für seine Argumentation bemühte er den Antichristen: „Wenn der Christ die Vermehrung der Schwachen begünstigt und nicht einschränkt, könnte es geschehen, daß er dann ‚tatsächlich dem Teufel in die Hände gearbeitet hätte' [...] Über den sittlichen Wert des Individuums richtet Gott, nicht wir".

Bavink sah als Rassenideologe die Notwendigkeit, ein „hochstehendes Kulturvolk unsterblich zu machen". „Wenn wir nicht als Kulturvolk untergehen sollen und wollen, ist dies, daß die erbtüchtige Familie wieder zu ausreichender Kinderzahl kommt und daß die erbuntüchtige Familie nach Möglichkeit an weiterer Ausbreitung ihrer schädlichen Erbsubstanz im Volkskörper verhindert wird."[483] Dass damit keine medizinische Strategie im engeren Sinn gemeint war, sondern eine rassenpolitische Machtfrage, zeigt

---

[481] Nipperdey, Thomas, Deutsche Geschichte, Band 1, S. 627 f.
[482] Bavink, Bernhard, Rassenhygiene und protestantische Ethik, in: Süddeutsche Monatshefte, 25. Jg., Heft 6, März 1928, S. 433.
[483] Bavink, Organische Staatsauffassung und Eugenik, S. 37 ff.

sich in der folgenden Aussage: „Das Volk, das diesen Entschluß zuerst faßt [...] wird die Weltherrschaft antreten".[484] Damit nahm er 1930 fast wörtlich Hitlers Diktum aus dem Schlusswort von „Mein Kampf" auf: „Ein Staat, der im Zeitalter der Rassenvergiftung sich der Pflege seiner besten rassischen Elemente widmet, muß eines Tages zum Herrn der Welt werden."[485] Hitler wiederholte diese Behauptung öffentlich auf dem 3. Reichsparteitag in Nürnberg am 27. August 1927: „Würde das deutsche Volk in seiner geschichtlichen Entwicklung jene herdenmäßige Einheit besessen haben, wie sie anderen Völkern zugute kam, dann würde das Deutsche Reich heute wohl Herrin des Erdballs sein."[486]

Mit den von Hitler erwähnten „besten rassischen Elementen" waren die „großen unvermischt gebliebenen Bestände an nordisch-germanischen Menschen" gemeint.[487] Bavink war der gleichen Überzeugung: „[...] wenn diese Rasse [die Nordische, Verf.] wirklich die wertvollsten Elemente zu unserem Volkskörper beigesteuert hat und noch beisteuert (**ich glaube das selbst**)." (Hervorh. d. Verf.)[488]

Bavink verbreitete die völkischen Thesen der Rassenanthropologie. Für ihn bestand der große Konflikt in Bezug auf die Menschheit im „Kampf ums Dasein". Auf die Kämpfe der Nationen würden die der Rassen folgen. Als Konkurrenten der „weißen Rasse" sah er China und Afrika. Nach seiner Einschätzung werde der nächste Krieg in erster Linie durch den Besitz der besten Flugzeuge, Giftgase [...] entschieden werden. Es sei ein leichtes, „unsere Ostgrenze durch ein Heer von einigen tausend Fliegern hermetisch gegen noch so große Scharen heranreitender

---

[484] Bavink, Ergebnisse und Probleme..., 4. Auflage 1930, S. 515.
[485] Mein Kampf, II/354.
[486] Zitiert in: Fest, Joachim, Hitler, S. 321.
[487] Mein Kampf, II/29.
[488] Unsere Welt, Heft 11, 1932, S. 331.

‚Horden des Ostens' zu sperren, vorausgesetzt, daß diesen Scharen selber kein gleichwertiges Kampfmittel zur Verfügung steht".[489]

Nach Bavink sei es unter diesen Umständen Selbstmord, wenn ein Volk bzw. eine Rasse nicht alles daran setzte, sich für die unvermeidliche Auseinandersetzung bestmöglich auszurüsten. Allerdings sei es schwierig zu entscheiden, ab wann es opportun sei, die Quantität des Volkes zugunsten der Qualität zu vermindern. „Ein straff organisierter zentralisierter Staat verträgt natürlich einen erheblich größeren Prozentsatz Unterwertiger als ein schlaff organisierter, in dem der Pöbel jeden Augenblick die Herrschaft an sich zu reißen droht".[490] Die zuletzt genannte Befürchtung bezog sich auf die Weimarer Republik.

Bavink berief sich bei seiner Weltsicht auf den amerikanischen Rassentheoretiker und Antisemiten Lothrop Stoddard. In seinem Buch (1920) „The Rising Tide of Color Against White World-Supremacy" warnte Stoddard vor einer bevorstehenden Bevölkerungsexplosion der „farbigen" Rassen, die die „weiße" Weltherrschaft infrage stellen werde. Madison Grant schrieb das Vorwort. Dessen Buch „Der Untergang der großen Rasse" (Lehmanns-Verlag, München) bezeichnete Hitler als seine „Bibel". Der österreichische Anthropologe Dr. Viktor Lebzelter urteilte in einer zeitgenössischen Rezension, dass das Buch eine wissenschaftlich fundierte Propagandaschrift des Politikers Grant sei und in Deutschland übersetzt wurde, um dem Lesepublikum vor Augen zu führen, dass in Amerika ähnliche Ideen wie bei politisch eingestellten deutschen Gelehrten vertreten würden.[491]

---

[489] Unsere Welt, Heft 4, 1927, S. 101 f.
[490] Unsere Welt, Heft 4, 1927, S. 102.
[491] Anthropos Bd. 21, H. 1./2. (Jan. – Apr. 1926), S. 304–307.

Bavink zitierte Stoddards Diktum einer „neuen biologischen Offenbarung" aus dessen Buch „The Revolt Against Civilization", das 1925 in Deutschland unter dem Titel „Der Kulturumsturz, die Drohung des Untermenschen" im Lehmanns-Verlag erschien.[492] Nach Verlagsangaben untersuchte Stoddard in dem Buch u. a. „die Überschwemmung seiner amerikanischen Heimat durch einwandernde Scharen von minderwertigen Fremden". Für den „Rassenhygieniker" Fritz Lenz war das Buch im März 1928 ein „großzügiger Versuch, die revolutionären Bewegungen der Gegenwart auf Grund der modernen rassenbiologischen Erkenntnisse zu verstehen und geistig zu überwinden".[493]

Bavink nutzte 1927 Stoddards Buch als Beleg dafür, „wie furchtbar die Vermehrung des rassisch Minderwertigen wirkt. [...] Unsere ‚humane' Gesetzgebung verbiete die einfache Beseitigung dieser Menschen." Die von ihm bedauerte Unmöglichkeit der „einfachen Beseitigung" von Menschen durchzieht seinen gesamten Rassendiskurs. Stoddard habe in „erschütternder Weise" ausgemalt, was die „Drohung des Untermenschen" für die Kulturmenschheit bedeute. Die „gelbe Rasse" vermehre sich „unaufhaltsam".[494] Bavink stimmte Stoddard zu, dass der „Marxismus" die „Religion" des „Untermenschen" und des „Pöbels" in aller Welt sei.[495]

Ende 1939 zeigte sich der große Stellenwert, den Stoddards Thesen im rassenideologischen Diskurs der Nationalsozialisten hatten. Er besuchte offiziell als Journalist für mehrere Monate das im Krieg befindliche Deutschland. Er wurde im Gegensatz zu anderen Journalisten am 19. Dezember 1939 von Hitler in der

---

[492] Bavink, Bernhard, Rassenhygiene und protestantische Ethik, in: Süddeutsche Monatshefte, 25. Jg., Heft 6, März 1928, S. 433 f.
[493] Süddeutsche Monatshefte, 25. Jg., Heft 6, S. 474.
[494] Unsere Welt, Heft 2, 1927, S. 34 f.; Heft 4, 1927, S. 100 ff.
[495] Unsere Welt, Heft 6, 1934, S. 188.

Reichskanzlei und am 20. Januar 1940 von Himmler und von anderen NS-Größen empfangen. Für ihn war es wichtig, auch mit den deutschen „Rassenhygienikern" F. K. Günther, Eugen Fischer und Fritz Lenz zu sprechen , deren Institute er besuchte.[496] In den USA schrieb er 1940 zum „Judenproblem": „already settled in principle and soon to be settled in fact by the physical elimination by the jewes themselves from the Third Reich".[497]

Die dystopische Sicht der Rassenideologen auf die nähere Zukunft war verbunden mit der ideologischen Verklärung der vergangenen „deutschen" Geschichte. Bavink beschwor das Wesen des zweitausendjährigen arisch-germanischen Geistes, „daß er nämlich gerade nicht nur sein eigener Verkünder, sondern nur das Mittel sein wollte, durch das das große Objektive zum Bewußtsein und zur Erkenntnis gebracht wird." Er suggerierte eine zweitausendjährige kontinuierliche deutsche Geschichte, in der die Deutschen direkte Nachfahren der Germanen seien. Als Beleg für diese Behauptungen diente die Schrift „Germania" von Tacitus. Diese Deutung der Geschichte bezweifelten bereits zeitgenössische Historiker. Die Erwähnung eines Zeitraums von zweitausend Jahren war die übliche Diktion der völkischen Bewegung und der Nationalsozialisten. Alfred Rosenberg stellte 1941 in einer Rede fest: „Die Judenfrage, die als Aufgabe seit 2000 Jahren den Völkern Europas gestellt und nicht gelöst wurde, wird nunmehr durch die nationalsozialistische Revolution für Deutschland und ganz Europa ihre Lösung finden!"[498]

---

[496] Simms, Brendan, Hitler, S. 570; Moors, Pfeiffer (Hg.), Himmlers Taschenkalender, S. 181; Kuhl, Stefan, The Nazi Connection: Eugenics, American Racism, and German National Socialism, S. 61; Stoddard, Lothrop, Into the Darkness, S. 156 f.

[497] Kuhl, Stefan, The Nazi Connection: Eugenics, American Racism, and German National Socialism, S. 61.

[498] Bajohr, Frank; Matthäus, Jürgen (Hg.), Alfred Rosenberg, Die Tagebücher, S. 12; vgl. dort Dokument 6, S. 552.

Als Quelle seiner Geschichtserkenntnisse nannte Bavink die Werke von Ludwig Schemann[499] und Romane von Gustav Freytag und Felix Dahn, die er wie wissenschaftliche Werke zitierte. 1934 waren diese Autoren für ihn die ausgewiesenen Zeugen dafür, dass „die Frankenkönige Schurken ersten Ranges" waren, die die „arianischen Germanen" gewaltsam bekehrten.[500] Noch im Sommer 1944 zitierte er als Durchhalteparole eine Passage aus einem Roman von Dahn als Aufforderung, im Krieg einen „heroischen Standpunkt" einzunehmen.[501] George Orwell meinte, jeder Nationalist sei von der Überzeugung getrieben, dass sich die Vergangenheit ändern ließe und verbringe einen Teil seiner Zeit in einer Fantasiewelt.[502] Der Historiker und Mediävist Johannes Fried schrieb zu dem Mythos von zweitausend Jahren germanischer Geschichte:

> „Gustav Freytags vielgelesenes Poem ‚Die Ahnen', Felix Dahns ‚Ein Kampf um Rom' [...] suggerierten historische Kontinuität von Altgermanien über die Völkerwanderung bis in die jüngste Gegenwart. [...] Man schwelgte in Gewissheit: Germanisch war deutsch, allenfalls eine ältere Variation desselben. Hermann der Cherusker, Alarich [...] der herrliche Dietrich von Bern, der tapfere Totila, Teja, auch Hagen von Tronje und seine Nibelungen – sie wären Deutsche?"

Fried stellte fest:

> „Das alles war Mythos, Mythos zur Unzeit, den romantische Verklärung des Mittelalters und Begeisterung für die wundervolle Antike nährten. [...] Das Schema war immer dasselbe. Völker, von Heroen geführt, unterwarfen sich die Welt.

---

[499] Vgl. Bavink, Rezension, in: „Neue Jahrbücher" Jg. 1933 (Stadtarchiv Bielefeld, NL Bavink, A II 17/11), S. 275.
[500] Unsere Welt, 1934, S. 219.
[501] Bavink, Ergebnis und Probleme..., 8. Auflage, 1944, S. 729.
[502] Orwell, George, Über Nationalismus, S. 22.

[...] Völker, deren Anfänge sich tatsächlich im undurchdringlichen Nebel der Vorgeschichte verloren und die selbst, ihren Ursprung suchend, zu Mythen ihre Zuflucht nahmen. [...] die Germanen bildeten in historischen Zeit nie einen integriert handelnden Verband [...] und die Deutschen waren keine gradlinige Fortsetzung solcher Germanen. [...] Ein Kirchenvater wie der hl. Augustin, dieser Afrikaner und römische Christ, besaß für die Geschichte der Deutschen nicht minderes Gewicht als die gesamte Götterdämmerung der nordischen ‚Edda'".[503]

Der junge Nietzsche bekannte schon 1893:

„Das Menschengeschlecht [...] will nicht nach Jahrtausenden ja kaum nach Hunderttausenden von Jahren [...] betrachtet werden. Was wollen denn ein paar Jahrtausende besagen (oder anders ausgedrückt: der Zeitraum von 34 aufeinanderfolgenden, zu 60 Jahren gerechneten Menschenleben)".[504]

Oswald Spengler, ein Zeitgenosse Bavinks, schrieb:

„Jeder heute lebende Mensch hat um das Jahr 1300 schon eine Million, um das Jahr 1000 eine Milliarde Ahnen. Diese Tatsache besagt, daß jeder lebende Deutsche mit jedem Europäer der Kreuzzüge blutsverwandt ist [...] und daß die Bevölkerung eines Landes im Verlaufe von kaum zwanzig Generationen zu einer einzigen Familie zusammengewachsen ist. [...] Eine feste Einteilung [...] der Rassen ist unmöglich [...] Zuletzt hat jeder einzelne Mensch und jeder Augenblick seines Daseins seine eigene Rasse".[505]

---

[503] Fried, Johannes, Die Anfänge der Deutschen, S. 13 und S. 32 f.
[504] Nietzsche, Friedrich, Unzeitgemäße Betrachtungen, S. 113.
[505] Spengler, Oswald, Der Untergang des Abendlandes, S. 707 ff.

Wegen solcher Passagen wurde Oswald Spenglers Werk von den nationalsozialistischen Rassenideologen, aber auch von Bavink abgelehnt.

Als deutsches Spezifikum nannte Bavink 1934 im NS-Staat die „innigen Lieder von der göttlichen Liebe" (wie in den Weihnachtsliedern) und die deutsche „Kinderliebheit" [sic!]. Bavink: „Es ist allgemein bekannt, wie unsere Feldgrauen sogar im Kriege diese ihre Liebe zu den fremden Kindern überall betätigt haben, und das bekannte Bild des jetzigen Führers der Deutschen, auf dem er vor einem vertrauensvoll ihn anblickenden Kind steht, ist durchaus typisch deutsch, er könnte und dürfte in diesem Punkte gar nicht anders sein."[506]

Die pseudowissenschaftliche, romanhafte Verklärung des Deutschen bzw. des Germanischen war ein fester Bestandteil im Denken vieler Bildungsbürger wie Bavink und führte zur Hierarchisierung des Wertes der menschlichen Stämme. Deutschland entwickelte sich im Vergleich zu anderen kulturell hochstehenden Völkern jedoch unverkennbar spät. Dies führte Bavink darauf zurück, dass die Germanen zum Einzelwohnen neigten und den Gebrauch der Schrift ablehnten. Ähnlich argumentierte Hitler: „Es ist unglaublicher Unfug, die Germanen der vorchristlichen Zeitalters ‚kulturlos', als Barbaren hinzustellen. Sie sind dies nie gewesen. Nur zwang sie die Herbheit ihrer nordischen Heimat unter Verhältnisse, die eine schöpferische Entwicklung behinderte."[507]

Bavink hielt die südeuropäischen Völker für rassisch degeneriert.[508] Er lobte hingegen den „Duce". Mussolini habe als erster europäischer Staatsmann die Aufgabe erkannt, in Italien für eine

---

[506] Unsere Welt, Heft 4 und 6, 1934.
[507] Mein Kampf, II/24, S. 1007.
[508] Bavink, Ergebnisse und Probleme, 4. Auflage, S. 503.

genotypische Verbesserung zu sorgen.[509] Auch hier fand sich die Nähe zu Hitlers Weltanschauung: In „Mein Kampf" äußerte er die Hoffnung, die faschistische Regierung in Italien werde immer mehr den Interessen des Volkes dienen.[510] 1936 nannte Hitler Mussolini „den führenden Staatsmann in der Welt".[511]

Die Absurdität dieser Argumentationsweisen offenbarte sich in dem Urteil des „Duce". Mussolini sprach intern abschätzig über die rassistischen Ideen Hitlers. Für ihn stand fest, dass solche Doktrinen „von den Nachkommen jener entwickelt wurden, die in den Tagen von Cäsar, Virgil und Augustus noch Analphabeten waren". Nach seiner Auffassung benötige man „sechs Jahrhunderte", um aus den Deutschen „eine reinrassige Herde" zu machen.[512]

Gauschulungsleiter Dr. Karl Zimmermann, Studienrat und Sachbearbeiter für Rassenfragen im NSDAP-Hauptamt für Erziehung, unterschied zwischen „Kuli- und Fellachenrassen", einer kleinen Minderheit von „Parasiten", den Juden, und der nordischen „Herren- und Kriegerrasse".[513]

Hitler teilte die Menschheit in drei Kategorien ein: Kulturbegründer, Kulturträger und Kulturzerstörer. Die Arier („hellenischer Geist und germanische Technik") seien Kulturbegründer und Juden seien Kulturzerstörer.[514]

Hitler behauptete in „Mein Kampf": „Es ist kein Zufall, daß die ersten Kulturen dort entstanden, wo der Arier im Zusammentreffen mit niedrigen Völkern diese unterjochte und seinem Wil-

---

[509] Bavink, Ergebnisse und Probleme, 4. Auflage, S. 505.
[510] Jäckel, Eberhard, Hitlers Weltanschauung, S. 66.
[511] Fest, Joachim, Hitler, S. 715.
[512] Fest, Joachim, Hitler, S. 703.
[513] Zimmermann, Dr. Karl, Die geistigen Grundlagen des Nationalsozialismus, S. 16; http://www.ub.unikoeln.de/cdm/ref/collection/dirksen/id/441113.
[514] Jäckel, Eberhard, Hitlers Weltanschauung, S. 100.

len untertan machte." Es zeichne den Arier aus, das eigene Ich dem Leben der Gesamtheit willig unterzuordnen und, wenn die Stunde es erfordert, es auch zum Opfer zu bringen.[515]

Bavink ging bei seinen Betrachtungen von dem Vorhandensein verschiedener Menschenrassen aus, die nach der kulturellen Leistungsfähigkeit definiert wurden. Als Menschenrasse bezeichnete er eine Gruppe von Menschen, die sich in ihren körperlichen (vielleicht auch seelischen) Merkmalen deutlich von anderen Gruppen abhob und diese Merkmale weiter vererbte. Als Beispiele nannte er die europäischen Rassen, Mongolen, Malaien, die Papuas, Hottentotten,[516] Buschmänner usw.[517]

Angesichts der Schwierigkeit, Menschenrassen zu definieren, beharrte er darauf, dass es folgende Rassen wirklich gäbe: Indianer und Mongolen, Papuas oder Hottentotten sowie die nordische und alpine Rasse in Europa. Von den Rassen zu unterscheiden seien Völker und Sprachgemeinschaften. Deutsche oder französische Völker wie auch die Juden beständen aus Rassenmischungen.[518] Innerhalb von Völkern und Rassen sei nach kultureller Leistungsfähigkeit der Erbstämme zu differenzieren".

Aus dieser Sicht auf „Rassen" ergaben sich für Bavink politische Ziele für die „Rassenhygiene" oder „Eugenik".

Der Wert eines Menschen unter Barbaren

„Wir Deutsche sind von gestern, sagte Goethe einmal zu Eckermann, wir haben zwar seit einem Jahrhundert ganz tüchtig kultivirt, allein es können noch ein paar Jahrhunderte hingehen, ehe bei unseren Landsleu-

---

[515] Mein Kampf, S. 312 f.
[516] Diese abschätzige Bezeichnung für eine Völkerfamilie in Afrika stammt aus der Kolonialzeit und wird auch von Hitler in „Mein Kampf" mehrfach verwendet. Gleiches gilt für den Ausdruck „Zulukaffer". Vgl. Mein Kampf, S. 36, Anm. 63.
[517] Bavink, Ergebnisse und Probleme, 4. Auflage, S. 497.
[518] Bavink, Ergebnisse und Probleme, 4. Auflage, S. 500.

ten so viel Geist und höhere Kultur eindringe und allgemein werde, dass man von ihnen wird sagen können, es sei lange her, dass sie Barbaren gewesen".[519]

Die Politisierung des Rassenbegriffs diente der Hierarchisierung des Wertes von Menschengruppen bis hin zur Aberkennung des menschlichen Status für einzelne Gruppen. Diese Denkweise hatte eine politische rassistische Tradition im rechten Parteienspektrum der wilhelminischen Zeit. Im Jahr 1912 fragte der alldeutsche Politiker Heinrich Claß: „Ist der verkommene oder halbtierische russische Bauer des Mir, der Schwarze in Ostafrika [...] der unerträgliche Jude Galiziens [...] ein Glied der Menschheit?"[520]

Hitler schrieb in „Mein Kampf":

„Sie [die völkische Weltanschauung, Verf.] sieht nicht nur den verschiedenen Wert der Rassen, sondern auch den verschiedenen Wert des Einzelmenschen".[521] An anderer Stelle heißt es: „die Ableugnung der Verschiedenheit der einzelnen Rassen in bezug auf ihre allgemeinen kulturbildenden Kräfte muß zwangsläufig diesen größten Irrtum auch auf die Beurteilung der Einzelperson übertragen."[522]

Während Hitler von „niedrigen Völkern" sprach, verwandte Bavink in seinen Werken – so wie der amerikanische Rassenideologe Stoddard – mehrfach die Unterscheidung „Untermensch" (amerik. „under man") und „Vollmensch".[523]

---

[519] Zitiert in: Nietzsche, Friedrich, Unzeitgemäße Betrachtungen, S. 7.
[520] Aly, Götz, Warum die Deutschen..., S. 124.
[521] Mein Kampf, S. 12.
[522] Mein Kampf, S. 11.
[523] Z. B. in: „Die Rasse in den Geisteswissenschaften", Aufsatz, Neue Jahrbücher, Jg. 1933, Stadtarchiv Bielefeld, A II 17/11.

Hitler bezeichnete es als „Wunderdressur", wenn ein „Neger" Advokat, Lehrer, gar Pastor [...] geworden war. „Neger" waren für ihn „Halbaffen", indem er abwertend von „Hottentotten und Zulukaffern" im Gegensatz zu den „Intelligenzrassen" sprach.[524] Bavink unterschied zwischen Kulturvölkern und Primitiven, bei denen häufig eine enge Verbindung des Lebensgefühls mit der Tierwelt herrsche. Bavinks Urteil lautete: „Eine Universität nach deutschem Muster paßt in einen Negerstaat wie Haiti vermutlich wie eine Victoria regia [Riesenseerose. Verf.] auf dürren Sandboden."[525]

Bavinks Zeitgenosse, der Publizist Prof. Dr. Adolf Hedler (1865-1936) bezeichnete 1932 die Behauptung, die „schwarze Rasse" sei minderwertig als unwissenschaftlich und verwies auf die Ergebnisse des nordamerikanischen Zensus.[526]

Innerhalb einer Gesellschaft definierte Bavink „untermenschliche, den Tieren gleichende Existenzen." Er schrieb 1929:

„...daß die Gesellschaft das Recht haben müsse, sich von solchen Existenzen zu befreien, die wirklich rein gar nichts bedeuten, sondern nur ‚leben', d. h. wie Tiere, oder nein, unter tierischem Standpunkt dahinvegetieren."[527]

Es erstaunt nicht, wenn solche Tiraden der Enthumanisierung eines Bildungsbürgers den Weg in die SS-Propaganda fanden. Es gab ein SS-Schulungsheft (1942) mit dem Titel „Der Untermensch", in dem es heißt:

„Der Untermensch, jene biologisch scheinbar völlig gleichgeartete Naturschöpfung mit Händen, Füßen und einer

---

[524] Mein Kampf, S. 67.
[525] Auf der Website des deutschen Botschafters in Haiti heißt es aktuell (Übers. d. Verf.): „Eine lange und enge Freundschaft seit Haitis Unabhängigkeit 1804 verbindet die Deutschen mit den Haitianern."
[526] Hedler, Adolf, Rassenkunde und Rassenwahn, S. 17 f.
[527] Unsere Welt, 1929, S. 123. Zitiert in: Klee, Ernst, Deutsche Medizin im Dritten Reich, S. 336.

Art Gehirn, mit Augen und Mund, ist doch eine ganz andere, furchtbare Kreatur, ist nur ein Wurf zum Menschen hin [...] geistig jedoch tieferstehend als jedes Tier".[528]

Der NS-Rassenhygieniker und SS-Arzt Hermann Gauch behauptete 1933:

„Der nicht-nordische Mensch nimmt also eine Zwischenstellung zwischen dem nordischen Menschen und den Tieren, zunächst den Menschenaffen ein. Er ist so überhaupt kein Mensch [...] so könnten wir die nicht-nordischen Menschen auch Neandertaler nennen; besser und treffender ist die von Stoddard geprägte Bezeichnung ‚Untermensch'".[529]

Der Chefankläger des Eichmann-Prozesses im Jahre 1961, Gideon Hausner, erwähnte Gauch im Prolog seiner Anklagerede als Beispiel für einen Prototypen des intellektuellen Wegbereiters der Herrschaft Hitlers.[530]

Für Bavink war der Begriff „Untermensch" eine nicht hinterfragte, sondern eine selbstverständliche Formulierung in vielen seiner Texte.

Der Philosoph Volker Böhnigk stellt in einer Untersuchung über die Beziehung zwischen Relativismus und Nationalsozialismus fest:[531] „Die Abspaltung von Menschen vom ‚(idealen) Menschen' kann so weit führen, dass bestimmte Menschen wieder aus der Gattung ausgestoßen werden [...] und damit in eine Kategorie des Tierischen versetzt. [...] Es ergibt sich somit das Paradox, dass der Ausschluss der ‚Barbaren' durch die selbsternannten ‚Menschen' selbst ein ‚barbarischer' Akt ist."

---

[528] Zitiert in: Wildt, Michael, Die Ambivalenz des Volkes, S. 339.
[529] „Neue Grundlagen der Rassenforschung", Leipzig 1933, abgedruckt in: „Poliakov u. Wulf, Das Dritte Reich und seine Denker, S. 409
[530] „if the road to his leadership had not already been paved", https://www.nizkor.org/session-006-007-008-01-eichmann-adolf/.
[531] Böhnigk, Volker, zitiert in: Konitzer, Werner; Palme, David (Hg.), „Arbeit", „Volk", „Gemeinschaft", S. 259.

Der barbarische Zivilisationsbruch in der sogenannten Rassenfrage war ein bewusster politischer Akt. Die Bewertung von Rassen und Menschen, wie sie Bavink vornahm, war zu seiner Zeit bereits als unwissenschaftlich erkannt und politisch umstritten. Bavink nahm eine Position ein, die mit den völkischen und nationalsozialistischen Anschauungen eng verflochten war. Es gab mahnende Stimmen. Im Folgenden werden einige konträre zeitgenössische Positionen von unterschiedlichen Wissenschaftlern dargestellt.

Der Soziologe Max Weber stellte bereits 1904 fest:

„Ist doch der Glaube weit verbreitet, daß ‚in letzter Linie' alles historische Geschehen Ausfluß des Spiels angeborener ‚Rassenqualitäten' gegeneinander sei. An die Stelle kritikloser bloßer Beschreibung von ‚Volkscharakteren' trat die noch kritiklosere Aufstellung von eigenen ‚Gesellschaftstheorien' auf ‚naturwissenschaftlicher' Grundlage."

Weber forderte im Zusammenhang mit der Anwendung der „Rassenbiologie" deren Überprüfung anhand „*konkreter* Kulturvorgänge der historischen Wirklichkeit" mit „*konkreten historisch* gegebenen Ursachen" und „*exakten,* unter spezifischen Gesichtspunkten erhobenen Beobachtungsmaterials" (Hervorh. im Original. Verf.). Ohne diese wissenschaftliche Vorgehensweise hielt er diese Forschung für die „Vorstellung eifriger Dilettanten" und ein „Produkt des modernen wissenschaftlichen Gründungsfiebers." [532]

Der Anthropologe Felix v. Luschan hob in einer Rede am 2. November 1915 hervor:

„Daraus folgt, daß der Begriff der Rassen nicht feststeht. Eigentlich sollten wir das Wort überhaupt gar nicht gebrau-

---

[532] Weber, Max, „Die ‚Objektivität' sozialwissenschaftlicher und sozialpolitischer Erkenntnis", abgedruckt in: „Rationalisierung und entzauberte Welt", S. 70 f.

chen; jedenfalls müßten wir uns darüber klar sein, wenn wir ‚Rasse' sagen, wir immer nur eine mehr oder weniger scharf umgrenzte Gruppe meinen, die durch eine Anzahl anatomischer und physiologischer Eigenschaften ausgezeichnet ist. [...] Aber eine Lehre, die aus dem Werden der Völker mit Notwendigkeit sich ergibt: [...] Es ist die Lehre, daß es keine an sich minderwertige Rassen gibt. [...] Alle Menschen haben sich aus den gleichen Anfängen entwickelt, die einen schneller, die anderen langsamer".[533]

Kritische wissenschaftliche Autoren wie v. Luschan wurden von Bavink als Tendenzschriftsteller[534] oder „uferlose Milieutheoretiker"[535] bezeichnet, weil sie den rassischen Faktor bei der kulturellen Entwicklung für wissenschaftlich nicht exakt erfassbar hielten. Seine Polemik war haltlos. Luschan war nicht nur ordentlicher Professor für Anthropologie auf dem ersten Lehrstuhl für Anthropologie der Charité (Kaiser-Friedrich-Wilhelm-Universität), sondern auch Forschungsreisender und Archäologe, der u. a. in Kleinasien, Südafrika, Ägypten und in der Südsee forschte. Bavink hatte hingegen außer zur Wehrmachtsbetreuung in den eroberten Gebieten und zu eventuellen Verwandtenbesuchen in den Niederlanden, den deutschen Sprachraum wohl nie verlassen.

Unter dem Eindruck der Rassendiskriminierung der Bevölkerung in Afrika südlich der Sahara und der eigenen Erfahrungen in Afrika kam Luschan zu dem Schluss:

„Schon vor Jahrzehnten habe ich öffentlich gesagt, dass es in Afrika keine anderen Wilden gäbe als einige toll gewordene Weiße, und die Greueltaten der Belgier im Kongo haben mir

---

[533] Rede vom 2.11.1915 zitiert in: Luschan, Felix v., Völker, Rassen, Sprachen.
[534] Bavink, Ergebnisse und Probleme, 4. Auflage, Anm. 392.
[535] Unsere Welt, Heft 7, 1934, S. 199.

seither hundertmal recht gegeben. Auch sonst würde es heute manchen Kolonialregierungen sehr wohl anstehen, die einheimischen Kulturen der Afrikaner etwas höher einzuschätzen, als sie das meist tun; freilich geht das alte Afrika jetzt raschem Untergang entgegen, schon weil der europäische Einfluß mit seinen vier S (Sklavenhandel, Schnaps, Syphilis, Schundwaren) auf sie wie zersetzendes Gift gewirkt hat und teilweise noch immer fortwirkt."[536]

Der Schweizer Anthropologe Eugène Pittard (1867–1962) stellte in seiner im Jahr 1924 erschienenen Schrift „Les Races et L'histoire" die Frage:

„Ich sehe, dass eine neue deutsche Schule zu dieser Formlehre zurückkehrt und versucht zu zeigen, dass die mentale Struktur ihre Grundlage in der physischen Struktur des Organismus hat. Aber reichen nicht wenige Beispiele in Europa aus, um solche Hypothesen zu widerlegen?"[537] Weiter heißt es: „Um die Frage objektiv zu erklären, wäre es zweckmäßig, die berühmten Bände von Gobineau und die jüngsten Werke seiner Emulatoren: den Ammon, den Lapouge, den Chamberlain usw. zu wiederholen und deren Inhalt zu analysieren [...] Wir würden schnell die Einwände sehen. Angesichts bestimmter Aussagen würde der nachsichtigste Leser einen Beweis verlangen; sie werden niemals gegeben!"[538] „Es gibt keine lateinische Rasse, keine germanische Rasse, keine slawische Rasse [...] und

---

[536] Szemethy, Hubert; Ruggendorfer, Peter; Kratzmüller, Bettina (2005): Felix von Luschan (1854 Hollabrunn – 1924 Berlin) Arzt, Anthropologe, Forschungsreisender und Ausgräber, Ausstellung und Symposion zu seinem Leben und Wirken, Hollabrunn, 22.–30. Mai 2005, PDF-URL: Archivlink (Memento des Originals vom 12. August 2014 im Internet Archive).
[537] Pittard, Eùgene, LES RACES ET L'HISTOIRE, S. 578 (jeweils eigene Übers.).
[538] Pittard, Eùgene, LES RACES ET L'HISTOIRE, S. 25.

Gott weiß, ob diese Gruppen sich voneinander unterscheiden."⁵³⁹

Der Philosoph Julius Goldstein, ein Schüler des ostfriesischen Nobelpreisträgers Rudolf Eucken, schrieb 1925:

„Die Rassentheorie ist der natürliche Bundesgenosse aller reaktionären Politik; sie bekämpft alle Bestrebungen, die Härten sozialer und politischer Ungleichheiten zu mildern [...] Die Rassentheorie will Wissenschaft sein – sie ist ein zwitterhaftes Gebilde aus mißverstandener Wissenschaft und parteipolitischer gefärbter Geschichtsphilosophie."⁵⁴⁰

Amtsrichter Alfred Marx (1899–1988)⁵⁴¹ stellte 1928 in einer Zeitschrift fest: „Die heutige Rassenhygiene ist ein mit wissenschaftlichen Ergebnissen geschmücktes Mittel des politischen Kampfes".⁵⁴²

Prof. Dr. Adolf Hedler veröffentlichte 1932 ein Buch mit dem Titel „Rassenkunde und Rassenwahn" und dem Untertitel „Wissenschaft gegen demagogischen Dilettantismus", dort heißt es:

„Die meisten Anthropologen lehnen eine grundsätzliche Bewertung ganzer Rassen ab. Sie wollen von hochwertigen und minderwertigen, von edlen und unedlen Rassen der Menschheit nichts wissen. Schon Alexander von Humboldt sagte: ‚Es gibt bildsamere, höher gebildete, durch geistige Kultur veredelte, aber keine edleren Völkerstämme'."⁵⁴³

Als politische Rassentheoretiker bezeichnete Hedler den Schriftsteller Arthur de Gobineau und seine deutschen Anhänger

---

[539] Pittard, Eùgene, LES RACES ET L'HISTOIRE, S. 37.
[540] Goldstein, Julius, Rasse und Politik, S. 39 Goldstein war Offizier im Ersten Weltkrieg. 1924 hatte er eine Gastprofessur in den USA.
[541] Landesarchiv Baden-Württemberg Q 3/12.
[542] Alfred Marx, in: Der Morgen, Monatsschrift der Juden in Deutschland, Heft 3 (August 1928), S. 255 f., S. 264.
[543] Hedler, Adolf, Rassenkunde und Rassenwahn, S. 16.

wie Otto Ammon, W. Haecker, und L. Reimer. Dazu zählte er auch Heinrich Driesman, H. St. Chamberlain, Ludwig Woltmann und Hans F. K. Günther.

Prof. Dr. Rudolf Fick, Mitglied der Preußischen Akademie der Wissenschaften, bestätigte v. Luschans Position in einem Vortrag vor der Akademie am 28. März **1935**:

„Das Suchen nach einer scharfen Begriffsbestimmung für ‚Art' und ‚Rasse' [ist] von vornherein eigentlich unwissenschaftlich. [...] Es wäre deshalb eigentlich das richtigste [sic!], das Wort ‚Rasse' würde in der Wissenschaft überhaupt nicht gebraucht."[544]

Der Soziologe Werner Sombart schrieb (mit weiteren Nachweisen) 1938:

„‚...daß es spezifisch völkische Eigenarten mit Dauercharakter überhaupt nicht gibt". Die Beweggründe für die Bewertung von Völkern seien Eigendünkel, Eigennutz und Eigenbewertung.[545] Sombart hob hervor: „Sie [die Gelehrten. Anm. d. Verf.] verließen damit den Boden der wissenschaftlichen Forschung und betraten den des Glaubens, auf dem sich die immer wieder auftauchenden Bewertungen bestimmter „Rassen" und die Aufstellung einer dieser subjektiven Rangordnung der Rassen und ihrer Leistungen bewegen." Als stellvertretenden Typus dieser außerwissenschaftlichen Rassenforscher nannte er ausdrücklich Ludwig Schemann und Ludwig Woltmann. Sombart fasste zusammen: „Das alles hat gewiß nichts mit Wissenschaft zu tun".[546]

---

[544] Poliakov u. Wulf, Das Dritte Reich und seine Denker, S. 428 f.. Fick (Jg. 1866) war emeritierter Professor der Anatomie.
[545] Sombart, Werner, Vom Menschen, S. 239 f.
[546] Sombart, Werner, Vom Menschen, S. 347 f.

Sombart wurde 1939 von dem führenden NS-Philosophen Ernst Krieck in einer Festschrift zum 50-jährigen Geburtstag von Hitler als „senil gewordener Werner Sombart [...] der sämtliche Positionen der nationalsozialistischen Weltanschauung (das Rasseprinzip usw.) zu unterhöhlen versucht" charakterisiert.[547]

Der Rassenbiologe Friedrich Keiter (1906–1967), ein weiterer Zeitgenosse Bavinks und Lehrstuhlvorgänger von Günther Just in Würzburg, gestand 1965 in einer Rechtfertigungsschrift:

„Ich wußte als Fachmann damals aber auch schon, daß es Rassen im Sinne von in Individuen erkennbaren und auftrennbaren Typen im Sinne von Günthers usw. gar nicht gibt, sondern nur populationsgenetische Frequenzunterschiede der an sich allgemeinmenschlichen Gene, wie man das heute ausdrückt."[548]

Keiter war im NS-Staat u. a. als apl. Professor am Rassenbiologischen Institut Würzburg tätig.[549] Noch 1942 schrieb er in seinem Werk „Rassenpsychologie":

„Etwas, was der südlichen Romanitas an heroischer Monumentalität durchaus gleichkommt, hat uns erst Hans Günther geschenkt, indem er das [...] romantische Germanenideal mit den Erfahrungen des Preußentums zusammenfaßte und auf eine dem Geiste unserer Zeit entsprechende rassenbiologische Grundlage stellte". Er sprach davon, „daß wir gerade jetzt für den Erdteil Europa führend werden."[550]

---

[547] Leske, Monika, Philosophen im „Dritten Reich", S. 304 f.
[548] Der Rassenbiologe Friedrich Keiter, in der NS-Zeit zuletzt apl. Professor in Würzburg, 1965 in einer Rechtfertigungsschrift; zitiert in: Weingart, Peter; Kroll, Jürgen; Bayertz, Kurt (Hg.), Rasse, Blut und Gene, S. 537 f.
[549] Klee, Ernst, Das Personenlexikon zum Dritten Reich; Bavink erhielt im Jahr 1942 eine Auszeichnung durch diese Universität.
[550] Zitiert in: Poliakov u. Wulf, Das Dritte Reich und seine Denker, S. 396. Offensichtlich spielt Keiter auf die militärische Sommeroffensive 1942 an, die die größte Machtausdehnung der Deutschen Wehrmacht in Europa brachte (Eroberung der Krim, Vorstoß an den Kaukasus), aber zugleich der Ausgangspunkt für die spätere militärische Niederlage war.

Aus diesen zeitgenössischen Texten ergibt sich die ausschließlich ideologische Funktion des Begriffs „Rasse" in der Argumentation Bavinks. Jenseits der Gruppe der „Rassenideologen" gab es wissenschaftlich unterlegte konträre Auffassungen. Der neuzeitliche Begriff der „Rasse" war zu keinem Zeitpunkt unabhängig von seiner ideologischen Funktion.

Fritz Lenz hatte bereits 1917 die Richtung vorgegeben: „Wir glauben noch an eines: an das Blut, an die Rasse. Die Rasse ist es, die alles trägt, Persönlichkeit wie Staat und Volk. Aus ihr geht alles hervor, was wesenhaft ist; sie ist das Wesenhafte selbst." Er offenbarte selbst den unwissenschaftlichen Charakter des Rassenbegriffes durch sein Diktum: „Die Rasse besteht zwar nicht als geschlossene Einheit in der Welt der Tatsachen; in der Welt der Werte aber wiegen die Tatsachen leicht."[551] Damit folgte Lenz der irrationalen Linie H. St. Chamberlains in dessen Werk „Die Grundlagen des neunzehnten Jahrhunderts".

Christian Geulen spricht von der Hypostasierung des Eigenen durch Diffamierung und Ausgrenzung des Anderen, Fremden; der übertreibenden Umwandlung kollektiver Differenz in Hierarchien des „Überlegenen" und „Minderwertigen" und kollektiver Anfeindung bis zum Vertreibungs- oder gar Vernichtungswillen.[552]

Dieses Diktum kennzeichnet auch Bavinks Rassenideologie.

Rassenideologische Radikalisierung

Unter dem Eindruck der Entwicklung nach dem Ersten Weltkrieg kündigte Bavink an, einen „eigenen Standpunkt"

---

[551] Lenz, Fritz, Aufsatz „Zur Erneuerung der Ethik" in „Deutschlands Erneuerung" 1917, Heft 1, S. 38.
[552] Geulen, Christian, Geschichte des Rassismus, S. 10.

sowohl in der Erkenntnistheorie als auch in der Weltanschauungsfrage „etwas stärker hervortreten lassen zu wollen."[553] Es zeigte sich, dass er im Verlauf der 1920er Jahre seinen Standpunkt änderte und zu einer rigiden weltanschaulichen Position fand.

Der Mediziner Oscar Hertwig konstatierte 1921, dass der Darwinismus „zum festen Ausgangspunkt für eine durch Naturphilosophie geleitete Umwertung fast aller menschlichen Verhältnisse gemacht werden" solle. Er beklagte das Entstehen einer „eifrigen Propaganda" zur „Anbahnung einer zielbewußten systematischen Rassenhygiene." Eine wiederkehrende Behauptung sei die „Entartung" und der „Niedergang" des Menschen und seiner Kultur. Als Vorreiter in Deutschland nannte er Wilhelm Schallmayer (1857–1919) und Alfred Ploetz (1860–1940), die die „natürliche Auslese" für den „sozialen Körper", d. h. die Gesellschaft propagieren.[554]

Hertwig kommentierte – wohl unwissentlich – den weltanschaulichen Wandel in der Haltung Bavinks.

Der Mediziner Alfred Ploetz prägte den Begriff „Rassenhygiene" bereits 1895. 1905 gründete er in Berlin die „Gesellschaft für Rassenhygiene". Ploetz problematisierte die angebliche rassische Degeneration in der Bevölkerung und propagierte deren Vermeidung durch negative Auslese. Der Psychiater Ernst Rüdin hatte 1910 auf einem Internationalen Kongress zur Fürsorge für Geisteskranke in Berlin gefordert[555], der „drohenden Entartung durch rassenhygienische Maßnahmen einen Damm zu setzen." Sein Schwager Alfred Ploetz wurde 1933 im NS-Staat Mitglied im Bei-

---

[553] Bavink, Bernhard, Ergebnisse und Probleme der Naturwissenschaften (2. Auflage), S. VI f.
[554] Hertwig, Oscar, Zur Abwehr des ethischen, des sozialen, des politischen Darwinismus, 1921, 2. Auflage, S. 52 f.
[555] Radkau, Joachim, Das Zeitalter der Nervosität, S. 320.

rat für Bevölkerungs- und Rassenpolitik (wie auch Emil Rüdin und Heinrich Himmler) und 1936 von Hitler zum Professor ernannt.[556]

Im Jahr 1910 erschien das Buch des Strafrechtsprofessors Karl Binding und des Arztes Alfred Hoche über „Die Freigabe der Vernichtung lebensunwerten Lebens". Es löste eine breite Diskussion in Deutschland aus.

Oscar Hertwig (1849–1922), Dekan der medizinischen Fakultät und zeitweise Rektor der Universität in Berlin, Mitglied der Preußischen Akademie der Wissenschaften, kritisierte 1921 Verirrungen und Gefahren des ethischen, sozialen und politischen Darwinismus. Er war ein vehementer Gegner dieser Ideen und wandte sich gegen übereifrige Darwinianer, die Darwin falsch interpretierten und eine „unhaltbare biologische Lehre auf das ethische, soziale und politische Gebiet übertragen".[557] Er schrieb zu den Intentionen des Werks von Binding/Hoche: „ ‚Ausjäten' und ‚Ausmerzen' gehört daher [...] zu den gebräuchlichsten Worten ihres [der Prediger des Sozialdarwinismus. Verf.] Vokabulariums."[558]

Der „Rassenhygieniker" Fritz Lenz, der sich an dieser Diskussion beteiligte, setzte sich für die Euthanasie schwer missgebildeter oder „idiotischer" Kinder nach der Geburt ein. Er nahm im NS-Staat an den Beratungen für ein Euthanasie-Gesetz im Sommer 1940 teil, das wegen des Krieges nicht in Kraft trat.[559]

Bavink stellte zu ethnologischen Untersuchungen und einer vergleichenden Rassenkunde noch 1921 fest, „daß noch alles im

---

[556] Kaupen-Haas, Heidrun, Der Griff nach der Bevölkerung, S. 174.
[557] Hertwig, Oscar, Zur Abwehr des ethischen, des sozialen, des politischen Darwinismus, Vorwort z. 2. Auflage (1921).
[558] Hertwig, Oscar, Zur Abwehr des ethischen, des sozialen, des politischen Darwinismus, 2. Auflage, S. 57.
[559] Weingart, Peter; Kroll, Jürgen; Bayertz, Kurt (Hg.), Rasse, Blut und Gene, S. 526.

Werden" und ein „Problem nach dem andern taucht auf." Oswald Spenglers Positionen (Untergang des Abendlandes) seien noch völlig verfrüht.[560]

Diese vorsichtige Einschätzung änderte sich in den nächsten Jahren bis hin zu einem Gleichklang mit den radikalen Thesen, die auch der Nationalsozialismus, namentlich Adolf Hitler, verbreitete. Das Programm der NSDAP aus dem Jahre 1920 enthielt noch keine eugenischen Forderungen.[561] Erst der Einfluss der „Rassenhygieniker" führte zu einem Wandel. Hitler verwendete im zweiten Band von „Mein Kampf" den Begriff „Rassenhygiene" in Zusammenhang mit dem Begriff „völkischer Staat" in einer Kolumnen-Überschrift. Hitler: „Er [der völkische Staat] hat die Rasse in den Mittelpunkt des allgemeinen Lebens zu setzen. Er hat für ihre Reinerhaltung zu sorgen."[562] Seine Position war: „tritt an Stelle des natürlichen Kampfes um das Dasein, der nur den Allerstärksten und Gesündesten am Leben läßt, die selbstverständliche Sucht, auch das Schwächste, ja Krankhafteste um jeden Preis doch ja zu retten [...] sorgt (der Mensch) krampfhaft dafür, daß jedes nun einmal geborene Wesen um jeden Preis auch erhalten werde".[563]

Bavink stimmte 1921 noch der Auffassung des angesehenen Entwicklungsbiologen Oscar Hertwig zu. Hertwig wandte sich gegen „jene Ultradarwinianer", die in sozialen Degenerationserscheinungen, wie z. B. Alkoholismus, ein nützliches Mittel zur Beseitigung der minder tauglichen Elemente und damit zur Erhaltung oder Erhöhung der Rassentüchtigkeit sahen. Bavink kommentierte zustimmend: „Einer dieser Weisen hat es sogar

---

[560] Bavink, Bernhard, Ergebnisse und Probleme der Naturwissenschaften (2. Auflage), S. 355 und Anm. 145.
[561] Weingart, Peter; Kroll, Jürgen; Bayertz, Kurt (Hg.), Rasse, Blut und Gene, S. 372 f.
[562] Mein Kampf II/36.
[563] Mein Kampf, I/138.

fertiggebracht, das berüchtigte East London als den Gesundbrunnen Englands zu betrachten. Mit Recht zeigt Hertwig, daß eine derartige Übertragung von Gesichtspunkten [...] auf das kulturelle Leben der Menschheit Unfug ist".[564]

Bavink stand spätestens ab 1926 im Einklang mit den sozialdarwinistischen Ideen in Hitlers Programmschrift „Mein Kampf". In Bezug auf die Rassenhygiene stellte Bavink fest: „Die ganze soziale Fürsorge wie z. B. die Bekämpfung der Säuglingssterblichkeit [...] die Schaffung der Aufstiegsmöglichkeiten [...] sind nichts anderes als Raubbau an der Volkskraft."[565]

In dieser Phase (Januar 1927) änderte sich auch Bavinks Haltung zu der Funktion von „Verbrechervierteln". Er stellte entgegen seinem früheren Standpunkt fest, dass „radikale Forderungen, wie die, daß z. B. die Bekämpfung der Säuglingssterblichkeit, die Sanierung der Verbrecherviertel usw. unterbleiben müßten [...] heute erst recht die wissenschaftliche Begründung für sich hätten."[566] In Bezug auf die Schrift Oscar Hertwigs sprach er von einem zu schließenden Kompromiss, um aber sogleich festzustellen: „Es geht nicht an, ein Volk verderben zu lassen, um die Einzelnen zu retten [...] Deutschland muß leben, und wenn wir sterben müssen, dieses Wort muß auch im rassenhygienischen Sinne unsere Richtschnur sein."[567] Die Prophezeiung „und wenn wir Sterben müssen" bezieht sich in dem von Bavink propagierten

---

[564] Bavink, Bernhard, Ergebnisse und Probleme der Naturwissenschaften (2. Auflage), In der Anmerkung 126 zu S. 323 und 399.
[565] Bavink, Die wichtigste Kulturfrage, Hann. Kurier, 17.12.1926; Stadtarchiv Bielefeld A II/18/10. Gleiche Argumentation, jedoch mit einer anderen Wortwahl, durch der SPD-Politiker Thilo Sarrazin in seinem 2010 erschienenen Buch „Deutschland schafft sich ab", S. 353 (Zitiert von Thomas Lemke in: Chesterton, Eugenik und andere Übel, S. 49).
[566] Unsere Welt, Heft 1, 1927, S. 7.
[567] Er benutzte eine Verszeile aus einem Kriegsgedicht aus dem Jahr 1914 von Heinrich Lersch, einem späteren Nationalsozialisten.

„Volksstaat" auf die nachrangige Wertigkeit der Individualexistenz.

Ab der 4. Auflage (1930) seines Hauptwerks widmete sich Bavink dem „Rassenproblem und der Rassenhygiene (Eugenik)". Nach seinen Worten war es offensichtlich, „daß in der Eugenik nur naturwissenschaftliche Einsicht zusammen mit ethischem Verantwortungsgefühl, warmer Liebe zum eigenen Volk, gründlicher soziologischer (statistischer) Untersuchung u.a.m. zu einem brauchbaren Ergebnis führen kann." Mit dem Topos „warmer Liebe zum eigenen Volk" adaptierte Bavink Hitlers Diktion in „Mein Kampf", für den nur Menschen „mit wärmsten Herzen für ihr Volk" aus den Kreisen der nationalen Intelligenz in der NSDAP willkommen seien.[568]

Bavink behandelte das Thema „Rasse" am 15. Juni 1932 im „Völkischen Beobachter", dem „Kampfblatt" der NSDAP. In einem Beitrag zur Würdigung von Darwin versprach er: „Wir werden dazu mithelfen, die für die Regeneration unseres Volkes so außerordentlich wichtigen Ergebnisse rassenbiologischer Forschung [...] breitesten Bevölkerungsschichten zu übermitteln. Wir leisten damit gute Vorarbeit für die rassische Erneuerung unseres Volkes".[569]

Im August 1933 veröffentlichte Bavink im „Völkischen Beobachter" einen Beitrag mit dem Thema „Rassenhygienische Unfruchtbarmachung und Christentum".[570] Bavink gab nunmehr einem Begründer der deutschen „Rassenhygiene" Wilhelm Schallmayer sachlich Recht, der Elendsquartiere (z. B. in London) als „Gesundbrunnen" bezeichnete, weil die „asozialen Elemente in kürzester Frist ganz zugrunde gingen." Diese Aussage bedeutete

---

[568] Mein Kampf, S. 361.
[569] Stadtarchiv Bielefeld, NL Bavink, A II 18/26.
[570] Völkischer Beobachter v. 1.8.1933.

eine Abkehr von den frühen Äußerungen. Das Diktum des „Ostlondon als Nationalheilanstalt" stammte allerdings nicht originär von Schallmayer, sondern von dem deutschen Philosophen und Universitätsdozenten und zeitweise in England lebenden Alexander Tille,[571] der 1893 einen Aufsatz mit diesem Titel veröffentlicht hatte.[572] Der britische Autor Gilbert Keith Chesterton kritisierte 1922 den „distinkten Klassenhass" als Inhalt der britischen Eugenik.[573]

Allerdings habe, so Bavink, die Gesellschaft die Pflicht, „...die Opfer erblicher Degeneration menschenwürdig zu behandeln".[574]

Bavink behauptete, „...daß die großen Kulturleistungen das Werk weniger besonders begabter Rassen und Völker, d. h. Rassengemische sind. Daß unter diesen diejenigen, in deren führender Schicht die nordische Rasse den Hauptanteil ausmachte, die erste Stelle einnehmen". Für besonders günstig hielt es Bavink, wenn die Oberschicht aus der nordischen Rasse bestehe. Ähnlich Fritz Lenz schon 1916: „Das deutsche Volk ist der letzte Hort der nordischen Rasse. [...] Vor uns liegt die größte Aufgabe der Weltgeschichte. An der Wende aller Weltalter stehen wir."[575]

Wie Hitler hielt Bavink die Verbindung von nordischen Eroberungszügen über bereits relativ begabte Rassen (Hellenen) für besonders fruchtbar.[576] Hier deuteten sich schon die beiden Bestandteile der späteren verheerenden Politikfelder des Nationalsozialismus an, die aus dem Sozialdarwinismus heraus entstanden. Das primitive „homo homini lupus" stand gegen eine – auch

---

[571] Ab 1890 an der Universität Glasgow.
[572] Hertwig, Oscar, Zur Abwehr des ethischen, des sozialen, des politischen Darwinismus, 2. Auflage, S. 70.
[573] Lemke, Thomas, in: Chesterton; Eugenik und andere Übel, S. 22 f.
[574] Organische Staatsauffassung und Eugenik, S. 120.
[575] Lenz, Fritz, Zur Erneuerung der Ethik, in: Deutschlands Erneuerung, Heft 1, 1917, S. 35 ff.; http://tudigit.ulb.tu-darmstadt.de.
[576] Bavink, Organische Staatsauffassung und Eugenik, S. 32.

christliche – Ethik der Humanität. Die „Rassenhygiene" zielte auf die eigene Bevölkerung, während die Rassenanthropologie ein pseudowissenschaftliches Erklärungsmodell für die Geschichte der Menschheit war. Demgegenüber stand ein anderes Bild des Staates, in dem „Niemand mehr im Mitmenschen prinzipiell den Wolf erblicke, vor dessen Biß er sich schützen muß".[577]

Hitler war offensichtlich kein „nordischer" Typ. Bavink hatte für die nach seiner Ansicht bestehende Exzellenz Hitlers eine Erklärung. Es sei die dinarische Rasse, „die zweifelsohne einen unserer besten Bevölkerungsteile darstellt [...] Hitler selbst entstammt ihr offenbar zu einem großen Anteil." Als Beweis dienten Bavink Elogen auf Hitler und andere Nationalsozialisten, die er als Märtyrer und Helden stilisierte: „Der Gefreite Hitler, der im dichtesten Trommelfeuer immer wieder sich als Befehlsgänger anbietet, obwohl er weiß, daß jeder dieser Wege sein letzter zu sein Aussicht hat, der ‚unbekannte SA-Mann', der sich mitten durchs dichteste Kommunistenviertel wagt [...] und der dabei wie Horst Wessel auf schauerliche Weise ermordet wird, sind [...] größere und wertvollere Helden als die Draufgänger nordischer Rasse".[578]

Dieses Diktum Bavinks entsprach der Tendenz in der Literatur während der Weimarer Republik bis 1933 und den folgenden Jahren im NS-Staat. In den ersten fünf Jahren der Republik dominierten in den Autobiografien, Romanen und Berichten noch die „soldatischen Männer", ab 1933 ist der Held der „politische Soldat" als Gegenpol gegenüber dem draufgängerischen Offizier, der stolz darauf war, von Politik nichts zu verstehen.[579] Bavink

---

[577] Hertwig, Oscar, Der Staat als Organismus, S. 261.
[578] Bavink, Organische Staatsauffassung und Eugenik, S. 33.
[579] Theweleit, Klaus, Männerphantasien, Band 1, S. 39.

passte sich den Tendenzen in der „heroischen Geschichtsschreibung" der „Bewegung" an. Bavink replizierte die von der NSDAP zu Propagandazwecken geschaffenen Mythen von Hitler als dem tapferen Soldat und des angeblich von Kommunisten ermordeten, in Bielefeld als Sohn eines völkisch gesinnten Pfarrers geborenen Horst Wessel. Erst auf Initiative des Bielefelder Historikers Daniel Siemens entschied die Berliner Staatsanwaltschaft im Jahr 2009, dass das Mordurteil gegen die Täter von 1934 aus politischen Gründen erging.[580]

In der 8. Auflage (Sommer 1944) von Bavinks Hauptwerk „Ergebnisse und Probleme der Naturwissenschaft" war das Thema „Eugenik" nicht mehr mit einem eigenen Abschnitt vertreten. Bavink begründete diese Änderung mit der „völlig veränderten heutigen Lage" in Deutschland und der damit einhergehenden „ausführlichen Behandlung" des Themas in „Schulen, Vorträgen etc.".[581] Damit folgte er der Vorgehensweise der NSDAP, die ihr „Rassenpolitisches Amt" mit der Begründung auflöste, die „Rassenkunde" sei „Allgemeingut" geworden. Die praktische Durchführung dieser Politik oblag ohnehin nicht der Partei, sondern beispielsweise dem SS-Führer Heinrich Himmler als „Reichskommissar" in den eroberten Gebieten.[582]

Auch Bavink erwähnte in dieser Passage seines Werkes die wichtige praktische Durchführung der Rassenideologie, in dem er auf „unvermeidliche Maßregeln der sogenannten negativen Eugenik (Sterilisation u. a.)" hinwies. Unklar bleibt, welche Maßregeln er mit dem Kürzel „u. a." als unvermeidlich ansah. Es könnte ein Hinweis auf die Ermordung von Menschen mit Behinde-

---

[580] Siemens, Daniel, Horst Wessel, S. 276 f.
[581] Bavink, Ergebnisse und Probleme..., 8. Auflage, S. 668.
[582] Vgl. Benz, Wolfgang u. a. (Hg.) Enzyklopädie des Nationalsozialismus, S. 721.

rung („Kinder-Euthanasie") ab 1939, die „Aktion T4" von 1940–1943 und die „wilde Euthanasie" bis Kriegsende sein, von der Bavink zu dieser Zeit offenbar Kenntnis hatte.

Er bekannte sich zur „erkannten Notwendigkeit einer Rettung bzw. Erhaltung der gesunden Erbmasse eines ganzes Volkes, und weiterhin ganzer Kulturvolkgemeinschaften", und meinte damit die europäischen Kulturvölker, die sich „auch gerade wieder in den Haaren liegen".[583] Die verharmlosende Verwendung dieses bildhaften alten Ausdrucks[584] für einen Weltkrieg mit Millionen Opfern zeigt, wie Bavink mit sprachlichen Mitteln das ganze Elend dieses verheerenden Krieges ausblendet.

Das Erscheinen der 8. Auflage seines Hauptwerkes wurde im Sommer 1943 mit dem Abteilungsleiter für Schrifttum im Reichsministerium für Volksaufklärung und Propaganda, dem SS-Unterführer Dr. Günther Lutz, insbesondere auch wegen der Nennung bzw. Nichtnennung jüdischer Wissenschaftler, abgestimmt. In einem Brief vom 22. Juni 1943 teilt Lutz mit, dass das Rassepolitische Amt der NSDAP unter der Leitung von Prof. Walter Groß eine Neuauflage und deren wesentliche Verbreitung im Ausland begrüße.[585] Groß stellte 1940 in einem Vortrag klar: „Daß wir diesen Krieg politisch und militärisch gewinnen, ist heute schon sicher [...] Für unseren eigenen größeren deutschen Siedlungsraum gilt, daß wir ihn [...] mit rassisch wertvollen deutschen Menschen ausfüllen."[586]

Bavink wandte sich auch noch 1944 (i. d. Anm. 641, 8. Auflage) wie bereits in der 4. Auflage 1930 (i. d. Anm. 400) ausdrück-

---

[583] Bavink, Ergebnisse und Probleme..., 8. Auflage, S. 669.
[584] Nachweis u. a. bei Luther und Goethe: „Stets sich in den Haaren liegen, wie zwei Hähne dazustehn". Vgl. „Deutsches Wörterbuch von Jacob Grimm und Wilhelm Grimm" (Onlineversion) Universität Trier, dwb.-uni-trier.de, Bd. 10, Sp. 6–23.
[585] Stadtarchiv Bielefeld, NL Bavink.
[586] Pressearchiv HWWA und IFW http://purl.org/pressemappe20/folder/pe/006581.

lich gegen die Gedankengänge Oscar Hertwigs mit der Begründung, „da sie ohne Rücksicht auf das eindeutige Ergebnis der Erbbiologie einem naiven Lamarckismus huldigen". Bavinks ideologische Sicht verstellte den Blick auf den nicht endenden Fortschritt wissenschaftlicher Erkenntnis, wie heute z.b. in der Epigenetik.

Die gleichlautende Schweizer Ausgabe (Bern 1945) wurde von dem Biologen Prof. Adolf Portmann (1897–1982) rezensiert: „Besonders in den biologischen Partien ist das Buch bedenklich von geistigen Strömungen beeinflußt, die für die Lebensauffassung des Dritten Reiches bezeichnend waren und gegen die der Kampf noch lange nicht zu Ende ist."[587]

Bavinks Diktum ist dem deutsch-völkischen Ideenraum nach dem Ersten Weltkrieg zuzuordnen. Nach Sontheimer zeigt sich die Primitivität des völkischen Denkens bereits in den verwendeten rohen und undifferenzierten Kategorien: Deutsches und Undeutsches, Nationales und Internationales, Rasse und Rassenvermischung, Juden und Arier. Die Ausmerzung des Judentums, der Glaube an rassische Auslese und Züchtung, die Überzeugung von der Herrennatur des deutsch-arischen Menschen und der davon abgeleiteten Behauptung von „Untermenschen", die Vernichtung des „lebensunwerten Lebens", die Wiederbelebung einer heidnisch-germanischen Religiosität, der unerbittliche Kampf um das Dasein der Völker, all diese Zuschreibungen, so Sontheimer, gehören zur völkischen Ideologie, die unter Hitler eine grauenhafte Wirklichkeit erfuhr.[588]

---

[587] In der Schweizerischen Medizinischen Wochenschrift vom 27. Oktober 1945, S. 960; Dank an Jan für den Fund des Archivexemplars in der UB Marburg.
[588] Sontheimer, Kurt, Antidemokratisches Denken in der Weimarer Republik, S. 133 f.

„Biologisierung" und „Medikalisierung" der Politik

Das Thema „Rassenhygiene" war in der „Weltanschauung" der Rassenideologen ein bestimmender Faktor. Ausgangspunkt für Bavinks Überlegungen zur „Rassenhygiene" in seinem Hauptwerk „Ergebnisse und Probleme der Naturwissenschaften" in der 4. Auflage (1930) war die Diagnose einer „rassischen Degeneration" der europäischen Kulturvölker.[589] Er schrieb 1932, als er nach eigenen Angaben bereits der „Nationalen Bewegung" angehörte: „Rassenhygiene ist nichts anderes als Dienst am Volk".[590] Abzulehnen sei Albert Schweitzers Position, dass es keine natürliche Rangordnung der Lebenswerte gebe und daher der Mensch nur „mit Zittern" sich herausnehmen dürfe, anderes Leben zu vernichten. Nicht der „fremde Lebenswille" sei nach Auffassung Bavinks Maßstab, sondern der Gesamtwille.[591] Mit dieser Aussage war die grundlegende Denkrichtung skizziert.

1934 behauptete Bavink: „Die einzige Schicht, die sich über dieses [von Bavink postuliertes Erhaltungsminimum von 3,6 Kindern, Verf.] hinaus vermehrt, ist die, deren Kinder Hilfsschulen besuchen. Das bedeutet nichts anderes als dies, daß wir bei Fortdauer dieser Zustände in ein paar Generationen ein Volk von Idioten, Schwachsinnigen, Krüppeln und Verbrechern sein würden".[592] Diese Auffassung war der Hintergrund für Maßnahmen zur „Rassenhygiene" am eigenen Volk.

Alfred Ploetz war für Bavink einer der Begründer der Rassenhygiene in Deutschland. Er empfahl noch 1944 die Lektüre dessen Schriften aus den Jahren 1895 und 1911.[593] Der Erfinder des

---

[589] Bavink, Ergebnisse und Probleme.., 4. Auflage 1930, S. 508.
[590] Stadtarchiv Bielefeld, 200, 5 B I 32.
[591] Bavink, Ergebnisse und Probleme..., 4. Auflage 1930, S. 534 f.
[592] Bavink, Eugenik als Forschung und Forderung der Gegenwart, S. 118.
[593] Bavink, Ergebnisse und Probleme..., 8. Auflage, Anm. 641.

Begriffes „Rassenhygiene" äußerte 1895 sein rassenpolitisches Handlungskonzept sehr konkret:

„Stellt es sich [...] heraus, daß das Neugeborene ein schwächliches oder mißgestaltetes Kind ist, so wird ihm von dem Ärztekollegium [...] ein sanfter Tod bereitet, sagen wir durch eine kleine Dose Morphium. [...] Dieses Ausmerzen der Neugeborenen würde bei Zwillingen so gut wie immer und prinzipiell bei allen Kindern vollzogen werden, die nach der sechsten Geburt oder nach dem 45. Jahr der Mutter, bzw. dem 50. Jahr des Vaters [...] geboren werden."[594]

„Rassenhygiene" war ein Mittel der Bevölkerungspolitik. Der Ruf nach einem Staatslenker, Staatsmann oder Führer wurde laut, der die notwendigen Schritte gegen die prophezeite Degeneration einleiten sollte. 1912 erschien das viel gelesene Buch „Wenn ich der Kaiser wär" des Vorsitzenden im Alldeutschen Verband Heinrich Claß (Pseudonym: Daniel Frymann). Es enthielt neben Vorstellungen über Rassenantisemitismus die Forderung einer „Medikalisierung" der Politik. Nach seiner Diagnose sei das deutsche Volk „sterbenskrank". Daher wurde dem Staatsmann die Rolle eines Arztes zugewiesen.[595]

Hitler kritisierte 1924 „die beamteten Staatslenker" dafür, den Staat nicht als „gewaltige Waffe im Dienste des großen ewigen Lebenskampfes" zu sehen.[596] Edgar Julius Jung, ein Wortführer der „Konservativen Revolution", argumentierte 1927 (in der Schrift „Herrschaft der Minderwertigen"): „Wir anerkennen aber auch Recht und Pflicht der Besten, die Minderwertigen zu führen und zu erziehen. Wir fordern von der Masse freiwillige Selbstun-

---

[594] Zitiert in: Hertwig, Oscar, Zur Abwehr des ethischen, des sozialen, des politischen Darwinismus, 2. Auflage, S. 66. (Das wären in Deutschland in einem Jahr fast 2.800 Kinder. Quelle: Statista 2021).
[595] Radkau, Joachim, Das Zeitalter der Nervosität, 380 f.
[596] Mein Kampf, II/31, S. 1021.

terwerfung unter den Willen des hochwertigen **Führertums**." Bavink nahm 1932 fast wörtlich diese Gedanken auf: „Wie der **Arzt** das Leben der Krebszellen opfern muß, um den Patienten zu retten, so muß nötigenfalls auch **der Staatslenker** [Hervorh. d. Verf.] Elemente des Volkskörpers ausscheiden".[597] Der Begriff „Ausscheiden" ist in diesem Kontext ein Synonym für „entfernen" und wird, um das Wort „töten" zu vermeiden, als Tarnsprache verwendet. Hitler verwandte in seiner schriftlichen Weisung zur „Aktion T4" für die Tötung von Menschen den Begriff „Gnadentod". Ein weiterer Begriff Bavinks war in diesem Zusammenhang „ausmerzen".[598] Er sprach prophetisch von der kommenden „Biotechnik", die den kulturellen Verfall aufhalten könne.

Ein weiterer geistiger Inspirator für die Betrachtung der geschichtlichen Rolle des Rassengedankens und der Rasse war Ludwig Schemann (1852-1938).[599] Bavink bezeichnete 1934 Schemanns Schrift „Die Rasse in den Geisteswissenschaften" (München 1928 ff.) als „treffliches" Werk und erkannte dort „neue Aspekte der Geschichtsbetrachtung".[600]

Schemann hatte Kontakt mit „Rassenhygienikern" wie Fritz Lenz und war Übersetzer der Schriften von Arthur Gobineau. Seine Publikationen enthielten eine pseudowissenschaftliche Welterklärung durch die Verbindung von Rassenanthropologie, Eugenik und der Hierarchisierung von „Rassen" und glichen damit der von Bavink verwandten Argumentationsweise.

Bavink war wie Ludwig Schemann der Auffassung, dass Völker und Rassen als organische Einheit dem Individuum überge-

---

[597] Bavink, Eugenik und Weltanschauung, S. 96.
[598] Bavink, Ergebnisse und Probleme..., 4. Auflage, S. 508 ff.
[599] Rezension in: „Neue Jahrbücher", Jg. 1933 (Stadtarchiv Bielefeld, NL Bavink, A II 17/11).
[600] Bavink, Eugenik, S. 7 und S. 100.

ordnet seien.[601] Sombart bezeichnete Schemann dagegen als einen „außerwissenschaftlichen Rasseforscher."[602] Schemann gehörte zu den von dem Verleger Lehmann geförderten Autoren. NSDAP-Gauschulungsleiter Karl Zimmermann zählte Schemann „zu den geistigen Vorläufern Hitlers und des Nationalsozialismus". Hitler verlieh ihm 1937 wegen seiner „großen Verdienste um die völkische Wissenschaft" die „Goethe-Medaille".[603] Schemann war ein früher Antisemit und ein Freund des Antisemiten Theodor Fritsch. Er bestellte bereits 1888 dessen „Antisemitische Korrespondenz" und spendete 50 RM für dessen Agitationsfonds.[604] Schemann war ein strikter Gegner der Republik und hatte keine Skrupel, finanzielle Mittel der „Notgemeinschaft der Deutschen Wissenschaft" in Anspruch zu nehmen. Aufgrund von Protesten der Reichstagsfraktion der SPD wurden diese Zuwendungen gestrichen, weil es sich nicht um wissenschaftliche Studien, sondern um Aussagen „eines politischen Agitators", „der unter dem Deckmantel der Wissenschaft nationalistische Interessen fördern wolle", handele. Seine Bedeutung liege nicht in der schriftstellerischen Leistung, sondern als Prototyp eines Intellektuellen, der ausgeprägte finanzielle Interessen ideologisch verbräme.[605]

Bavink verdeutlichte die „rassische Degeneration" mit seiner Behauptung:

„Asoziale Elemente sind ungünstige Mixovariationen (Mendelkombinationen) bzw. Mutanten, sie werden durch die

---

[601] Rezension in: „Neue Jahrbücher", Jg. 1933, S. 275.
[602] Sombart, Werner, Vom Menschen, S. 348.
[603] Zimmermann, Karl, Die geistigen Grundlagen des Nationalsozialismus, S. 15 f. Er übersetzte die Werke Gobineaus; Klee, Ernst, Das Personenlexikon..., S. 530.
[604] Universitätsbibliothek Freiburg i. Br., Nachlass Ludwig Schemann (NL 12/1838).
[605] Köck, Julian, Ludwig Schemann und die Gobineau-Vereinigung, in: Zeitschrift für Geschichtswissenschaft, 59. Jg., Heft 9, 2011, S. 739.

Umwelt nicht geschaffen, sondern höchstens gezüchtet. [...] daß gerade die heutigen Umweltverhältnisse sie in gefährlicher Weise heranzüchten. Denn wenn solche Elemente in früheren Zeiten zwar auch wohl große Kinderziffern erreichten, so wurden diese doch vordem durch starke Säuglingssterblichkeit [...] auch stark ausgemerzt, heute sorgen wir in sog. ‚sozialen' und ‚hygienischen' Einrichtungen, [...] daß möglichst viele von solchen belasteten Kindern überleben. [...] In Wahrheit wirken jene Maßnahmen keineswegs sozial, sondern antisozial. [...] Wir stecken Millionen und Abermillionen in unsere Krankenhäuser, Irrenhäuser, Besserungsanstalten usw., in die Säuglingspflege, die Unterstützung der unehelichen Mütter, der Arbeitslosen (die zu einem erheblichen Prozentsatz nur arbeitsscheu sind) usw. und haben dafür keine Mittel mehr, die wirklich der Förderung bedürftigen unbemittelten Begabten, die wirklich Invaliden, und überhaupt die wirklich wertvollen Elemente ausreichend zu unterstützen."[606]

Hitler forderte bereits 1925, Sozialpolitik durch bevölkerungsbiologische Maßnahmen zu ersetzen: „[Der völkische Staat] hat die Rasse in den Mittelpunkt des allgemeinen Lebens zu setzen [...] Er muss dafür Sorge tragen, daß Kinder zeugt, nur wer gesund ist. [...] [Der Staat] hat, was ersichtlich krank und erblich belastet und damit weiter belastend ist, für zeugungsunfähig zu erklären und dies praktisch auch durchzusetzen."[607] Wegen der Nichtbeachtung rassischer Belange des eigenen Volkes waren auch für Hitler „alle Reformversuche, alle sozialen Hilfswerke [...] aller wirtschaftlicher Aufstieg [...] dennoch belanglos."[608]

---

[606] Bavink, Ergebnisse und Probleme..., 4. Auflage (1930), S. 508 f.
[607] Mein Kampf, S. II, 36 f.
[608] Mein Kampf, I, 348.

Bavink wiederholte seine Argumentation 1932 in seinem Aufsatz „Eugenik und Protestantismus" in einem von Günther Just herausgegebenen Sammelband: „...daß alles Ungesunde, Kranke, Schwache, Schlechte sich nunmehr auf Kosten der Gesunden, Starken und Guten ausbreitet".[609] Diese pauschale Einordnung alles „Schlechten" war weder medizinisch noch juristisch exakt fassbar, im NS-Staat wurde sie in einem Runderlass von 1940 jedoch unverhüllt festgelegt. Dort hieß es zum Begriff „Erbleiden" pauschal, dass damit „alle vererbbaren Leiden und Eigenschaften, die den Wert des Betroffenen gegenüber der Volksgemeinschaft beeinträchtigen", gemeint waren.[610]

Das von Bavink verwandte finanzielle Argument war schon für Alfred Hoche ein wesentlicher Punkt und fand sich in vielen zeitgenössischen Veröffentlichungen. Der evangelische Theologe Friedrich Wilhelm Schmidt (1893–1945), der den Argumenten des Nationalsozialismus folgte und die Zwangssterilisierung befürwortete, lehnte allerdings die Euthanasie mit folgendem Argument in einem Vortrag im Juli 1933 an der Universität Münster ab: „daß noch trotz der Not unseres Volkes jährlich etwa 6 Milliarden für den Genuß von Alkohol und Tabak ausgegeben werden können".[611]

Bavink befand sich auf der Linie der NSDAP und schrieb:

„Es ist kein Zufall, sondern eine selbstverständliche innere Notwendigkeit, daß die vom ‚organischen' Denken ausgehenden Staats- und Gesellschaftsauffassungen, in erster Linie also der italienische ‚Faschismus' und der deutsche ‚Nationalsozialismus', die Eugenik in aller Form zu einem ihrer wesentlichsten, ja dem allerwesentlichsten Programmpunkte gemacht ha-

---

[609] Just (Hg.), Eugenik und Weltanschauung, S. 115.
[610] Schmacke, Norbert; Güse, Hans-Georg, Zwangssterilisiert – verleugnet – vergessen, S. 39.
[611] Hase (Hg.), Evangelische Dokumente, S. 50.

ben. Sowohl Mussolini wie Hitler haben das mit klaren Worten ausgesprochen."[612]

Wie die NSDAP dachte, schilderte der NSDAP-Gauschulungsleiter Dr. Karl Zimmermann 1933: „Der Tod des Verbrauchten, Ungeeigneten und Kranken macht den Raum frei für den Aufstieg des Jungen und Stärkeren [...] ging die Entwicklung unserer Blutswerte in einem großen Strome dahin, der [...] dabei den geistigen Ertrag von Jahrhunderten mit sich führte, aber Schlacken über Schlacken mitgenommen hat [...] die es nun **auszuscheiden** [Hervorh. d. Verf.] gilt".

Als Beweis für diese Behauptung wurde eine Statistik „des wohl bedeutendsten deutschen Rassenhygienikers Fritz Lenz" herangezogen,[613] der „in klassischer Vollendung" die rassische Auslese behandele. Nach Lenz seien etwa 10 % von allen Geborenen körperlich schwach oder siech. Lenz wurde zitiert: „Der Schädel sind genug gemessen, laßt uns gesunde Kinder sehen!" Lenz habe in einer Statistik folgende Gruppen als rassenuntüchtig bezeichnet: „epileptisch, psychopathisch, geistig nicht vollwertig beisammen, blind, hochgradig schwachsinnig, taubstumm, hochgradig schwerhörig, körperlich schwach oder siech". Addiert man die dabei genannten Zahlen, waren bei einer Bevölkerung von 65 Millionen über 15 Millionen Menschen „rassenuntüchtig".[614]

Wenn Tatbeiträge an biowissenschaftlichen Kaiser-Wilhelm-Instituten zur nationalsozialistischen Rassen- und Bevölkerungspolitik und ihren Verbrechen genannt werden, wird neben Ernst Rüdin, Eugen Fischer und Otmar Verschuer auch Fritz Lenz genannt.

---

[612] Just (Hg.), Eugenik und Weltanschauung, S. 133 f.
[613] Zimmermann, Karl, Die geistigen Grundlagen des Nationalsozialismus, S. 24, 63 u. 81.
[614] Zimmermann, Karl, Deutsche Geschichte als Rassenschicksal, S. 166.

Er war als Abteilungsleiter in Beiräten und Expertenstäben der Reichsregierung tätig, in denen rassenhygienische und rassenpolitische Maßnahmen konzipiert, geprüft und weiterentwickelt wurden.[615] „Rassenforscher" Fritz Lenz war der Hauptautor des Standardwerks Baur-Fischer-Lenz (Erstveröffentlichung 1921). Hitler las 1924 während seiner Festungshaft dieses Lehrbuch aus dem Münchner Lehmanns-Verlag über „Menschliche Erblehre und Rassenhygiene".[616] Die rassenideologischen Bücher aus diesem Verlag waren sowohl für Bavink als auch für Hitler Quellen für die Ideologisierung der Realität.

Bavink bemühte sich, die radikalisierte und biologisierte Sozialpolitik in der Öffentlichkeit ideologisch abzusichern: „[In] dem Nationalsozialismus war von jeher die Einsicht weit verbreitet, daß die liberalistische und sozialistische Lehre von der Gleichwertigkeit aller Menschen eine Irrlehre ist." Auch Hitler hatte in seinen frühen Reden (hier 13. August 1920) die Juden bezichtigt, fälschlicher Weise zu behaupten, dass alle Völker auf der Erde gleich seien.[617] Bavink behauptete weiter: „daß auf diesem Gebiet [der Eugenik] jetzt wirklich etwas geschehen muß, wenn nicht zuletzt das Untermenschentum doch noch die Herrschaft bei uns an sich reißen soll, der wir diesmal noch gerade entgangen sind."[618]

Biologische Maßnahmen wurden zu einem vorrangigen Politikfeld erklärt. Mit seinem Diktum, der „Staatslenker" müsse „Elemente des Volkskörpers ausscheiden", nahm er sowohl sprachlich als auch inhaltlich die Politik im NS-Staat vorweg. Die

---

[615] Forschungsprogramm „Geschichte der Kaiser-Wilhelm-Gesellschaft im Nationalsozialismus". 2003–2020 Max-Planck-Gesellschaft; Sachse, Carola, Massin, Benoit: Biowissenschaftliche Forschung an Kaiser-Wilhelm-Instituten und die Verbrechen des NS-Regimes, Informationen über den gegenwärtigen Wissensstand, Ergebnisse 3, S. 40.
[616] Kaupen-Haas, Heidrun, Der Griff nach der Bevölkerung , S. 120 Anm. 83.
[617] Zitiert in: Jäckel, Eberhard, Hitlers Weltanschauung, S. 60.
[618] Bavink, Organische Staatsauffassung und Eugenik, S. 5.

Wortwahl zeigt, dass über eine theoretische weltanschauliche Position hinaus eine reale Politik gefordert wurde.

Seit den 1920er Jahren hatte die moderne Erbbiologie längst aufgegeben, die Ursache von Erbpsychosen lediglich in den Erbanlagen zu sehen und als Ursache auch eine Reaktion von „Anlage auf die Umwelt" zu sehen. Dieses Wissen ermöglichte eine individuelle Prophylaxe und Therapie. Die Mentalität der Nationalsozialisten ignorierte diese Möglichkeiten, weil sie von der Überzeugung durchdrungen war, alles „Schwache" und „Schlechte" zu vernichten.[619]

Für Bavink war es offensichtlich, dass in einem demokratischen Staat westlicher Prägung eine radikale eugenische Politik nicht stattfinden konnte. 1933[620] stellte er fest: „Die faschistische Idee geht [...] von einer ‚organischen' Idee aus [...] Wo sie Zwang und Beschneidung der Handlungsfreiheit des einzelnen verlangt [...] Da tut sie es [...] nur da, wo der Lebenswille des Ganzen [des Volkes] es erfordert, sowie der Arzt unter Umständen wuchernde Körperzellen [bösartige Geschwülste] wegschneiden muß [...] Unsere Krankheit heißt rassische Degeneration, ihre Ursache [...] negative Auslese."[621]

Bavink schätzte die geistige Leistungsfähigkeit der Deutschen in Analogie zu amerikanischen Heeresstatistiken über „Intelligenzprüfungen" als gering ein:

„...daß rund die Hälfte der ganzen Bevölkerung es – nicht etwa wegen mangelnder Schulung, sondern einfach wegen mangelnder Erbanlagen – geistig nicht weiter bringt wie ein 12 – 13 jähriges, normal begabtes Schulkind. [...] Von den gesamten 60 Millionen Deutschen sind selbst [...] höchstens 9-10

---

[619] Vgl. Nowak, Kurt, „Euthanasie" und Sterilisierung im „Dritten Reich", S. 76 f.
[620] Bavink, Die Naturwissenschaft auf dem Weg zur Religion, 2. Auflage, S. 14 f.
[621] Just (Hg.), Eugenik und Weltanschauung., S. 101.

Millionen überhaupt fähig, die politischen, wirtschaftlichen Dinge usw. so zu durchschauen, daß sie sich ein eigenes Urteil darüber bilden können. Die übrigen sind unweigerlich dazu verurteilt, Geführte zu sein und zu bleiben."[622] Lenz und Bavink wollten mit ihren Zahlen belegen, dass von den 60 Millionen Deutschen 50 Millionen entweder geistig beschränkt oder erbuntüchtig waren.

Diese Behauptungen entsprachen Hitlers Feststellung: „Die breite Masse eines Volkes besteht weder aus Professoren noch aus Diplomaten. Das geringe abstrakte Wissen, das sie besitzt, weist ihre Empfindungen mehr in die Welt des Gefühls."[623] Daraus folgte für Hitler: „Es wird ihm [dem Gesamtinteresse. Verf.] nicht gedient, durch die Herrschaft der nicht denkfähigen oder nicht tüchtigen, auf keinen Fall aber begnadeten Masse, sondern einzig durch die Führung der [...] dazu Befähigten."[624] „Menschen, die Geschichte machen", waren für Bavink immer nur „eine kleine Schicht von ‚Führern', wie z. B. Helden, Volksführer, Heilige". Er gab 1934 dem „heutigen Führer des Deutschen Reiche recht" und zitierte dessen Rede vor rheinischen Industriellen im Sommer 1932: „...in der Geschichte entscheidet nicht der große Durchschnitt, sondern die Spitzenleistung."[625]

Bavink unterlegte seine Behauptungen mit konkreten Größenangaben. Die gesamte Führerschicht bestand für ihn aus 1–2 % der Bevölkerung.[626] Die Konsequenz sei, nicht alle dazu begabten Kinder zur Reifeprüfung oder zum Universitätsstudium zu führen, da diese Gruppe zu 90 % aus „Unzufriedenen" bestehen würde. Durch diesen „Wahnsinn" würden „Revolutionäre" und

---

[622] Bavink, Bernhard, Eugenik als Forschung und Förderung der Gegenwart, S. 78 f.
[623] Mein Kampf, II/357.
[624] Mein Kampf, II/85; zitiert in: Mein Kampf, S. 1477, Anm. 1477.
[625] Bavink, Bernhard, Eugenik als Forschung und Förderung der Gegenwart, S. 100 f.
[626] Bavink, Bernhard, Eugenik als Forschung und Förderung der Gegenwart, S. 108.

„Asoziale" gezüchtet, daher sei „Bildungswahn" mit „Volkstod" gleichzusetzen.[627] Eine Broschüre des „Reichsausschusses für Volksgesundheitsdienst" aus dem Jahre 1937 nahm diesen Topos auf und trug den Titel: „Erbkranker Nachwuchs ist Volkstod".[628]

Ein weiteres Argument für eine aktive Bevölkerungspolitik war für Bavink, dass nach seiner Auffassung die erblichen Begabungen im Durchschnitt in einem proportionalen Verhältnis zu der Höhe der sozialen Schichtung ständen und in allen gegenwärtigen Kulturvölkern die relative Vermehrungsquote der sozialen Stellung umgekehrt proportional sei. Daraus schloss der Oberstudienrat Bavink: „Die europäischen Kulturvölker sind auf dem geraden Wege, ihre die Kultur produzierenden, führenden Schichten aussterben zu lassen".[629] Er bezog sich auf eine Tabelle aus den Jahren 1921/22 von Dresel und Fries, nach Bavinks Worten „eine deutsche Statistik", in einer Veröffentlichung von Fetscher aus dem Jahr 1927 („Erbbiologie und Eugenik"). In der 2. Auflage dieser Arbeit aus dem Jahre 1933 (Der Titel lautete jetzt: „Erbbiologie und Rassenhygiene") war diese Tabelle nicht (mehr) vorhanden. Eine neu erstellte Tabelle von Fritz Lenz aus dem Jahr 1926 sollte beweisen, dass sich die Unterschiede in der Kinderzahl nach der sozialen Staffelung laut Fetscher „zu verwischen beginnen". Im Gegensatz zu der alten Tabelle war die Kinderzahl bei höheren Einkommen größer als die bei niedrigem Einkommen. Bavink nahm diese Veränderung nicht zur Kenntnis. Die veraltete Tabelle aus dem Jahr 1921/22 verwendete er 1934 ohne Quellenangabe erneut in seinem Werk „Eugenik".[630] In Klammern hieß es „Heidelberg". Es könnte sich bei dieser

---

[627] Bavink, Bernhard, Eugenik als Forschung und Forderung der Gegenwart, S. 111 f.
[628] Schmacke, Norbert; Güse, Hans-Georg, Zwangssterilisiert – Verleugnet – Vergessen, S. 45.
[629] Bavink, Bernhard, Ergebnisse und Probleme..., 4. Auflage 1930, S. 507.
[630] Bavink, Bernhard, Eugenik als Forschung und Forderung der Gegenwart, S. 108.

Angabe um den Erscheinungsort der Veröffentlichung handeln. In Wahrheit handelte es sich jedoch um eine Statistik aus der Schrift „Die Gebürtigkeit und Sterblichkeit der Kinder in Heidelberg in den verschiedenen sozialen Schichten", die 1923 veröffentlicht wurde.[631] Die Stadt Heidelberg hatte seinerzeit etwa 80.000 Einwohner. Die von Bavink genannten Zahlen aus dem Jahr 1922 waren veraltet und ohnehin nicht repräsentativ. Zwölf Jahre danach diente diese manipulierte Statistik dazu, die folgenreiche Bevölkerungstheorie in einem wissenschaftlichen Werk zu begründen. Der Anthropologe v. Luschan kennzeichnete 1915 den manipulativen Gebrauch von Statistiken für sein Forschungsgebiet: „dass es drei Arten von Lügen gibt: fromme Lügen, gemeine Lügen und Statistik".[632]

Welche Handlungskonsequenzen für die Politik einer Verwirklichung der „rassischen Erneuerung" folgten, beschrieb Bavink in einem Artikel für den „Völkischen Beobachter" vom 1. August 1933.[633] Der NS-Terror war zu dieser Zeit etabliert. Zunächst lobte er die nationalsozialistische Regierung für den Erlass des „Gesetzes zur Verhütung erbkranken Nachwuchses" und argumentierte gegen religiöse Einwände. In der ihm eigenen verklausulierten Diktion wurde Bavink sehr deutlich:

„Generell wird man sagen dürfen, daß als erlaubt und gottgewollt alles das zu gelten hat, was, wenn es auch das ursprüngliche Natürliche abändert, doch zu wirklichen höheren (menschlichen, sittlichen usw.) Werten hinführt und um ihretwillen sein muß. Daß die Vernichtung ganzer Tierarten [...] lediglich um des Profites der Jäger willen sündhaft war und ist, bestreitet kein ernsthafter und verantwortungsbewußter

---

[631] Brandt, Walter, Grundzüge einer Konstitutionsanatomie, S. 361.
[632] Rede vom 2.11.1915, in: Luschan, Völker, Rassen, Sprachen.
[633] Stadtarchiv Bielefeld, A II 18/27.

Mensch. Aber es wird auch keiner bestreiten, daß es durchaus gerechtfertigt ist, wenn z.B. um der menschlichen Ernährung willen der Gärtner das Unkraut ausrauft, Raupen und Engerlinge tötet usw.. Der Fehler vieler Christen ist dieser, daß sie nicht einsehen wollen oder können, daß Völker und Rassen genauso gut Bestandteile der göttlichen Schöpfungsordnung sind und deshalb genauso gut Anrecht auf Existenz und Schutz vor Vernichtung haben wie Individuen. Wer um der letzteren willen, oder dadurch die Völker umkommen läßt, daß er sich von einem vorgefaßten Dogma über das, was ‚Schöpfungsordnung' sei, nicht frei machen kann, macht sich fahrlässiger Tötung schuldig, ungefähr so, wie ein überfrommer Inder, um die Giftschlange nicht töten zu müssen, ihr sein Kind zum Opfer fallen läßt." „So wird es auch nicht unchristlich sein, wenn wir in Zukunft lernen, die Geburt schwer Belasteter zu verhindern."[634]

Bavink wiederholte nach der öffentlichen Wiedergabe eines Vortrags vom 13. Dezember 1933 in der Evangelischen Akademie in Bielefeld (Altstädter Gemeindehaus) die „Schädlingsmetapher": „Es sei das Vorrecht des Staates, Eingriffe in die persönliche Freiheit des Menschen zu nehmen, wenn es gelte, Schädlinge unschädlich zu machen."[635]

Der Begriff „Schädlinge" für Menschen fand Aufnahme in die Amtssprache des NS-Staates. Am 5. September 1939 erließ „Der Ministerrat für die Reichsverteidigung" eine „Verordnung gegen Volksschädlinge", die von Göring unterzeichnet war. Sie enthielt

---

[634] Unsere Welt, 11/1932, S. 335.
[635] General-Anzeiger 15.12.1933, abgedruckt in: Friedensgruppe, Evangelische Kirche im Nationalsozialismus am Beispiel Bielefeld, S. 41.

außerhalb des Strafgesetzbuchs Strafandrohungen, u. a. die Todesstrafe durch Erhängen für Taten im Krieg.[636]

Das „Schädlingsmotiv" hatte eine Tradition in den Ansichten des Monisten Ernst Haeckel (1834–1919), der feststellte:

„Wie durch sorgfältiges Ausjäten des Unkrauts mehr Licht, Luft und Bodenraum für die edlen Nutzpflanzen gewonnen wird, so würde durch unnachsichtige Ausrottung aller unverbesserlichen Verbrecher nicht allein dem besseren Teil der Menschheit der ‚Kampf ums Dasein' sehr erleichtert, sondern auch ein vorteilhafter künstlicher Züchtungsprozess ausgeübt werden; denn es würde dadurch jenem entarteten Auswurf der Menschheit die Möglichkeit genommen, seine schlimmen Eigenschaften durch Vererbung zu übertragen."[637] Haeckel sprach sich für eine Tötung von „Tausenden von Krüppeln" aus.[638]

Die Giftschlangenmetapher könnte Bavink dem 1881 erschienenen Pamphlet „Die Judenfrage als Racen-, Sitten- und Culturfrage" des Privatdozenten Eugen Dühring (1833–1921) entnommen haben. Der Antisemit Dühring schrieb: „Der unter dem kühlen Himmel gereifte nordische Mensch hat die Pflicht, die parasitären Rassen auszurotten, wie man eben Giftschlangen und wilde Raubtiere ausrottet".[639]

Auch ein Krieg sei ein „Ausleseprozess", so behaupteten die „Rassenhygieniker". Dazu gab es unterschiedliche Sichtweisen.

Nach Fetscher sei der Weltkrieg das eugenisch wichtigste Ereignis der letzten Jahrzehnte gewesen. Er rechnete wohl fest (Weihnachten 1933) mit einem neuen Krieg, da er vorschlug, bei

---

[636] Reichsgesetzblatt 1939 I, S. 1679.
[637] Haeckel, 1924, Bd. 1, S. 179, zitiert in: Gies, Horst, Richard Walther Darré: „Reichsbauernführer...", S. 265.
[638] Gies, Horst, Richard Walther Darré, S. 265.
[639] Gies, Horst, Richard Walther Darré, S. 315.

Siedlungsprojekten das Land zu bevorzugen, zur „Sicherung der Bevölkerung vor feindlichen Luftangriffen, die sich natürlich auf „lohnende Ziele wie den Stadtkern [...] beschränken werden."⁶⁴⁰ Nach seinen Worten hatte der Erste Weltkrieg in allen kriegsführenden Staaten zu einem ungeheuren Verlust unter der gesunden männlichen Bevölkerung geführt und zahlreiche Personen fortpflanzungsunfähig gemacht. Die Zahl der Toten des Deutschen Heeres gab er mit rd. 1,9 Mio. an. Den Geburtenausfall bezifferte er auf rd. 4 Millionen Kinder.⁶⁴¹ Er schloss daraus, „daß Kriege zwischen den Völkern Europas als biologisches Unglück zu bezeichnen sind, das wir zu vermeiden allen Anlass haben".⁶⁴²

Der von Bavink bewunderte Alfred Ploetz meinte demgegenüber in seiner 1895 erschienenen Schrift „Die Tüchtigkeit unserer Rasse": „Gegen die Kriege wird der Rassenhygieniker weniger etwas haben, [...] wenn beim System der allgemeinen Wehrpflicht viele auch der schlechteren Individuen ins Heer kommen. [...] Während des Feldzuges wäre es dann gut, die besonders zusammengereihten, schlechten Varianten an die Stellen zu bringen, wo man hauptsächlich Kanonenfutter braucht."⁶⁴³

Kurt Nowak bezeichnete Bernhard Bavink als einen typischen Vertreter auf evangelischer Seite für eine Konzeption von „Rasse", „Staat" und „Volk", „wobei eine starke Affinität zum irrationalen faschistischen Volksgedanken" nicht zu übersehen sei.⁶⁴⁴

Die Kennzeichnung eines Politikfeldes mit biologischen Begriffen wie „Schädling", „Arzt", „Gärtner" und „Giftschlange"

---

[640] Fetscher, Erbbiologie und Rassenhygiene, S. 146.
[641] Fetscher, Erbbiologie und Rassenhygiene, S. 110 f.
[642] Fetscher, Erbbiologie und Rassenhygiene, S. 132.
[643] Zitiert in: Hertwig, Oscar, Zur Abwehr des ethischen, des sozialen, des politischen Darwinismus, S. 60 f.
[644] Nowak, Kurt, „Euthanasie" und Sterilisierung im „Dritten Reich", S. 92 f.

war ein sprachliches Mittel, um die realen Ziele zu verschleiern. Schließlich verbarg sich hinter dieser Tarnsprache die systematische Tötung von Menschen.

Aufgaben der „Ausjätemaschine": Sterilisation und Euthanasie

Die Biologisierung des Sozialen, die Reduktion der Unterschiede zwischen den Menschen auf das Erbgut, die Abstraktion des Individuums zum „Volkskörper", der rein und gesund zu erhalten ist, und die dadurch ermöglichte Kategorisierung von „lebensunwerten Leben", „Ballastexistenzen", „Defektmenschen" und „völlig wertlosen Toten" bilden ein Bindeglied zwischen „Rassenhygiene" und Euthanasiediskussion.[645] Eine eliminierende Auslese für Menschen wurde gefordert. Diese menschenverachtende Sprache wurde seit dem Beginn der 1920er Jahre zunehmend im „wissenschaftlichen" Diskurs verwendet.

Die von Bavink verwendeten Metaphern wie „Unkraut beseitigen", „Schlange töten" und „Krebs entfernen" war der Anfang zur Formulierung von tatsächlichen Maßnahmen der „Rassenhygiene" und der „Auslese" von Menschen. Schon vor dem Ersten Weltkrieg gab es die Unterscheidung zwischen „positiver und negativer Eugenik".[646] Der Arzt Wilhelm Schallmayer hatte diese Maßnahmen 1903 in seiner Schrift „Auslese im Lebenslauf der Völker" gefordert, Fritz Lenz 1921 in seiner Schrift „Menschliche Auslese und Rassenhygiene". Oscar Hertwig sprach bereits 1921 davon, dass die Vertreter des Sozialdarwinismus die „Verschärfung der Ausjätemaschine durch gesetzgeberische Maßnahmen"

---

[645] Weingart, Peter; Kroll, Jürgen; Bayertz, Kurt (Hg.), Rasse, Blut und Gene, 1992.
[646] Bavink, Eugenik als Forschung und Forderung der Gegenwart, S. 128 f.

forderten.⁶⁴⁷ Zwangssterilisation und Euthanasie waren die vorgesehenen Maßnahmen der negativen Eugenik. Die „Euthanasie" wurde von den Befürwortern der „Rassenhygiene" aus taktischen Gründen nicht explizit benannt, um die Akzeptanz in der Bevölkerung für die übrigen Maßnahmen nicht zu gefährden.

Im gleichen Jahr (1895), als Ploetz den Begriff „Rassenhygiene" prägte, erschien in Göttingen eine Schrift von Adolf Jost unter dem Titel „Das Recht auf Tod", die den Satz enthielt: „Der Wert des Lebens kann aber nicht bloß Null, sondern auch negativ sein." 1920 und 1922 erschien unter dem Pseudonym „Ernst Mann" von Gerhard Hofmann eine scharfe Polemik gegen das biblische Gebot „Du sollst nicht töten" mit der Forderung nach schmerzloser Vernichtung der Geisteskranken. Ein immer wieder zitiertes Werk mit dem Titel „Die Freigabe der Vernichtung lebensunwerten Lebens" von dem Juristen Karl Binding und dem Arzt Alfred Hoche kam 1920 und in der 2. Auflage 1922 heraus. Beide hielten die Tötung bestimmter Krankengruppen für zulässig. Hoche prägte den Begriff der „Ballastexistenzen". Nach Gauschulungsleiter Karl Zimmermann hat Hitler, wie aus „Mein Kampf" und aus seinen späteren Reden hervorgeht, die „wissenschaftlichen Fortschritte, insbesondere rassenbiologischer Art benützt."⁶⁴⁸

Das Sterilisationsthema stand in der Weimarer Republik ohnehin auf der politischen Agenda. Allerdings handelte es sich in den politischen Diskussionen noch um die Forderung nach Freigabe freiwilliger Sterilisation. In den Neuentwürfen für das Deutsche Strafgesetzbuch von 1927 wurde die Sterilisation aus „euge-

---

[647] Hertwig, Oscar, Zur Abwehr des ethischen, des sozialen, des politischen Darwinismus, 2. Auflage, S. 61.
[648] Zimmermann, Karl, Die geistigen Grundlagen des Nationalsozialismus, S. 23.

nischen" Gründen in den §§ 263 und 264 StGB (Körperverletzung bei ärztlichen Eingriffen) nicht eindeutig geregelt.[649]

Gegen Karl Binding und Alfred Hoche argumentierten nicht nur Sozialethiker, sondern auch Praktiker wie der Psychiater Eugen Wauschkuhn, Klinik Berlin-Buch, im Jahr 1922. Wauschkuhn fragte, wie lange sich die Tötung lebensunwerten Lebens nur auf Geisteskranke beschränken würde und ob dann nicht auch Arbeitsinvalide, Taubstumme, Blinde, Krebskranke und Kriegsbeschädigte einbezogen würden. Der Aufenthalt in Irrenanstalten würde höchst lebensgefährlich werden.[650] Etwa zwei Jahrzehnte später wurde dieses Szenario im NS-Staat mit der Aktion T4 grausame Realität.

Der leitende Oberarzt der Alsterdorfer Anstalten in Hamburg Prof. Dr. Hermann Kellner beklagte 1921 in einer Fachzeitschrift:

„Erst der neuesten Zeit [...] ist es vorbehalten, Vorschläge zu machen, die jeder Gesittung und Kultur Hohn sprechen, indem sie die massenhafte gewaltsame Tötung der Schwachsinnigen anempfehlen. Ein solches Vorgehen könnte nur mit dem Worte ‚Mord aus Gewinnsucht' bezeichnet werden; denn derjenige, der einen wehrlosen Menschen tötet, um sich eine Ausgabe zu ersparen, steht wahrlich nicht höher als derjenige, der seinen Mitmenschen mordet, um ihn zu berauben. [...] wo wäre die Grenze zu ziehen zwischen Schwachsinnigen und unheilbaren Irren oder körperlich Kranken?"

---

[649] Weingart, Peter; Kroll, Jürgen; Bayertz, Kurt (Hg.), Rasse, Blut und Gene, S. 292.
[650] Zitiert in: Meltzer, Ewald, Das Problem der Abkürzung „lebensunwerten Lebens", S. 73; Brink, Cornelia, Grenzen der Anstalt: Psychiatrie und Gesellschaft in Deutschland 1860–1980, S. 298.

Ähnlich äußerte sich auch der Direktor der „Staatsirrenanstalten Hamburg" Prof. Dr. med. et phil. Wilhelm Weygandt. Er schrieb im Hamburger Fremdenblatt 1924:

„Der volkswirtschaftliche Gesichtspunkt ist [...] nicht schwerwiegend genug und der rassehygienische Gesichtspunkt kommt ja bei fortpflanzungsunfähigen Vollidioten nicht in Betracht.'"651

Der Mediziner Dr. Ewald Meltzer kam nach ausführlichen Erörterungen in einem 1925 erschienenen Werk zu dem Ergebnis: „Der Vorschlag der Tötung von Idioten und Geisteskranken [...] ist aus rechtlichen und ethischen Gründen abzulehnen.'"652

Bavink hingegen konstatierte 1927: „Entsteht die unabweisbare Frage, was geschehen soll, um ein solches Krebsgeschwür an der menschlichen Gesellschaft zu beseitigen. [...] **Unsere ‚humane' Gesetzgebung** – human nennt man sie deshalb, weil sie die Gesamtheit die Sünden des Einzelnen büßen läßt – **verbietet die einfache Beseitigung solcher Menschen.** [...] wenn man diese Menschen einmal nicht als Verbrecher, sondern als Unglückliche betrachten will, so lasse man sie leben, [...] aber man verhindere ihre Fortpflanzung.'"653 (Hervorh. d. Verf.).

In einer sozial-ethischen Studie äußerte sich der Vorsteher der Hamburger Stadtmission **Helmuth Schreiner**[654] 1928 zum Verhältnis Euthanasie und Wohlfahrtspflege unter der Überschrift „Vom Recht zur Vernichtung unterwertigen Menschenlebens". Er fragte, „ob die Rassenhygiene Grund dazu habe, ihres Erfolges sicher zu sein. [...] Wir wehren uns dagegen, daß man uns ein-

---

651 Zitiert in: Meltzer, Ewald, Das Problem der Abkürzung „lebensunwerten Lebens", S. 74.
652 Meltzer, Ewald, Das Problem der Abkürzung „lebensunwerten Lebens", S. 126.
653 Unsere Welt, 19. Jg., Heft 2, 1927, S. 34 f.
654 Schreiner studierte 1921 bei Paul Hensel in Erlangen und promovierte 1928 in Rostock zum Dr. theol. Vergl. Chr. R. Homrichshausen, Soziales Engagement Evangelischer Arbeitnehmer in Berlin und Brandenburg, S. 126.

reden will, die Arbeit der sozialen Fürsorge sei weggeworfenes Geld. [...] Wir haben uns unser Leben nicht selbst gegeben und haben darum auch kein Recht, es uns und anderen zu nehmen".

Bavink bezog in einer Besprechung zu dieser Veröffentlichung Stellung gegen die Argumentation von Schreiner: „Sie treffen aber die Forderung nicht, **daß die Gesellschaft das Recht haben müsse, sich von solchen Existenzen zu befreien, die wirklich rein gar nichts bedeuten, sondern nur „leben", d.h. wie Tiere, oder nein, unter tierischem Standpunkt dahinvegetieren.** Denn Tiere können wenigstens zur Stubenreinheit erzogen werden – solche Unglückliche können aber [...] schlechterdings gar nichts, nicht einmal essen."[655] (Hervorh. d. Verf.) Die verschleiernde Metapher „sich von solchen Existenzen befreien", bedeutete in diesem Kontext die Tötung von Menschen. Gelegentlich verwandte Bavink den euphemistischen Begriff „auslöschen" statt „töten" in Bezug auf einen Menschen.[656] Die Haltung von katholischen Moraltheologen war eindeutig: Wer die Personalität des Menschen abwertet, bereitet den Boden für die Euthanasie, auch wenn er sie nicht explizit befürwortet.[657]

Auch der evangelische Theologe Karl Barth bezog eindeutig Stellung. Nach seiner Auffassung sei die Frage, ob die Gemeinschaft das Recht hat, das Leben von Menschen mit schwerer Behinderung „auszulöschen" mit einem eindeutigen, unlimitierten Nein zu beantworten. Es handele sich um Tötungen, die nur als

---

[655] Bavink, Unsere Welt, 1929, S. 123; zitiert in: Klee, Ernst, Deutsche Medizin im Dritten Reich, S. 336.
[656] In der 8. Auflage von „Ergebnisse und Probleme" S. 642; Bavink hatte einen Zeitungsbericht über einen 16-jährigen Mörder gelesen und die Frage gestellt: „Warum tut man ihm nicht selber den größten Verdienst, indem man ihn schmerzlos ‚auslöscht'?".
[657] Vgl. Richter, Ingrid, Katholizismus und Eugenik, S. 500.

Mord verstanden werden können. Der ganze Begriff des „lebensunwerten Lebens" sei schon in sich die Übertretung.[658]

Bavinks geistiger Horizont machte eine „einfache Beseitigung" oder „Befreiung von Existenzen" denkmöglich und bezog eine Kritik an der in der Weimarer Republik von ihm so apostrophierten „humanen" Gesetzgebung ein. Damit ging er über die Forderungen hinaus, die später im NS-Rechtssystem formal erlaubt waren. So hieß es im Rahmen der NS-Strafrechtsreform offiziell: „Eine Freigabe der Vernichtung sog. lebensunwerten Lebens kommt nicht in Frage [...] die Kraft der sittlichen Norm des Tötungsverbotes darf nicht dadurch geschwächt werden, daß aus bloßen Zweckmäßigkeiten [...] Ausnahmen gemacht werden". Im Kommentar zum Strafgesetzbuch 1944 heißt es: „Andere Arten von Vernichtung lebensunwerten Lebens [...] können erst recht nur durch eine Änderung der Gesetzgebung straffrei werden."[659] Die Tötungen von fünftausend Kleinkindern und Neugeborenen mit Missbildungen ab 1939 beruhten auf einer mündlichen Ermächtigung Hitlers. Für die Ermordung erwachsener Kranker (etwa 70.000 Menschen) unterzeichnete Hitler im Oktober 1939 eine auf den 1. September 1939 (Kriegsbeginn) zurück datierte schriftliche Anweisung auf seinem privaten Briefpapier.[660]

Das Ziel der „negativen Eugenik" war nach Hitlers Auffassung: „Die Forderung, daß defekten Menschen die Zeugung anderer ebenso defekter Nachkommen unmöglich gemacht wird, ist eine Forderung klarster Vernunft und bedeutet in ihrer planmäßigen Durchführung die humanste Tat des Menschen."[661] Hitler nahm in „Mein Kampf" neben den Maßnah-

---

658 Barth, Karl, Die kirchliche Dogmatik, 3. Band – Die Lehre von der Schöpfung, 1951, S. 483 f.
659 Nowak, Kurt, „Euthanasie" und „Sterilisierung" im „Dritten Reich", S. 76.
660 Nowak, Kurt, „Euthanasie" und Sterilisierung im „Dritten Reich", S. 78 f.
661 Mein Kampf, I/270, auch Anm. 144.

men der „negativen Eugenik" auch die der „positiven Eugenik" auf und schrieb: „So wie ich die Völker aufgrund ihrer rassischen Zugehörigkeit verschieden bewerten muß, so auch die einzelnen Menschen innerhalb einer Volksgemeinschaft, [...] daß Kopf nicht gleich Kopf sein kann. Die erste Konsequenz ist [...] der Versuch, die innerhalb der Volksgemeinschaft als rassisch besonders wertvoll erkannten Elemente maßgeblichst [sic!] zu fördern und für ihre besondere Vermehrung Sorge zu tragen."[662]

Der Rassenforscher Ernst Rüdin stellte fest: „Die Bedeutung der Rassenhygiene ist in Deutschland erst durch das politische Werk Adolf Hitlers allen aufgeweckten Deutschen offenbar worden".

Ernst Rüdin war einer der Hauptverantwortlichen, die zur Legitimation der nationalsozialistischen Sterilisierungs- und Tötungsaktionen beitrugen. Nach Kriegsende wurden ihm alle Ämter und die Schweizer Staatsbürgerschaft entzogen. Im Entnazifizierungsverfahren 1948/49 rechtfertigte er sich mit der gängigen Schutzbehauptung, als Wissenschaftler ohne ideologische Absichten gearbeitet zu haben (Weber 1993).[663]

Aber nicht nur Rüdins „aufgeweckte Deutsche", sondern auch viele andere Wissenschaftler stellten sich in den Dienst der Rassenhygiene. So schrieb fünfundsiebzigjährige Max Planck (Nobelpreisträger der Physik 1918) als Präsident der Kaiser-Wilhelm-Gesellschaft am 14. Juli 1933 dem NS-Innenminister Frick: „...daß die Kaiser-Wilhelm-Gesellschaft zur Förderung der Wissenschaft gewillt ist, sich systematisch in den Dienst des Reiches hinsichtlich der rassenhygienischen Forschung zu stellen."[664]

---

[662] Mein Kampf, II/80, hierzu insbesondere auch Anmerkung 4.
[663] Julian Schwarz, Burkhart Brückner (2015): Rüdin, Ernst in: Biographisches Archiv der Psychiatrie, biapsy.de/index.php/de/9-biographien-a-z/131-ruedin-ernst, Stand v. 11.01.2021.
[664] Weingart, Peter; Kroll, Jürgen; Bayertz, Kurt (Hg.), Rasse, Blut und Gene, S. 408.

Rüdin wurde nach entlastenden Aussagen unter anderem von Max Planck im Entnazifizierungsverfahren als „Mitläufer" eingestuft.

Zu Sterilisierungsfragen äußerte sich Bavink bereits vor der NS-Zeit. Zur Methode des Eingriffs äußerte er 1927:

„Dies geht heutzutage sogar ohne jegliche chirurgische Operation, einfach mittels Röntgenbestrahlung der Keimdrüsen, schmerzlos und leicht. Daß ein Teil der Frauen darunter leiden wird, ist nicht zu bezweifeln. [...] so sollten wir uns nicht aus falscher oder verlogener Sentimentalität gegen jene Maßregel sperren, im Interesse einiger Zehntausender von Weibern, die alle zusammen nicht so viel wert sind, wie die Hunderte tüchtiger Frauen. [...] Es ist natürlich praktisch nicht ganz einfach, nun zu bestimmen, wo die Grenze für eine derartige Zwangsmaßnahme gesetzt werden soll. [...] die Sterilisation müßte sinngemäß noch im Vorpubertätsalter [...] erfolgen."[665] „Das Abdämmen der Verbreiterung unterwertiger Erbströme kann durch zweierlei Maßregeln geschehen: zum ersten solche, die die Träger solchen Erbgutes indirekt daran verhindern sollen, zur Fortpflanzung zu schreiten, zum anderen solche, die diese Träger direkt dazu unfähig machen, d.h. sie sterilisieren, oder auf andere Weise **gewaltsam** [sic!] an der Fortpflanzung hindern".[666]

Bavink propagierte damit neben der operativen Zwangssterilisation auch die gewaltsame Strahlenkastration von Kindern, obwohl er als studierter Physiker hätte wissen müssen, dass dieser Eingriff in die körperliche Unversehrtheit erhebliche Nachteile für die Betroffenen haben konnte. Er schrieb in seinem Standardwerk über die „gewisse tödliche Wirkung der Röntgenstrahlen auf

---

[665] Unsere Welt, Februar 1927, Heft 2, S. 35.
[666] Bavink, Eugenik als Forschung und Forderung der Gegenwart, S. 121 f.

Mikroorganismen".[667] Die Bestrahlung zerstörte nicht nur die Eileiter, sondern auch die Keimdrüsen und hatte somit eine „kastrierende" Wirkung. Es waren erhebliche körperliche Nebenwirkungen zu erwarten.[668] Fetscher schrieb 1933 zur Methode der Sterilisation: „Auf jeden Fall verdienen die operativen Verfahren gegen die Anwendung der Röntgenstrahlen den Vorzug, da bei diesen Schädigung des Patienten [...] möglich ist."[669]

Bavink ging 1927 mit seiner Auffassung über die zwangsweise „Röntgenkastration" selbst bei Kindern über die gesetzlichen Forderungen hinaus, die die NS-Führung nach dem Machtwechsel plante und umsetzte. Das Gesetz zur Verhütung erbkranken Nachwuchses (v. 26. Juli 1933 mit Inkrafttreten 1. Januar 1934) sah zunächst nur eine chirurgische Sterilisation vor. Erst durch das von Hitler gewollte Änderungsgesetz vom 4. Februar 1936 wurde auch die Strahlenbehandlung für Frauen über 38 Jahre zugelassen. Die von Bavink vorgeschlagene Bestrahlung von Kindern wurde im NS-Staat nicht erwogen.

Die Kastration durch Röntgenstrahlung wurde in den Kriegsjahren ein Thema in der SS, ausgelöst durch die Frage, wie arbeitsfähige Juden massenhaft unfruchtbar gemacht werden könnten. So hieß es in einem Bericht des SS-Oberführers Viktor Brack an Himmler vom März 1941 „über die Versuche betr. Röntgenkastration": „Sollen irgendwelche Personen für dauernd unfruchtbar gemacht werden, so gelingt dies nur unter Anwendung so hoher Röntgendosen, daß mit ihnen eine Kastration mit allen ihren Folgen eintritt."

---

[667] Bavink, Ergebnisse und Probleme der Naturwissenschaften (8. Auflage) S. 461.
[668] Schneider, Hannelore-Maria Das nationalsozialistische Gesetz zur Verhütung erbkranken Nachwuchses, Tübingen, 2014, S. 20; https://publikationen.uni-tuebingen.de; Bock, Gisela, Zwangssterilisation im Nationalsozialismus, S. 97.
[669] Fetscher, R., Erbbiologie und Rassenhygiene, 2. Auflage, 1933, S. 132 f.

Brack schrieb am 23. Juni 1942 an Himmler: „Eine Röntgenkastration jedoch ist nicht nur relativ billig, sondern läßt sich bei vielen Tausenden in kürzester Zeit durchführen."

Daraufhin wurden im Konzentrationslager Auschwitz (Birkenau) dementsprechende Versuche an Häftlingen durchgeführt. Die Brutalität dieser Versuche der Röntgenkastration ist durch Zeugenaussagen dokumentiert worden und soll hier nicht geschildert werden.[670]

Im Nürnberger Ärzteprozess wurde Brack wegen seiner Planungen und Beteiligungen an Euthanasie und Sterilisationen zum Tode verurteilt.[671]

Dieser Vorgang zeigt, dass Bavink nicht nur ein theoretisierender Studienrat, sondern politischer Aktivist war.

Er hatte die Mitarbeit an rassenhygienischen Themen der NSDAP bereits vor dem Machtwechsel zugesagt.

Mit Datum vom 8. November 1932 erhielt er ein Schreiben der Reichsleitung der NSDAP in München, Reichsorganisationsleitung H.A. III, Abt. für Volksgesundheit, UA f. Rassenhygiene, unterzeichnet von Dr. Herrmann Boehm,[672] der seit 1923 Mitglied der NSDAP (Mitgliedsnummer 120) und SA-Gruppenführer sowie Teilnehmer am Hitler-Putsch war. Dieses Schreiben wurde von der Partei an mehrere Eugeniker und Rassenhygieniker geschickt, um sich deren aktive Mitarbeit zu sichern. In dem Schreiben heißt es dazu: „In der Unterabt. Rassenhygiene sollen die Maßnahmen vorbereitet werden, die ergriffen werden müssen, um den aufs schwerste gefährdeten Bestand des deutschen Volkes in quantitativer und qualitativer Beziehung für die Zukunft zu sichern [...] Unter Berufung auf Herrn Prof.

---

[670] Lifton, Robert Jay, Ärzte im Dritten Reich, S. 316 f.
[671] Mitscherlich/Mielke, Medizin ohne Menschlichkeit, S. 240 f.
[672] Stadtarchiv Bielefeld, C I 4/26.

Lenz erlauben wir uns die Anfrage, ob wir auf Ihre Mitarbeit, insbes. auf dem Gebiet Nr. 9 (d.h. Rassenhygiene) rechnen dürfen. Herrn Dr. Harmsen und Hrn. Dr. Angermann habe ich bereits unter Berufung auf Sie geschrieben."[673][674]

Bavink war offenbar der Aufforderung, weitere Mitarbeiter zu nennen, nachgekommen und sagte am 17. November 1932 die Mitarbeit zu.

Damit war es dem Oberstudienrat Bavink, der dreißig Jahre zuvor Physik, Chemie und Mathematik studiert hatte, gelungen, von der NSDAP zu einem der führenden „Rassenhygieniker" gezählt zu werden. Im Gegensatz zu ihm wurde der „katholische Populisator der Eugenik" (so Ingrid Richter), der Biologe und Jesuit Hermann Muckermann, von Boehm letztlich abgelehnt, obwohl er eine Affinität zu rassistischen Positionen der Nationalsozialisten aufwies.[675] Muckermann war Leiter des Kaiser-Wilhelm-Instituts für Anthropologie und wurde 1933 entlassen.[676] Sein Nachfolger wurde Fritz Lenz. Bei Muckermann hatten Parteikreise die „Gefährdung der vom Nationalsozialismus intendierten Integration des Rassismus in die Eugenik befürchtet."[677] Muckermann hatte sich noch im Dezember 1935 in Predigten scharf ge-

---

[673] Klee, Ernst, Personenlexikon zum Dritten Reich, S. 58; Rasse, Blut und Gene, S. 386. Boehm wurde als Zeuge im Nürnberger Kriegsverbrecher-Prozess zu dem Komplex „Euthanasie-Programm" vernommen. Er erklärte dort, er sei im Spätherbst 1940 über das Euthanasie-Programm informiert worden, aber selbst nicht involviert gewesen. Er belastete die Angeklagten Brandt und Viktor Brack als durchführende Personen. Beide wurden Tode verurteilt und hingerichtet. Quelle: Harvard Law School Library – Nurenberg Trials Project – Eidesstattliche Erklärung - HLSL Item 2357, Evidence Code: NO-3059. In einer weiteren Vernehmung bekannte er, 1941 von Plänen über die Sterilisation der polnischen Intelligenz gewusst zu haben. Diese Pläne seien von Leonardo Conti und Dr. Kurt Blome verfolgt worden.
[674] Hans Harmsen war „Chef-Eugeniker" der Inneren Mission.
[675] Richter, Ingrid, Katholizismus und Eugenik, S. 314 f.
[676] Klee, Ernst, Personenlexikon....
[677] Richter, Ingrid, Katholizismus und Eugenik, S. 316.

gen die Zwangssterilisierung verwahrt. Daraufhin erhielt er ein Redeverbot.[678]

Es ist nicht bekannt, welche Aktivitäten die von der Partei gebildete Arbeitsgemeinschaft angesichts der wenige Monate später vollzogenen Machtübergabe an Hitler noch ausübte.[679]

In den Fragen der positiven und negativen Eugenik war sich Bavink einig mit dem „jüngeren, aktiveren Teil" der „großen nationalen Bewegung, dem Nationalsozialismus". Kennzeichnend dafür war die Aussage des Jenaer NS-Rassenideologen und Lehrstuhl-Inhabers Hans F. K. Günther (1891-1968): „Aus dem drohenden Untergang kann ein neuer Aufstieg nur werden, wenn das nordische Blut [...] wieder erstarkt und nordische Menschen wieder zahlreich und führend werden".[680]

Bavink forderte 1933 in seiner Schrift „Organische Staatsauffassung und Eugenik" im „bewußten Streben nach einer ‚Aufartung' (bzw. ‚Aufnordung') der vorhandenen Erbmasse" ein eugenisches Ministerium oder Zentralamt des Reichs, ein „Rassenamt", eine besondere Judengesetzgebung, Erbkontrolle des gesamten Volkes und eine Ausmerzung der notorischen Schädlinge, um zu verhindern, dass das Untermenschentum die Herrschaft in Deutschland an sich reiße. Die „Rassenämter" sollten auch in kleineren Orten bestehen und dort den Standesämtern angegliedert werden.[681] Den Behörden sollte es möglich sein, für jeden Deutschen ein „relativ exaktes Erbbild" zu erhalten. Bavink nahm hier Überlegungen von dem Begründer der „Eugenik" , dem Engländer Francis Galton, einem Vetter Darwins, auf, der ein „College" mit der Klassifizierung guter Erbmasse betrauen

---

[678] Nowak, Kurt, „Euthanasie" und Sterilisierung im „Dritten Reich", S. 110.
[679] Weingart, Peter; Kroll, Jürgen; Bayertz, Kurt (Hg.), Rasse, Blut und Gene, S. 388.
[680] Zitiert in: Hedler, Adolf, Rassenkunde und Rassenwahn, S. 59.
[681] Bavink, Organische Staatsauffassung und Eugenik, 1933, S. 55.

wollte.[682] Bavink vertrat in dieser Schrift in dem „Abschnitt III. Rasse, Volk und Kultur" noch den alten Mendelismus und missverstandenen Darwinismus, der nach seiner Auffassung „auf wissenschaftlich im **großen und ganzen** [Hervorh. durch Verf.] völlig gesicherter Basis beruht".

Der überzeugte Christ Bavink argumentierte religiös, um die „Rassenideologie" glaubhaft vertreten zu können. Er verwandte den Begriff „gottgewollt" in Bezug auf die „Rasse". Diese Argumentation fand sich gleichfalls 1936 in einer Ansprache des Reichsministers für kirchliche Angelegenheiten Hanns Kerrl, der von der „gottgewollten blutbestimmten Gemeinschaft" als „Inhalt der nationalsozialistischen Lehre" sprach.[683] Die „gottgewollte" Rasse war eine verschleiernde Erfindung im Rassendiskurs.

Dr. Paul Althaus, evangelischer Professor für Theologie in Erlangen,[684] Anhänger einer antiliberalen Staatsidee, schrieb 1929 in den „Leitsätzen zur Ethik":

„Der christliche Schöpfungsglaube leugnet die Verschiedenheit der Rassen nicht. Aber als Glaube an die Einheit des Menschengeschlechtes widersetzt er sich der Auflösung des Menschheitsgedankens durch die Vorherrschaft des Rassengedankens. [...] Auch die gegenwärtige Verschiedenwertigkeit der Rassen bestreitet das christliche Urteil nicht. [...] Sie beruft vielmehr die begabten Rassen zur Hebung der Gesunkenen, zur Erziehung der Unmündigen."[685]

Diese Behauptung war eine theologisch gewagte Auslegung des „christlichen Schöpfungsglaubens". Er leitete allerdings aus dieser Prämisse die Berechtigung der Kirche zur Mission, nicht je-

---

[682] Weingart, Peter; Kroll, Jürgen; Bayertz, Kurt (Hg.), Rasse, Blut und Gene, S. 32 f.
[683] Zitiert in: Heiden, Konrad, Hitler, S. 724 (2016 Europaverlag).
[684] Sontheimer, Kurt, Antidemokratisches Denken in der Weimarer Republik, S. 198 (Anm. 13).
[685] Althaus, Paul, Leitsätze der Ethik, S. 69.

doch zur Vernichtung des „gebrechlichen Lebens", ab. Mutig sprach er während einer Vortragsreihe im März/April 1933 von den „Orgien der Eugeniker". Als evangelischer Theologe bekannte er: „Wir glauben nicht an die Höherzüchtung".[686]

Der Mediziner und Fachreferent der Inneren Mission, Dr. Hans Harmsen, vertrat im Mai 1931 auf der evangelischen Fachkonferenz für Eugenik in Treysa die Ansicht: „Dem Staat geben wir das Recht, Menschenleben zu vernichten – Verbrecher und im Kriege. Weshalb verwehren wir ihm das Recht zur Vernichtung der lästigen Existenzen?"[687] Dieser Gesinnung folgend veröffentliche er 1934 in einem Aufsatz „Gedanken zur Ausschaltung Erbbelasteter".

Die Schrift von Karl Binding und Alfred Hoche wurde in Kirchenkreisen kontrovers diskutiert. Das päpstliche Lehrschreiben „Casti connubii" von 1930 lehnte harte negativ-eugenische Maßnahmen wie die Sterilisierung ab. Die katholische Moraltheologie geht von der Ausstattung des Menschen mit einer unsterblichen Seele und dem absoluten Recht auf Unversehrtheit des Leibes aus und kann daher einer wie auch immer begründeten „Euthanasie" nicht zustimmen. Die Ablehnung der Positionen von Binding und Hoche war eindeutig.

Der Protestantismus kennt dagegen kein autoritatives Lehramt. Die „Innere Mission" wurde zu einem bestimmenden Faktor innerhalb der evangelischen Kirche. Zu dem Komplex „Eugenik und Wohlfahrtspflege" wurde auf der Treysaer Fachkonferenz der Inneren Mission im Mai 1931 festgestellt, dass auch körperlich und geistig Gebrechliche ethisch und sozial hochwertige Menschen sein können. Die Fortpflanzung von Trägern bestimmter minderwertiger erblicher Anlagen sollte zwar ausge-

---

[686] Schmacke, Norbert, Güse, Hans-Georg, Zwangssterilisiert – verleugnet – vergessen, 82 ff.
[687] Klee, Ernst, Personenlexikon, S. 227.

schlossen werden können, jedoch nicht unter Zwang. Zu dem Thema der „Vernichtung lebensunwerten Lebens" wurde einmütig und eindeutig klargestellt, dass die Freigabe der Tötung sowohl vom religiösen als auch vom volkserzieherischen und ärztlichen Standpunkt abzulehnen sei. Für die Konferenzteilnehmer in Treysa konstatierte Jochen-Christoph Kaiser, dass für die Beratungen ohne Rücksicht auf den Forschungsstand mehr politisch-ideologische und ökonomische Faktoren bestimmend waren.[688]

Als erste gesetzliche Maßnahme im NS-Staat wurden durch das Gesetz zur Verhütung erbkranken Nachwuchses vom 14. Juli 1933 und durch das Änderungsgesetz vom 26. Juni 1935 Zwangssterilisationen und eugenische Indikationen zur Schwangerschaftsbeseitigung eingeführt.

Im NS-Staat wandelte sich die Innere Mission zur teilweisen Befürworterin einer Zwangssterilisierung bei bestimmten Geisteskranken im Sinne dieses Gesetzes. In Bielefeld agitierte Heinrich Wichern, leitender Arzt am städtischen Krankenhaus, gegen die Papst-Enzyklika „Casti conubii" und befürwortete die „Säuberung Gottes Ackers vom Unkraut". Eine andere Haltung nahm Dietrich Bonhoeffer in den 1940er Jahren ein.[689] [690]

Bavink war nach einer Sitzungsniederschrift aus dem Jahre 1935 Mitglied des „Ständigen Ausschusses für Fragen der Rassenhygiene und Rassenpflege" der Inneren Mission. Es ließ sich nicht klären, ob er die Mitgliedschaft ständig oder nur fallweise innehatte. Den Vorsitz führte der Fachreferent der Inneren Mission, Dr. Hans Harmsen, der 1934 von dem „Wahn von der Gleichheit aller Menschen" sprach.[691] Mitglieder waren ab 1934

---

[688] Kaiser, Jochen-Christoph, Sozialer Protestantismus im 20. Jahrhundert, S. 330.
[689] Nowak, Kurt, „Euthanasie" und Sterilisierung im „Dritten Reich", S. 96 ff.
[690] Richter, Ingrid, Katholizismus und Eugenik, S. 496.
[691] Zitiert in: Klee, Ernst, Was sie taten, was sie wurden, S. 149 f.

auch der spätere Euthanasie-Gutachter (Aktion T4) Werner Villinger.[692] und der in einem anderen Zusammenhang genannte Dr. Buurmann, der zugleich Leiter des Gesundheitsamts in Bavinks Geburtsstadt Leer war.[693]

Am 11. April 1935 tagte eine Sonderkonferenz des „Ständigen Ausschusses für Fragen der Rassenhygiene und Rassenpflege" der Inneren Mission im „Haus Tabea" in Berlin SO 36 unter dem Vorsitz von Hans Harmsen. An dieser Zusammenkunft nahm auch Bavink teil.[694] [695] In der Einladung zu dieser Tagung hob Harmsen hervor: „Je stärker die wirtschaftliche Verelendung in Erscheinung tritt, um so eher gewinnen die radikalen Forderungen auf Beseitigung allen krankhaften Lebens an Bedeutung.'"[696] Wie bereits im Juli 1934 ging es um die Anwendung des Sterilisationsgesetzes, das von der Inneren Mission begrüßt wurde.

Zwischen 1934 und 1945 wurden etwa 400.000 Menschen zwangssterilisiert, wobei schätzungsweise 5.000 bis 6.000 Frauen und 600 Männer starben.[697]

In der Sitzung wurden auf Wunsch von Harmsen zwei Fragen behandelt: „1. Die Frage der Heirat von Fortpflanzungsfähigen mit Sterilisierten, 2. Wie wir uns zur Heirat von Sterilisierten untereinander stellen." Zu Beginn war über die unterschiedliche Bedeutung der Ehe aus katholischer und protestantischer Sicht diskutiert worden.[698]

---

[692] Kaupen-Haas, Heidrun, Der Griff nach der Bevölkerung, S. 81.
[693] Kaiser, Jochen-Christoph, Sozialer Protestantismus im 20. Jahrhundert, S. 369, Anm. 359.
[694] Kaiser bezeichnete in diesem Zusammenhang den Oberstudienrat an einem Mädchenlyzeum Bavink als „renommierten Biologen". Kaiser, Jochen-Christoph, Sozialer Protestantismus im 20. Jahrhundert, S. 375.
[695] Archiv für Diakonie und Entwicklung, Berlin, ADE, CA/G 387, Niederschrift der stenographischen Notizen, S. 237.
[696] Willing, Matthias, Das Bewahrungsgesetz (1918–1967), S. 112
[697] Mein Kampf, II/36, Anm. 68.
[698] In der am 31.12.1930 veröffentlichte Enzyklika „Casti connubii" verurteilte Papst Pius XI. jede Form der Sterilisationspolitik.

Harmsen war der Auffassung, dass die in Frage 2 aufgeworfene Sachlage für die Protestanten kein Problem sei, gerade weil die Frage der Fortpflanzung nicht allein maßgeblich sei. Diese Auffassung könne man auch im völkischen Sinne teilen. Für die Diskussion sei lediglich die Frage 1 relevant.

Nach seiner Auffassung sei die Eheschließung für die Eingliederung des Sterilisierten in die Volksgemeinschaft wichtig. „Solche Ehe kann ja auch familienähnlichen Charakter bekommen dadurch, dass Kinder angenommen werden. Es ist ausserordentlich wichtig, dass der Führer in ‚Mein Kampf' darauf hingewiesen hat, dass derartige Personen durch die Erziehung von gesunden Kindern dem Staat denselben Dienst leisten können, wie durch selbstgezeugte. [...] Man muss sich an das Wort des Führers klammern".[699]

Das zitierte „Wort des Führers" zu diesem Thema ist im 2. Band von „Mein Kampf" zum Themenkomplex der Rassenhygiene enthalten:

„Daß sich auch unsere Kirchen am Ebenbilde des Herrn versündigen [...] liegt ganz auf der Linie ihres heutigen Wirkens, das [...] den Menschen zum verkommenen Proleten degenerieren läßt. Dann staunt man mit blöden Gesichtern über die geringe Wirkung des christlichen Glaubens [...] und sucht sich dafür mit Erfolg bei Hottentotten und Zulukaffern [...] zu entschädigen. [...] Es würde dem Sinne des Edelsten auf dieser Welt mehr entsprechen, wenn unsere beiden christlichen Kirchen statt die Neger mit Missionen zu belästigen, unsere europäische Menschheit [...] belehren würde, daß es bei nicht gesunden Eltern ein Gott wohlgefälliges Werk ist, sich eines gesunden armen kleinen Waisenkindes zu erbarmen, um diesem

---

[699] Archiv für Diakonie und Entwicklung, Berlin, ADE, CA/G 387, Niederschrift der stenographischen Notizen, S. 240.

Vater und Mutter zu schenken, als selber ein krankes, sich und der anderen Welt nur Unglück und Leid bringendes Kind ins Leben zu setzen."⁷⁰⁰

Bemerkenswert an diesem Vorgang in den Gremien der Inneren Mission ist die genaue Kenntnis und die ausdrückliche Bezugnahme auf Hitlers kirchenfeindliche Positionen in „Mein Kampf" im Diskurs der führenden evangelischen Funktionären.

Zur Frage der Eheschließung Sterilisierter mit „Erbgesunden" referierte Harmsen, dass der Staat ein Verbot befürwortete, „um rein vom materiellen Standpunkt mengenmässig die Fortpflanzung zu sichern". Der Teilnehmer Lensch sagte: „Der Staat kann [...] erklären, dass er es nicht für richtig hält, Kranke an Gesunde zu fesseln".

An dieser Stelle griff Bavink in die Diskussion ein. Zunächst wandte er sich dagegen, dass die Kirche eine Warnung gegenüber dem Staat ausspreche, er plädierte für eine schwächere Empfehlung: „Ich möchte auch dem entgegentreten, dass es rein materielle Gesichtspunkte sind, wenn der Staat dagegen auftritt, dass gesunde Erbmasse von der Fortpflanzung ausgeschlossen wird. Da muss man die ganze Eugenik als Materialismus ansehen, und das ist nicht der Fall. Der Staat kann es eigentlich nicht geduldig mit ansehen, wenn zu 300.000 Sterilisierten 300.000 Gesunde hinzukämen, die nicht zur Fortpflanzung kommen. Ich würde es sehr begrüßen, wenn die Kirche auf diese Gefahr hinwiese".⁷⁰¹

Am Nachmittag fasste Harmsen das Ergebnis der Beratungen zusammen: „Für die Frage der Eheschließung Sterilisierter scheint die glücklichste Lösung die, wenn beide sterilisiert sind. Das ist auch im völkischen Sinn eine befriedigende Lösung [...]

---

[700] Mein Kampf, II/35 u. 36.
[701] Archiv für Diakonie und Entwicklung, Berlin, ADE, CA/G 387, Niederschrift der stenographischen Notizen, S. 242.

können wir auch die Heirat eines Fortpflanzungsfähigen mit einem Sterilisierten nicht grundsätzlich ablehnen. Allerdings bestehen hier sehr große Gefahren, die die Kirche veranlassen, den seelsorgerischen Rat zu geben, die Ehe nicht einzugehen..."[702] Die der NS-Ideologie nahestehende Richtung der vormittäglichen Diskussion, inklusive der Beiträge von Bavink, hatte sich durchgesetzt. Sie fand allerdings keinen expliziten Niederschlag im Ehegesundheitsgesetz vom 18. Oktober 1935, war jedoch, wie die Begründung zu diesem Gesetz ausweist, inzidenter enthalten.[703]

Bavink wurde in den Folgejahren der nationalsozialistischen Herrschaft in Kirchenkreisen als Kronzeuge für Maßnahmen der „negativen Eugenik" gegen die Auffassungen Schreiners oder der Beschlüsse von Treysa genannt. Als Beispiel sei der Aufsatz von Pfarrer Dr. Ernst Kleßmann (Eckardtsheim bei Bielefeld) in den Pastoralblättern 77 (1934/1935) genannt.[704] Kleßmann führte zunächst in der bekannten Manier aus, dass die Regierung sich in der Situation eines Arztes befinde, der entscheiden müsse, ob das kranke Bein zu heilen sei oder amputiert werden müsse, um das Leben des Patienten zu retten. Diese medizinische Metapher wurde von Bavink und anderen Eugenikern immer wieder verwandt. Er kam zu dem Ergebnis, „daß unser Volksbestand durch die starke Zunahme der biologisch Minderwertigen tödlich bedroht ist." Er führte Berechnungen über durchschnittliche Geschwisterzahlen höherer Schüler und Hilfsschüler an für die Aussage, „daß unser Volksbestand aufs schwerste gefährdet ist." Als Beweis wurde von ihm eine Beispielrechnung angeführt: „Man

---

[702] Archiv für Diakonie und Entwicklung, Berlin, ADE, CA/G 387, Niederschrift der stenographischen Notizen, S. 247.
[703] Kaiser, Jochen-Christoph, Sozialer Protestantismus im 20. Jahrhundert, S. 380, Anm. 390, RGBl. I 1935, 1246.
[704] Abgedruckt als Dokument 8 in Hochmuth, Anneliese, Spurensuche, Eugenik, Sterilisation, Patientenmorde v. Bodelschwinghschen Anstalten Bethel 1929–1945.

hat folgende Berechnung angestellt. Wenn nach dem Dreißigjährigen Kriege nur noch zwei Ehepaare vorhanden gewesen wären, etwa ein schwarzes und ein weißes, das schwarze hätte fortlaufend vier, das weiße [...] regelmäßig drei Kinder gehabt, so würde innerhalb der 300 Jahre die potenzierende Wirkung dieses Verhältnis sich etwa so darstellen, daß wir heute auf 1000 Einwohner 990 Schwarze und nur 10 Weiße hätten." Er zog aus dieser Berechnung die Schlussfolgerung, „daß etwas geschehen muß". Kleßmann würdigte an anderer Stelle in pastoraler Diktion die Opfer von Euthanasie-Maßnahmen: „Wo aber sein Name im Volk ausgelöscht wird durch sein freiwilliges persönliches Opfer [sic!], da wird dem, der da glaubt, das Wort Jesu leuchtend groß: freuet euch, daß eure Namen im Himmel geschrieben sind".[705]

Die von Kleßmann verwandte Beispielrechnung stammte von Bavink aus dessen Schrift „Eugenik" (1934). Bavink hatte dort dieses Rechenbeispiel mit einer noch schärferen Wortwahl für die „Fortpflanzungsverhältnisse der notorisch erbminderwertigen Schichten des deutschen Volkes" aufgestellt und gefolgert: „dann würde heute Deutschland zu 99,8 % aus Negern bestehen! Ganz ebenso wird es nach weiteren dreihundert Jahren fast nur noch aus geistigen Krüppeln bestehen."[706] Der Dreißigjährige Krieg als zeitlicher Bezugspunkt wurde 1925 bereits von Hitler in „Mein Kampf" verwandt. Dort hieß es: „Die blutsmäßigen Vergiftungen, die unseren Volkskörper, besonders seit dem Dreißigjährigen Kriege trafen, führten nicht nur zu einer Zersetzung unseres Blutes, sondern auch zu einer solchen unserer Seele." Eine ähnliche Behauptung stellte auch der von Hitler und Bavink geschätzte US-amerikanische Rassentheoretiker Madison Grant auf.[707]

---

[705] Nowak, Kurt, „Euthanasie" und Sterilisierung im „Dritten Reich", S. 105.
[706] Bavink, Eugenik als Forschung und Forderung der Gegenwart, S. 105.
[707] Mein Kampf, II, S. 27 und Anm. 37.

Eine weitere Parallele zu Hitler besteht in der Verwendung eines Zeitraumes von 600 Jahren. Hitler nannte diesen Zeitraum in „Mein Kampf": „Eine nur sechshundertjährige Verhinderung der Zeugungsfähigkeit und Zeugungsmöglichkeit seitens körperlich Degenerierter und geistig Erkrankter würde die Menschheit [...] von einem unermeßlichen Unglück befreien".[708] Es bleibt unklar, aus welcher Quelle die Zahlenangabe stammt. Der Zeitraum von „600 Jahren" steht in der Luther-Bibel im Zusammenhang mit dem Alter Noahs („Er war aber sechshundert Jahre alt.").[709] Es kann sich auch um die schlichte Verdoppelung des Zeitraums seit dem Dreißigjährigen Krieg handeln, die Bavink und Hitler verwandten.

In den 1930er Jahren hatte das Deutsche Reich rd. 65 Millionen Einwohner. Fetscher schätzte die Zahl der Menschen mit schwerem Erbleiden auf etwa 300.000, das entsprach einem Bevölkerungsanteil von unter 0,5 %. Um die Zahl der „Minderwertigen" dramatischer darstellen zu können, zählte er die hochgradig Schwerhörigen, Psychopathen, leichter Schwachsinnigen usw. hinzu und kam auf 1 Million Menschen mit erheblichen Erbdefekten. Zur Gruppe der Menschen mit leichter Paranoia zählten für ihn sogar „Weltverbesserer" und „starr eingestellte Parteipolitiker".[710]

Bavink zitiert Otmar von Verschuer, der eine Zahl von etwa 360.000 „Degenerierten" nennt.[711] Ein anderer Autor, Stadtrat Borchardt aus Liegnitz, berechnete in der Deutschen Strafrechtszeitung 1922 auf 60 Millionen Deutsche 83.400 „Blödsinnige" und schätzte davon 50 % als „lebensunwert" ein.[712]

---

[708] Mein Kampf, II, S. 38, Anm. 70.
[709] 1 Mose 7; 6.
[710] Fetscher R., Erbbiologie und Rassenhygiene, 2. Auflage 1933, S. 58.
[711] Bavink, Eugenik..., S. 118.
[712] Zitiert in: Dr. Meltzer, Ewald, Das Problem der Abkürzung „lebensunwerten Lebens", S. 58.

In einer 42 Seiten umfassenden Dissertation von Menno van Hove aus dem Jahr 1937, eingereicht bei Prof. Dr. K. W. Jötten (Hygienisches Institut der Universität Münster), über die Häufigkeit von Erbkrankheiten in Bavinks Heimatkreis Leer, wird die Zahl der (geistigen) Erbkranken, die 1937 aus dem Landkreis in Heimen untergebracht waren, mit 127 Menschen beziffert. Das waren 0,13 % der Bevölkerung. Hinzu kamen nach den Worten des Autors „leichtere Schwachsinnsfälle, die noch frei herumlaufen." Der Untersuchungsgegenstand war die Prüfung der Voraussetzungen für bevölkerungspolitische Maßnahmen, die „vernichtend wirkende Ausmerzung und Milderung der Gegenauslese".[713] Jötten vergab mehrere solcher Dissertationen für unterschiedliche Regionen. Es liegt nahe, diese Beauftragungen als vorbereitende Maßnahmen für die spätere Aktion T4 zu sehen. Formal begann diese Zusammenarbeit mit einem Runderlass vom 9. Oktober 1939, der entsprechende Meldepflichten der Heil- und Pflegeanstalten enthielt.[714] [715]

1940 erschien eine Arbeit des 27-jährigen Lic. theol. Wolfgang Stroothenke (1913–1945) zu dem Thema „Erbpflege und Christentum". Sie durchbrach die evangelische Ablehnungsfront gegen negative eugenische Maßnahmen.[716] Der Untertitel war eindeutig: „Fragen der Sterilisation, Aufnordung, Euthanasie und Ehe". In einem Vorwort begrüßte Fritz Lenz, der führende Rassenhygieniker der NS-Zeit, dass sich Stroothenke „mit den Fragen der Rassenerhaltung, die Adolf Hitler in den Mittelpunkt der politi-

---

[713] Van Hove, Menno, Leer, Inaugural-Dissertation, S. 13 UB/TIB Hannover DS 9458. Anregungen zu dieser Arbeit gab der Amtsarzt des Kreises Leer, Medizinalrat Dr. Buurmann.
[714] Nowak, Kurt, „Euthanasie" und Sterilisierung im „Dritten Reich", S. 80.
[715] Der „Jöttenweg" wurde 2011 von der Stadt Münster umbenannt, weil Karl Wilhelm Jötten eine pseudowissenschaftliche Begründung für die Rassenhygiene entwickelte, zeitweise als Rassenhygieniker wirkte und einschlägige Dissertationen betreute. (https://www.muenster.de/stadt/strassennamen/joettenweg.html).
[716] Nowak, Kurt, „Euthanasie" und Sterilisierung im „Dritten Reich", S. 124.

schen Weltanschauung gestellt hat" auseinanderzusetze. Es war für ihn auch „eine Genugtuung, daß der Theologe Stroothenke Bavink gerecht wird."[717] Der evangelische Theologe und Historiker Kurt Nowak bezeichnet Stroothenke als „Außenseiter" in der evangelischen Kirche und brandmarkt seinen Dilettantismus in eugenischen Fragen und sein theologisches Ignorantentum.[718]

Stroothenke hatte in seiner Schrift festgestellt: „Es gibt kein gleiches Recht für Hochwertige und Minderwertige. Das Minderwertige ist auszuscheiden, das Hochwertige zu pflegen." Die „Asozialen, Minderwertigen und Behinderten" wurden von Stroothenke als „After-Schöpfung" bezeichnet.[719] Bavink sprach schon 1927 von „Verpöbelung" des Volkes.[720] Stroothenke argumentierte auch mit der Feststellung Bavinks: „Gottes Wille ist nicht, daß Kranke in der Welt seien..."[721] und sprach sich als erbpflegerische Maßnahme für die Tötung missgestalteter Kinder mit Zustimmung der Eltern aus. Eine solche Forderung hatten öffentlich bisher selbst radikale NS-Eugeniker nicht gefordert. Von der katholischen Kirche wurde das Buch Stroothenkes 1941 auf den Index gesetzt, weil er behauptete (so der „Osservatore Romano". Anm. d. Verf.), der sittliche Wert eines Menschen sei von psychischen und physischen Eigenschaften abhängig und es verletze die persönliche Würde nicht, wenn ein Mensch sterilisiert und einer, der für das Gemeinschaftsleben nicht tauge, getötet werde.[722] Dies war eine exakte Beschreibung der Positionen der deutschen „Rassenhygieniker".

---

[717] Evangelische Dokumente, S. 52 f.
[718] Nowak, Kurt, „Euthanasie" und Sterilisierung im „Dritten Reich", S. 125.
[719] Zitiert nach: Wunder, Michael u. a. Auf dieser schiefen Ebene gibt es kein Halten mehr, Die Alsterdorfer Anstalten im Nationalsozialismus, Kohlhammer-Verlag, Stuttgart 2016, S. 95 f.
[720] Unsere Welt, Heft 4, 1927, S. 101.
[721] Hase, HansChristoph v. (Hg.), Evangelische Dokumente, S. 54.
[722] Nowak, Kurt, „Euthanasie" und Sterilisierung im „Dritten Reich", S. 125.

Bavink war sich seiner Stellung als Kronzeuge für eine radikale Denkrichtung bewusst. Er stellte voller Freude fest, dass Stroothenke seine Dreiteilung der christlichen Ethik (personale, soziale und organische) übernahm. Es folgte im Kriegsjahr 1941 sein Appell an das Christentum zum „gegenseitigen Sichverstehen von Christentum und nationalsozialistischer Haltung". Er forderte, dass auch das Christentum die „übergeordneten Schöpfungseinheiten (Volk, Familie, usw.)" als legitime Subjekte wie Objekte christlicher Ethik, die „unmittelbar zu Gott" sind, anerkennen müsse. Bavink bezog sich ausdrücklich auf Stroothenke bei der Argumentation, dass sich der Einzelne dem Existenzrecht des Volkes unterordnen muss.[723]

Fritz Lenz hatte zu Stroothenkes Werk ein „emphatisches Vorwort" geschrieben. Vermutlich über Lenz bekam Stroothenke publizistische Unterstützung durch Bavink.[724] Der lobte, bevor er die Arbeit in „Unsere Welt" 1941[725] mit Vorbehalten wohlwollend rezensierte, zunächst den Vorwortverfasser Lenz als Forscher von Rang. Aus „systematischen Gründen" hielt Bavink die Nähe des Euthanasiegedankens zur Eugenik für bedenklich. Diese Bedenken wurden im nächsten Satz wieder abgeschwächt: „Die Entwicklung der Dinge hat aber bekanntlich bereits dahin geführt, daß allen vorsichtigen Abgrenzungsbestrebungen der führenden deutschen Eugeniker zum Trotz sich die Einbeziehung der Euthanasie auch in praktischer Hinsicht bereits angebahnt hat."

Diese Formulierung deutet daraufhin, dass Bavink Ende 1940 Kenntnis von den systematischen Gasmorden an insgesamt über

---

[723] Bavink, Ergebnisse und Probleme..., 8. Auflage, S. 670, Anm. 642.
[724] Schwartz, Michael, „Euthanasie"-Debatten in Deutschland, S. 649 Anm. 116.
[725] Unsere Welt, 33. Jg., Heft 1, Januar 1941, S. 17 f. Dieser Ausgabe von „Unsere Welt" war ein Prospekt des Verlags Hirzel für Bavinks Standardwerk „Ergebnisse und Probleme..." beigefügt.

70.000 Menschen mit Behinderungen hatte, die im Januar 1940 mit der „Aktion T4" begannen. Es bleibt unklar, auf welchem Weg er die geheimen Informationen erlangte. Möglicherweise erhielt er die Informationen von Fritz Lenz oder von dem ihm gut bekannten früheren Anstaltsarzt in Bethel, Dr. Werner Villinger, der als Gutachter an der „Aktion T4" mitwirkte.

Über die tatsächliche Wirkung der eugenischen Maßnahmen gab sich Bavink keinen Illusionen hin. „Natürlich muß es im Volkskörper zu merken sein, wenn man zunächst einmal jene 150.000–200.000 unterwertigen Erbstämme ausmerzt [...] aber man muß dabei doch darüber klar sein, daß dies alles den Untergang nur aufschiebt [...] wenn nicht die positive Eugenik hinzukommt." Fritz Lenz bestätigte in der Endphase des NS-Staates 1943, dass die rassenhygienischen Maßnahmen den rassischen Niedergang zwar verlangsamt, aber keinen Aufstieg zur Folge gehabt hätten.[726]

Bavinks Nähe zur nationalsozialistischen Weltanschauung blieb nicht unverborgen. In der „Monatsschrift für Judentum in Lehre und Tat" (3. Jg. 1933) der Rabbiner-Hirsch-Gesellschaft, schrieb Dr. med. Jakob Levy in einem Aufsatz mit dem Titel „Sozialhygiene und Weltanschauung": „Indes man hat unbedingt die Überzeugung, daß die Eugenik auf den Protestantismus projiziert nicht unbedingt die Einstellung Bavinks erfordert, sondern daß es gelingen kann, den Ausgleich zwischen Bruderliebe und Anerkennung organischer Einheit auch ohne ideologischen Konnex mit dem Faschismus zu finden."[727]

---

[726] Weingart, Peter; Kroll, Jürgen; Bayertz, Kurt (Hg.), Rasse, Blut und Gene, S. 406.
[727] Nachalath Zawi, III. Jg., März 1933, S. 201 (UB Universität Frankfurt).

Die „Lebenserfüllung des Weibes"

Ein Thema des „Rassendiskurses" war die Rolle der Geschlechter. Bavink wandte in seinem Hauptwerk Erkenntnisse der Vererbung und der Differenzierung von Menschenrassen im Hinblick auf kulturelle Leistungen „rassenintern" an. Den Einfluss der Erbmasse auf Kulturleistungen „gibt es für ihn tatsächlich". Er erörterte diese Aussage am Beispiel der „kulturellen Leistungen der beiden Geschlechter" des Menschen. Für Bavink waren Mann und Frau „in ihrem menschlichen Wesen verwandt und doch verschieden genug, um ihren besonderen Aufgaben gerecht zu werden." In Bezug auf Kulturleistungen hielt er die Rolle der Frau für passiv und die des Mannes für mehr aktiv. Er fragte, wo in den Jahrtausenden Frauen selbstständige neue große Leistungen erbracht hätten. „Wo sind die großen Erfinderinnen, die Komponistinnen, die großen durch die Weltgeschichte gehenden Dichterinnen usw." Er resümierte: „Und so wird es wohl dabei bleiben und bleiben müssen, daß das kleine Mädchen nach wie vor mit Puppen, der Junge dagegen mit Soldaten oder einem technischen Baukasten [...] spielt."

Auch an anderer Stelle hebt er die Unterschiede in den traditionellen Rollenbildern zwischen Mann und Frau hervor: „Eine elektrische Leitung, ein Fahrrad oder Auto zu reparieren überläßt in mehr als den meisten Fällen jedes weibliche Wesen am liebsten dem nächst erreichbaren Mann und stellt sich [...] dabei ziemlich dumm an wie ein Mann, der einen Säugling wickeln und füttern soll. Es muss also dabei bleiben: bisher ist auch der kulturelle Fortschritt der Menschheitsgeschichte in allem Wesentlichen durch die größere Aktivität des Mannes bedingt gewesen."[728]

---

[728] Bavink, Bernhard, Kampf und Liebe als Weltprinzipen, S. 62 f.

Bavink berichtete aus seiner Lehrerpraxis, er habe „in seiner 35 jährigen Erfahrung mit zahlreichen Abiturientinnen Klassen nur einen einzigen Fall erlebt, wo [sic!] (es) eine seiner [...] Schülerinnen zum Universitätsprofessor gebracht hat".

Nach seiner Auffassung sollte nur eine begrenzte Auswahl ganz besonders gut veranlagter Mädchen studieren. „Der Prozentsatz wäre in den einzelnen Fakultäten nicht schematisch gleichzumachen [...] sondern beispielsweise der Medizin und dem Lehrfach ein größerer Satz zuzubilligen als dem Jurastudium."

Bavink hatte eindeutige Vorstellungen davon, für welche Fächer und Berufe Frauen geeignet erschienen:

„Theologie ist auch ein ausgesprochenes männliches Werk. Frauen liegt sie nur in den seltensten Fällen. [...] Kommt dann noch die weibliche Hingabefähigkeit an eine ‚große Sache' hinzu, so ist die große oder kleine Fanatikerin fertig, wie solche heute besonders unter der weiblichen Gefolgschaft Karl Barths[729] recht häufig anzutreffen ist."[730]

Die Nationalsozialisten legten 1933 fest, dass von 15.000 zugelassenen Studienanfängern nur 10 % Frauen sein durften. Später wurden diese Vorschriften gelockert.[731]

In der 4. Auflage seines Hauptwerks aus dem Jahr 1930 hatte sich Bavink über Geschlechterprobleme bei der sportlichen Betätigung von Frauen ausgelassen. Er führte aus: „Es ist viel wichtiger, daß eine Frau mit Erbanlagen, die zu körperlichen Leistungen befähigen würden, diese Fähigkeit auf eine möglichst große

---

[729] Der Schweizer Theologe war ein Gegner des Nationalsozialismus.
[730] Bavink, Bernhard, Kampf und Liebe als Weltprinzipen, S. 153.
[731] Benz, Wolfgang; Graml, Hermann; Weiß, Hermann (Hg.), Enzyklopädie des Nationalsozialismus, S. 252 f.

Zahl von Kindern überträgt, als daß dieselbe Frau diese Fähigkeiten wirklich phänotypisch ausbildet."[732]

Die Forderungen Bavinks entsprachen den antiemanzipatorischen und antiegalitären Stereotypen des Bürgertums im 19. Jahrhundert. Der Philosoph Eduard von Hartmann hatte zum Beispiel in seiner Schrift „Moderne Probleme" (1886) behauptet: „[daß] das weibliche Gehirn und Nervensystem von anstrengender geistiger Arbeit geschädigt werde. Die Frauen sollten vielmehr dem ‚Vaterlande' möglichst viele neue Bürger zuführen, um es im Kampf ums Dasein siegreich zu erhalten".[733] Bavink bekannte, in philosophischen Fragen „durchaus in den Fußstapfen Eduard von Hartmann zu wandeln."[734]

Bavinks Freund, der „Rassenhygieniker" Fritz Lenz, veröffentlichte 1917 in der völkischen Zeitung „Deutschlands Erneuerung" das Credo: „Höchste Lebenserfüllung findet das Weib nur als Mutter, nur in Kindern – und auch der Mann nicht ohne Kinder. [...] Wer nicht fähig ist, mehrere gesunde Kinder aufzuziehen, dessen Leben wird in der Regel von überwiegendem Schaden für die Rasse sein."[735]

Oda Lerda-Olberg, die Vertreterin einer „sozialistischen Rassenhygiene", entgegnete 1923 den männlichen Werbern der Rassenhygiene: „Kommt nicht zur modernen Frau mit [...] Geschlechtsuntertänigkeit und Gebärzwang. [...] Die emanzipierte Frau, die aus Liebe zum Beruf die Mutterschaft ablehnt, ist längst irgendwo am Wege gestorben. Die Frau hat die Bahn frei zum Studium, zum politischen Wirken, zum Kampf ums Brot [...] satt

---

[732] Bavink, Bernhard, Ergebnisse und Probleme..., 4. Auflage, S. 539 f. Im Kapitel IV. Natur und Mensch – 6. Naturschutz.
[733] Mein Kampf, S. 49, Anmerkung 110.
[734] Bavink, Bernhard, Ergebnisse und Probleme..., 8. Auflage, S. 493.
[735] Deutschlands Erneuerung, 1. Jg. 1917, S. 272, http://tudigit.ulb.tu-darmstadt.de/show/Zs-7252-Bd-1/0279.

zu werden oder zu verhungern an Leib und Seele. [...] Wir beanspruchen sogar das Recht, unsere Forderungen mit jeder moralischen und politischen Abstempelung verschont zu sehen."[736]

Bavink polemisierte gegen die von Dr. Mathilde Vaerting in ihren Schriften geäußerten Ansichten. Er schrieb im Sommer 1944 über eine „damals in Deutschland sehr bekannte Frauenrechtlerin".[737] Er wusste wohl, dass Vaerting wegen ihrer unbequemen Schriften als Professorin an der Universität Jena nach den Bestimmungen des Gesetzes zur Wiederherstellung des Berufsbeamtentums vom 7. April 1933 entlassen wurde. Außerdem erhielt sie von den Nationalsozialisten ein Publikations- und Ausreiseverbot.[738]

Bavink stimmte den von Lenz geäußerten Bedenken in dem damaligen Standardwerk von Baur-Fischer-Lenz zur „Menschlichen Erblichkeitslehre und Rassenhygiene" gegen ein Frauenstudium zu. Gegen eine generelle Beschäftigung von Schülerinnen mit wissenschaftlichen Themen hatte er keine Bedenken: „Wer ein ordentliches Abitur macht, braucht deshalb nicht [...] auch noch zu studieren.". Fritz Lenz' zweite Frau Kara geb. von Borries, die er 1929 heiratete, war Akademikerin und eine ehemalige Schülerin von Bavink. Ein Grund dafür, dass fast alle Abiturientinnen zur Universität gingen, könnte sein, Bavink zitierte eine Schülerin, „sich einen netten Privatdozenten oder Studenten anzustudieren."

Bavink war der Überzeugung:

---

[736] Süddeutsche Monatshefte, 25. Jg., Heft 6, März 1923, S. 426.
[737] Bavink, Bernhard, Ergebnisse und Probleme..., 8. Auflage, S. 650 f. und Anm. 623–625.
[738] Bechthold, E. (2004). Wissenschaft als Beruf für Frauen? Geschlechterdifferente Teilhabechancen im Wissenschaftsbetrieb. (ExMA-Papers, 1). Hamburg: Universität Hamburg, Fak. Wirtschafts- und Sozialwissenschaften, FB Sozialökonomie, Zentrum für Ökonomische und Soziologische Studien (ZÖSS). https://nbn-resolving.org/urn:nbn:de:0168-ssoar-193547·

„Das Ideal [ist] vielmehr, daß der Mann, wenn er am Abend müde von seiner Arbeit [...] nach Hause kommt, dort eine Atmosphäre von Wärme, Freundlichkeit [...] mit Verständnis und Takt auf seine Sorgen und Nöte wie auch auf seine Erfolge eingeht, auf die die Frau stolz sein darf, daß er seine und ihre Kinder bei ihr stets in den besten treuen Mutterhänden weiß."[739]

Bei Hitler hieß es:

„Analog der Erziehung der Knaben kann der völkische Staat auch die Erziehung des Mädchens von den gleichen Gesichtspunkten aus leiten. Auch dort ist das Hauptgewicht vor allem auf die körperliche Ausbildung zu legen, erst dann auf die Förderung der seelischen und zuletzt der geistigen Werte. Das Ziel der weiblichen Erziehung hat unverrückbar die kommende Mutter zu sein."[740]

Als eine der wesentlichen Forderungen der nationalsozialistischen Weltanschauung sah 1933 der Gauschulungsleiter und Rassentheoretiker Dr. Karl Zimmermann, der wie Bavink Studienrat an einem Mädchengymnasium war, mit Verweis auf Hitler: „Die Mädchen sollen als künftige Mütter erzogen werden."[741]

Bavink behauptete, es gäbe „zweifelsohne Rassen, in denen männliche Kampflust [...] Drang zu besonders hohem und kühnen Geistesflug in außergewöhnlichen Maße zu finden sind, und andere, die zu mehr weiblicher Beschaulichkeit [...] und innigem Gemütsleben neigen". Und weiter: „...es sind immer einzelne besonders begabte männliche Individuen gewesen, die auf irgendeinem Gebiete die Kultur um einen wesentlichen Schritt vorwärts

---

[739] Bavink, Bernhard, Kampf und Liebe als Weltprinzipen, S. 104 f.
[740] Mein Kampf, S. 49.
[741] Zimmermann, Karl, Die geistigen Grundlagen des Nationalsozialismus, S. 72.

gebracht haben."⁷⁴² Bavinks Zeitgenosse Werner Sombart erörterte 1938 die Weltprinzipen der Männlichkeit und der Weiblichkeit, stellte jedoch fest, sich dabei nicht mehr auf dem Gebiet der Wissenschaft, sondern dem der Metaphysik zu bewegen.⁷⁴³

Bavinks Argumentation zu den Geschlechterrollen stand im Kontrast zu dem Diktum eines Zeitgenossen, dem Schweizer Biologen, Anthropologen und Naturphilosophen Adolf Portmann (1897–1982). Portmann über die Diversität von Mann und Frau: „So darf man ja auch die natürliche Entzweiung des Menschen in Mann und Frau nicht bloß als Arbeitsteilung im Dienst der Arterhaltung werten; sie ist zugleich ein Reichtum, eine Ausweitung der Möglichkeiten alles Welterlebens, der Begegnungen und des Gestaltens."⁷⁴⁴

---

[742] Bavink, Bernhard, Kampf und Liebe als Weltprinzipen, S. 59 f. Es handelt sich um eine von Karola Otte bearbeitete Fassung von 1952.
[743] Sombart, Werner, Vom Menschen, S. 139.
[744] Zitiert in: Basler Universitätsreden, 42. und 43. Heft, 1960, Basel.

Vierter Teil: Die „Judenfrage"

Gewöhnlicher und „planmäßiger" Antisemitismus

Darwinismus, Genetik, Eugenik, Rassenhygiene, Rassenbiologie, organischer Staat und Volkskörper waren politische Schlagworte aus dem 19. Jahrhundert. Zu dem alten Judenhass aus religiösen Motiven gesellte sich Ende des 19. Jahrhunderts der Antisemitismus aus wirtschaftlichen und rassischen Motiven. Der Antijudaismus transformierte sich in der katholischen Kirche nur bedingt in einen neuzeitlichen Antisemitismus. Es wurde postuliert, ein rassistischer Antisemitismus sei unchristlich. Erlaubt seien allenfalls sittliche und rechtliche Mittel gegen einen schädlichen Einfluss der Juden. Das protestantisch-nationalkonservative Milieu war eher empfänglich für die Tiraden des deutsch-konservativen Hofpredigers Adolf Stoecker (1835–1909), der Juden als „parasitäre Existenzen" bezeichnete.[745]

Bavink wuchs in einem protestantischen Landstrich auf, der einen sichtbaren Anteil an jüdischer Bevölkerung hatte. In einer Karte über „Die Verbreitung der Juden im Deutschen Reich" (Stand um 1900) in Meyers Konversationslexikon (Ausgabe 1905) rangierten Teile Ostfrieslands mit der Stadt Leer auf einer Skala von 1 (unter 3 jüdische Einwohner auf 1000 Einwohner) bis 8 (über 60 jüdische Einwohner auf 1000 Einwohner) auf Rang 2 (3-10 jüdische Einwohner auf 1000 Einwohner). Der spätere Wohnort Bavinks Bielefeld befand sich auf Rang 3 (10–15 Einwohner).[746]

---

[745] Vgl. Mein Kampf, Band II/10, Anm. 70. Unter Stoeckers Führung wurde 1892 in das „Tivoli-Programm" der Deutsch-Konservativen Partei ein Antisemiten-Passus aufgenommen. Die „Stoecker-Straße" in Bielefeld wurde 1987 umbenannt.
[746] Meyers Großes Konversations-Lexikon, 6. Auflage, 1905–1909, http://www.zeno.org/nid/20006181864.

Als Zeichen einer blühenden jüdischen Gemeinde in Leer wurde 1885 eine neue Stadtbild prägende Synagoge eingeweiht. Bavink war gerade eingeschult worden. Der Leeraner Bürgermeister Julius Pustau nahm an der Einweihungsfeier teil.[747]

Jüdische Familien waren wie die Mennoniten, die Religionsgemeinschaft des Vaters von Bavink, bereits über vierhundert Jahre in Leer ansässig. Sie waren im Handel und Handwerk aktiv. Juden und Mennoniten gewannen volle bürgerliche Rechte erst 1806 mit der Einverleibung Ostfrieslands in die französisch regierten Niederlande. Im Jahr 1895 wurden bei einer Einwohnerzahl von insgesamt 11.470 Menschen in der Stadt 82 Mennoniten und 299 „Israeliten" gezählt.[748] Das Königreich Hannover (1815–1866) entzog den beiden Bevölkerungsgruppen wieder einen Teil der erst kurz zuvor zugestandenen Rechte. Erst mit der Wiedervereinigung Ostfrieslands mit Preußen 1866 erhielten Juden und Mennoniten ihre bürgerlichen Rechte zurück.[749]

Bavink schrieb in seinen Lebenserinnerungen: „Dort [in der Heisfelder Straße. Verf.] wohnten einige Häuser vor der Großmutter zwei jüdische Viehhändlerfamilien des Namens de Vries und Feilmann (Frau Feilmann war eine geborene de Vries) [...] Wir Kinder pflegten, einen weiten Bogen um diese Haustüren zu gehen, da der herausdringende Gestank uns abstiess. Doch glaube ich, daß das Viehgeschäft sehr daran beteiligt war. In ähnlichen ‚christlichen' Geschäften roch es auch nicht viel besser."[750]

Wilhelmine Siefkes (1890–1984) schildert die Verhältnisse in ihrem Elternhaus in der Pfefferstraße (jetzt Rathausstraße 9) nicht weit entfernt von Bavinks Elternhaus: „Mein Vater war wie

---

[747] In der Pogromnacht 1938 wurde die Synagoge unter Leitung des damaligen Bürgermeisters Erich Drescher von einem SA-Trupp, bestehend aus Leeraner Bürgern, abgebrannt.
[748] Adreßbuch der Stadt Leer, 1896, W. J. Leendertz.
[749] Eimers, Enno, Kleine Geschichte der Stadt Leer, S. 35 f.
[750] Bavink, Erinnerungen, S. 39.

seine Vorfahren Bauer, und als er meine Mutter heiratete (1876), standen in den Ställen, die neben der Scheune das mächtige Hintergebäude füllten, noch an die zwanzig Kühe".[751]

Seine Bewertung der Leistungen des jüdischer Mitschülers Julius V. („zumal er aussergewöhnlich dumm war") veranlasste Bavink in seinen Lebenserinnerungen zu der generellen Feststellung: „Juden sind meistens schlau oder sehr dumm, Mittelgut ist selten bei ihnen."[752] Die Idee „jüdischer Gene" war ein gängiges antisemitisches Stereotyp, das längst widerlegt ist. Der Zeitgenosse Felix von Luschan (1854–1924), Anthropologe und Ethnograph,[753] widersprach solchen Auffassungen und meinte, es sei völlig unwissenschaftlich, von einem Charakter der Juden zu sprechen. Er wandte sich gegen einen pseudowissenschaftlichen „Radau- und Geschäftsantisemitismus".[754] Zum Beispiel unterscheidet sich der Genmix aschkenasischer Juden nicht von den Genomen der Thüringer, Sachsen oder Brandenburger. Genvarianten, die eine höhere Intelligenz oder das Gegenteil davon befördern, treten weltweit gleichmäßig auf.[755]

In Leer, wo Bavink von 1885 bis zum Beginn seiner Studienzeit 1895 zur Schule ging, wurde 1891 von einem lutherischen Volksschullehrer und einem Navigationslehrer an der Seefahrtsschule ein antisemitischer Reformverein gegründet.[756] Als Reaktion auf die zunehmende Judenfeindschaft gründete sich 1890 aus dem liberalen nicht jüdischen Bürgertum auf Reichsebene ein Verein zur Abwehr des Antisemitismus, dem u.a. Theodor Mo-

---

[751] Siefkes, Wilhelmine, Erinnerungen, S. 11 f.
[752] Bavink, Bernhard, Lebenserinnerungen, Stadtarchiv Bielefeld Bestand 2005, Nr. 42, S. 47.
[753] 1922 wurde er als ordentlicher Professor für Anthropologie auf den ersten Lehrstuhl für Anthropologie der Charité in Berlin berufen.
[754] Luschan, Felix v., Völker, Sprachen, Rassen, S. 170.
[755] Vgl. Krause, Johannes, Trappe, Thomas; Die Reise unserer Gene, S. 248 f.
[756] Kellner, Wolfgang, Verfolgung und Verstrickung, S. 18 f.

mmsen, Rudolf Virchow, Rudolf v. Ihering und Heinrich Mann angehörten.[757] Auch in Leer wurde ein solcher Verein gegründet. Der in Ostfriesland geborene Rechtswissenschaftler Rudolf v. Ihering (1818–1892) schrieb: „Ich gehöre nicht zu den Antisemiten; ich würde vor mir selber erröten, wenn ich mich auf der geringsten antisemitischen Regung ertappte." Im Jahr 1880 stellte er fest: „Es ist zu begreifen, daß der Pöbel sich leicht gegen die Juden aufhetzen läßt; daß aber auch Leute, die den gebildeten Kreisen angehören, an dieser Gemeinheit sich beteiligen, ist schwer zu begreifen und gereicht unserer Nation nicht zur Ehre."[758]

Bavink stand vor der Wahl, einem liberalen oder konservativen Bürgertum zu folgen. Mit der Hinwendung zur lutherischen Religion seiner Mutter und ausdrücklich nicht zu seinem liberalen mennonitischen Vater positionierte er sich schon in der Jugendzeit. Bavink beschäftigte sich früh mit den vermeintlichen negativen Einflüssen des Judentums auf das Christentum. Er stellte das „altgermanische Erbe" gegen die „unzweifelhaften Judaismen" in der christlichen Kirche.[759]

Nach der Reichsgründung 1871, als das wohlhabende Bürgertum zu politischer Macht und wirtschaftlicher Freiheit gelangt war, etablierten sich konservative und antisemitische Tendenzen. Diese Feststellung traf im Jahr 1925 Prof. Dr. Julius Goldstein, der u. a. bei dem ostfriesischen Literaturnobelpreisträger Rudolf Eucken in Jena studierte, in seinem Werk „Rasse und Politik".[760] Obwohl Juden eine absolute gesellschaftliche Minderheit waren, wurde ihre Rolle im 19. Jahrhundert in der deutschen Gesellschaft mit antisemitischen Untertönen immer wieder thematisiert.

---

[757] Mein Kampf, II/209, Anm. 61.
[758] Zitate in Mitteilungen aus dem Verein zur Abwehr des Antisemitismus, Nr. 17/18 v. 2. Oktober 1918, S. 89 (Bayerische Staatsbibliothek – Digitale Bibliothek).
[759] Bavink, Erinnerungen, S. 381.
[760] Goldstein, Julius, Rasse und Politik (1925), S. 121.

Ein Anknüpfungspunkt und Verstärker war die wirtschaftliche Entwicklung. An diesen rassistischen politischen Antisemitismus im Bürgertum im Kaiserreich konnten die Nationalsozialisten nach dem Ersten Weltkrieg anknüpfen.

Der Wirtschaftswissenschaftler Werner Sombart stellte um die Jahrhundertwende fest: „So wird man zugeben müssen, daß unser Wirtschaftsleben sich im neunzehnten Jahrhundert gestaltet hat, ganz undenkbar wäre ohne die Mitwirkung der Juden. [...] So kann man gar nicht umhin, die Existenz jüdischer Wirtschaftssubjekte als einen der größten Vorzüge anzuerkennen, über die dieses Land in ethnischer Hinsicht verfügt: ‚si le juif n´existait pas, il faudrait l´inventer'."[761] In einer weiteren Analyse hebt Sombart hervor: „Das letzte Jahrfünft bringt auch und gerade für Deutschland zu guter Letzt eine Zeit blühender Hausse auf dem Gebiet des Wirtschaftslebens. [...] Die deutsche Volkswirtschaft [...] ist aber im Grunde bis heute (1912) in einem Zustand dauernder Erregtheit geblieben, wie ihn die kapitalistische Welt im letzten Jahrzehnt ganz allgemein erlebt hat."[762]

Die unerwünschten wirtschaftlichen Verwerfungen während des Übergangs zur industrialisierten Wirtschaft, die sich in den traditionellen Wirtschaftszweigen wie im Handwerk und Handel besonders bemerkbar machten, wurden den Juden angelastet und führten zu antisemitischen Reaktionen. Sombart stellte fest: „Weshalb sich gerade in jenen Kreisen des sinkenden Handwerks ein durchaus naturwüchsiger Antisemitismus entwickelt hat, der sich, wie es solchen blinden Volksbewegungen eigen zu sein pflegt, an die greifbare Form (das Judentum) statt an den inneren

---

[761] Sombart, Werner, Die deutsche Volkswirtschaft..., S. 113; Übersetzung: Wenn es den Juden nicht gäbe, müsste er erfunden werden.
[762] Sombart, Werner, Die deutsche Volkswirtschaft..., S. 85 f.

Kern (den Kapitalismus) hält"[763] Der Historiker Heinrich von Treitschke schrieb dazu im Geburtsjahr Bavinks:

„Keine deutsche Handelsstadt, die nicht viele ehrenhafte, achtungswerthe jüdische Firmen zählte; aber unbestreitbar hat das Semitenthum an dem Lug und Trug, an der frechen Gier des Gründer-Unwesens einen großen Antheil, eine schwere Mitschuld an jenem schnöden Materialismus unserer Tage, der jede Arbeit nur noch als Geschäft betrachtet und die alte gemüthliche Arbeitsfreudigkeit unseres Volkes zu ersticken droht. [...] Antisemitenvereine treten zusammen, in erregten Versammlungen wird die ‚Judenfrage' erörtert. [...] Es ist des Schmutzes und der Rohheit nur allzuviel in diesem Treiben. [...] Bis in die Kreise höchster Bildung hinauf [...] ertönt es heute wie aus einem Munde: die Juden sind unser Unglück!"[764] Konkrete antijüdische Äußerungen sind bei Bavink nach der Zäsur des verlorenen Krieges (1918) zu finden. Im Kollegium seiner Schule in Bielefeld gehörte er mit drei Kollegen zur „deutschnationalen Opposition". Eine Begründung dafür war, „weil das Judenregiment allzu sichtbar und abschreckend in Erscheinung trat."[765] Er sprach von der völligen Überfremdung durch jüdische, amerikanische und russische Einflüsse.[766] Hier zeigt sich bereits das Bild von der „goldenen und roten Internationale", das in völkischen Kreisen geschaffen wurde. Dazu gehörte eine grobe Einteilung der politischen Akteure in die Antipoden „Nationale" und „jüdische Antinationale". Bavink behauptete: „Die wesentlichsten [sic!] Wortführer der nationalen Opposition waren eine grosse Anzahl von Professoren als ihre geistigen Wortführer,

---

[763] Sombart, Werner, Die deutsche Volkswirtschaft..., S. 117.
[764] Treitschke, Heinrich von, Unsere Aussichten, Preussische Jahrbücher, Bd. 44, 1879, S. 572 f.
[765] Bavink, Erinnerungen, S. 284.
[766] Stadtarchiv Bielefeld, NL Bavink, Erinnerungen, A 8, S. 18 f.

wenn es auch manche gab, die (mit Juden und Judengenossen) nach der anderen Seite zogen."[767] Auch im „dt. Volk" sah Bavink die „sich verbreitende Einsicht, von der Unerträglichkeit der geistigen Vorherrschaft des Judentums in Presse, Theater, Rundfunk und Kino".

Bavinks kritisches Verhältnis zum Judentum war keineswegs nur eine aktuelle opportunistische Haltung. Sie war offenbar Folge eines Antisemitismus bereits aus früheren Zeiten. Eine Vorprägung könnte im Umfeld des Keplerbundes schon vor dem Krieg entstanden sein, denn kurz nach Kriegsende 1918 wurde er Mitglied der neu entstandenen aggressiv-antisemitischen Deutschnationalen Volkspartei (DNVP).

Schon in seinem naturphilosophischen Hauptwerk „Ergebnisse und Probleme der Naturwissenschaften", das bis 1947 in mehreren Auflagen erschien, hatte sich Bavink mit der jüdischen Religion befasst. In der 2. Auflage (1921) bezeichnet er die jüdische Religionsauffassung „als echt jüdisch-materialistischen Deismus".[768] Nach seinen Worten sei dieser Einschlag im Christentum durch den „Einfluss des germanischen Elementes zurückgedrängt worden". Es finden sich Hinweise auf Lagardes Schriften, die in dem Jahr 1913 in eine protestantische Schriftenreihe mit dem Titel „Klassiker der Religion" aufgenommen wurden. Lagarde behauptete, die jüdische Religion komme nur aus der Negation und dem „Verstand" und sei reiner Götzendienst. Das Christentum habe erst von den Germanen seine Innerlichkeit empfangen und müsse sich von den paulinisch-jüdischen Elementen befreien.[769]

---

[767] Bavink, Erinnerungen, S. 368
[768] Bavink, Ergebnisse und Probleme... (2. Auflage 1921), S. 294 f.
[769] Vgl. Kampmann, Wanda, Deutsche und Juden, S. 305.

Das von Bavink verwandte Attribut „materialistisch" für die jüdische Religion war ein Standardargument der völkischen Bewegung und der Nationalsozialisten. So urteilte auch der Antisemit Houston Stewart Chamberlain in seinem Hauptwerk „Die Grundlagen des neunzehnten Jahrhunderts" aus dem Jahr 1899. Die Schrift war obligatorischer Bestandteil in preußischen Schulbibliotheken. Hitler zitierte aus dieser Literaturquelle und sah in der jüdischen Religion einen „krassen Materialismus".[770] Im Parteiprogramm (Punkt 24) der NSDAP aus dem Jahre 1920 war die Religionsfreiheit an das Sittlichkeits- und Moralgefühl der germanischen Rasse gebunden. Es wurde ein „positives Christentum" gegen den „jüdisch-materialistischen Geist" postuliert.

Die zitierten Behauptungen Bavinks über die jüdische Religion in seinem Hauptwerk wurden zeitgenössisch als antijüdisch eingeordnet. Der Kommentator „Sigma" in der „Wiener Morgenzeitung" vom 5. September 1925 stellte fest: „Man kann von Bavink nicht verlangen, daß er auch in der jüdischen Religionsphilosophie bewandert sein soll. Aber [...] hätte er sich überzeugen können, daß gerade das Judentum den Immanenzgedanken immer wieder mit größtem Nachdruck betont. [...] Es ist beinahe schmerzhaft, in einem so vortrefflichen, gediegenen und vornehmen Werk auf diesen unrichtigen und verletzenden Satz zu stoßen."[771]

Nach Bavink habe das deutsche Volk das Recht, die ewigen Wahrheiten des Christentums ohne judaistische oder romanische Verfremdung zu sehen. Jeglicher Judaismus im Christentum [...] sei heute nicht mehr tragbar.

Der Inhaber des „Lehrstuhls für Judenhetze" (so ein nationalsozialistisches Organ), der Jenaer Professor Dr. Günther, forder-

---

[770] Nachweise in: Mein Kampf, S. 65 (Anm. 221) und S. 324.
[771] Wiener Morgenzeitung, 5. September 1925, S. 8 (Universitätsbibliothek Frankfurt am Main).

te gleichlautend: „In der Religion ist die jüdische Bibel, vor allem das Alte Testament, ganz auszuschalten und die von jüdischen Einflüssen und Bestandteilen gereinigte Lehre Christi darzulegen...‟[772]

Bavink polemisierte im Blick auf die jüdischen Wurzeln des Alten Testaments: „Es ist geradezu tragikomisch, wie sich [...] unzählige gute alte Mütterchen oder ehrlich ringende Jünglinge mit diesen echt jüdisch spitzfindigen Allegorisierungen abmühen. [...] Wir heutigen deutschen Christen glauben nicht mehr und niemals wieder wie er [‚Paulus‘, d. Verf.] es noch tat, an eine von jüdischen Priestern vor 2000 Jahren zusammenkonstruierte ‚Erwählungsgeschichte‘."

Der von Hitler bewunderte Komponist Richard Wagner (Chamberlains späterer Schwiegervater) sprach 1880 von der „alexandrinisch-judaisch-römisch-despotischen Verunstaltung" des Christentums.[773]

Den Judaismus aus den Frühzeiten des Christentums hatte nach Bavinks Meinung der Apostel Paulus „wider seinen Willen, natürlich völlig ohne seine Schuld" durch die Einbringung des jüdischen Schriftglaubens in das Christentum verursacht. Er nannte in diesem Zusammenhang den Hebräer- und Galaterbrief und das Matthäusevangelium. Dieser Argumentation bedienten sich in der Weimarer Republik auch die Nationalsozialisten.

Alfred Rosenberg, Hitlers Chefideologe, sprach von Verbastardisierung, Verorientalisierung und Verjudung des Christentums durch Paulus. Jesus sei „Arier" und nicht jüdischer Herkunft.[774] Gauschulungsleiter Dr. Karl Zimmermann folgte dieser Sichtweise: „Einzigartig ist die Rolle des Christentums als Weltre-

---

[772] Zitiert in: Hedler, Adolf, Rassenkunde und Rassenwahn, S. 61 f.
[773] Zitiert in: Hesemann, Michael, Hitlers Religion, S. 69.
[774] Mein Kampf, S. 1151 II/93 und Anm. 12.

ligion. [...] das deutsche Christentum wurde mehr und mehr von der blutmäßig westlich-vorderasiatischen Hierarchie und den Dogmen unfehlbarer Päpste überwuchert." Zimmermann sprach von dem Gegensatz zum „orientalisch-vorderasiatischen Juden- und Heidentum". Auf diese Auslegung bezog sich auch Hitler, als er zu der Unduldsamkeit und dem Fanatismus des Christentums in ähnlicher Weise Stellung bezog: „daß es sich bei derartigen Erscheinungen in der Weltgeschichte meist um solche spezifisch jüdische Denkart handelt; ja, daß diese Art von Unduldsamkeit und Fanatismus geradezu jüdische Wesensart verkörpert."

Es illustriert die Verhältnisse des politischen Umbruchs, dass Hitler seine erste schriftliche Äußerung zur „Judenfrage" nicht in seiner Rolle als Politiker verfasste, sondern am 16. September 1919 im Auftrag seines Führungsoffiziers als V-Mann in seinem Regiment. Aus dem Brieftext, der das Thema das „Judentum" zum Gegenstand hatte, ist zu entnehmen, dass seine Rassenideologie und seine Handlungsmaximen bereits stark durch seine Lektüre und Kontakte zum völkischen-bürgerlichen Milieu vorgeprägt waren.[775] Er schrieb:

„Der Antisemitismus als politische Bewegung darf nicht und kann nicht bestimmt werden durch Momente des Gefühls, sondern durch Erkenntnis von Tatsachen. [...] ergibt sich die Tatsache, daß zwischen uns eine nichtdeutsche, fremde Rasse lebt. [...] Seine Macht [die des Juden. Anm. d. Verf.] ist die des Geldes. [...] Sein Wirken wird in seinen Folgen zur Rassentuberkulose der Völker. [...] Der Antisemitismus aus rein gefühlsmäßigen Gründen wird seinen letzten Ausdruck finden in der Form von Progomen [sic]. Der Antisemitismus der Vernunft jedoch muß führen zur planmäßigen gesetzli-

---

[775] v. Albertini, Besson, Deist, Deuerlein, in: Vierteljahreshefte für Zeitgeschichte, 7. Jg. (1959), Heft 2, S. 185 ff., Hitlers Eintritt in die Politik und die Reichswehr.

chen Bekämpfung und Beseitigung der Vorrechte der Juden (Fremdengesetzgebung). [...] Sein letztes Ziel aber muß unverrückbar die Entfernung der Juden überhaupt sein."[776]

Hitler datierte das Entstehen eines „planmäßigen Antisemitismus" auf den Winter 1918/19. „Die nationalsozialistische Bewegung habe es verstanden, „die ‚Judenfrage' aus dem eng begrenzten Kreise oberer und kleinbürgerlicher Schichten herauszuheben."[777]

Ein großer Widerhall des Antisemitismus war auch im bäuerlichen Milieu festzustellen. Der 1893 gegründete Bund der Landwirte, der durch ostelbische Großgrundbesitzer geprägt war, warb mit rigider antisemitischer Agitation vor allem für diese Berufsschicht und erreichte im Jahr 1913 330.000 Mitglieder, davon waren rund drei Viertel Kleinbauern. Im Herbst 1918 stieg die Zahl der antisemitischen Gruppierungen generell sprunghaft an.[778]

Bavink assoziierte in einem Aufsatz mit dem Titel „Rasse und Religion" die Juden mit Begriffen wie „rücksichtsloser Gewinntrieb", „Raffgier" und „viel zu rationalistisch für [...] ein tiefsinniges Dogma".[779]

Heinrich Mann stellte fest: „Man hat noch niemals die Bedeutung eines Menschentyps in dem Grade übertrieben, wie der Antisemit seinen Juden übertreibt." Und weiter: „Zeitweilig besteht ungewöhnlich viel Bedürfnis, zu hassen..."[780]

Hitler stellte 1924/25 in „Mein Kampf" die Behauptung auf, Juden bildeten in den Staaten anderer Völker einen eigenen Staat, „maskiert unter der Bezeichnung ‚Religionsgemeinschaft'. [...] Er

---

[776] v. Albertini, Besson, Deist, Deuerlein, in: Vierteljahreshefte für Zeitgeschichte, 7. Jg. (1959), Heft 2, S. 185 ff., Dokument 12, Hitlers Eintritt in die Politik und die Reichswehr.
[777] Hitler, Mein Kampf, II/209.
[778] Hitler, Mein Kampf, II/209, Anm. 57 f.
[779] In der Zeitschrift „Leben und Weltanschauung" Heft 1, Jg. 1933, Foto 104.
[780] Abwehrblätter, Band 42. 1932, Nr. 1/2 Februar 1932, S. 1 ff.

[der Jude] ist und bleibt der typische Parasit, ein Schmarotzer [...] schädlicher Bazillus, [...] wo er auftritt, stirbt das Wirtsvolk [...] ab."[781]

Theodor Heuss, der 1949 erster Bundespräsident wurde, kommentierte 1932[782] die Ausführungen Hitlers: „Das Kapitel seines [Hitlers] Buches, das von dem Juden handelt, ist im übrigen verzerrt und kenntnislos [...] und in der Tonlage, man kann nicht anders sagen, subaltern und brutal."

Die Nationalsozialisten verwandten die antijüdischen Begriffe von Beginn an. Hitler lamentierte in einer der ersten Versammlungen der NSDAP am 28. August 1920 in München: „Über das Wucher- und Schiebertum, daß die alle an den Galgen kommen".[783] Damit gab er das 25-Punkte-Programm der NSDAP vom 24. Februar 19920 wieder: „Wucherer, Schieber usw. sind mit dem Tode zu bestrafen, ohne Rücksichtnahme auf Konfession und Rasse".

Auch Bavinks Verwendung der Argumentation „auserwähltes Volk" und die Hervorhebung des „Nationalen im Judentum" gegen das „religiös-ethische Argument" entsprachen seinerzeit gängigen antisemitischen Denkweisen.

Die bereits 1918 gezeigte antisemitische Haltung Bavinks hatte Bestand. Über seinen Besuch bei dem Rundfunksender „Deutsche Welle" 1932 in Berlin schrieb er: „Reichenbach hatte [...] sehr gute Beziehungen zu der voll in jüdischen Händen befindlichen Rundfunkleitung. Ich habe in m. Leben nicht so viele Kinder Israels auf einen Haufen angetroffen wie dort im Berliner Funkhaus. [...] Wer das sah, konnte gar nicht anders als sich als

---

[781] Mein Kampf, S. 323 (Bd. I), S. 793.
[782] Zitiert in: Abwehrblätter, Bd. 42, 1932, Heft 1/2, Februar 1932, S. 5 ff. (Bayerische Staatsbibliothek – Digitale Bibliothek)
[783] v. Albertini, Besson, Deist, Deuerlein, in: Vierteljahreshefte für Zeitgeschichte, 7. Jg. (1959), Heft 2, S. 185 ff., Dokument 24, Hitlers Eintritt in die Politik und die Reichswehr.

Deutscher dagegen zur Wehr setzen."⁷⁸⁴ Im Folgejahr wiederholte er diese Aussagen: „Typisch ist z.B. die Verjudung solcher neu entstehender Zweige des öffentlichen Lebens wie des Rundfunks gewesen. [...] Wenn man in das Berliner Funkhaus trat, glaubte man sich in ein jüdisches Warenhaus versetzt. Ähnlich stand es schon mit manchen Hochschulfakultäten u. a. m."⁷⁸⁵

Bavinks Denkweise zur „Verjudung der Presse und des Rundfunks und der Kultur" war eine Übernahme der Thesen des antisemitischen Agitators Theodor Fritsch (1852–1933) in dem „Handbuch für Judenfragen" (ab 1907 herausgegeben). Dort heißt es:

„Standen schon die Konzertsäle jener Tage unter dem Einfluß der im wesentlichen von jüdischen Musikern gepflegten atonalen Entartung, so ward der Funk erst eigentlich das Instrument, welches diesen Zersetzungsvorgang der deutschen Musikalität bis in die entlegensten Gebirgsdörfer trug und die deutschen Bauern dahin brachte, daß sie in ihrer Freizeit nach Negerrhythmen das Tanzbein schwangen. [...] So wurde der Funk und mit ihm das deutsche Volk geradezu der jüdischen Zersetzung in die Arme getrieben."⁷⁸⁶

Im „Handbuch für Judenfragen" wurde zur Kunst ausgeführt:

„Es ist daher auch durchaus nicht verwunderlich, wenn das Judentum in dem um 1905 auftauchenden ‚Expressionismus' sofort die Führung übernahm. Hier allerdings wurde jede Bindung mit irgendeiner Kunsttradition radikal zerrissen, und in wenigen Jahren war dann jener Zustand erreicht, der durch

---

[784] Bavink, Erinnerungen, S. 392.
[785] Bavink, Organische Staatsauffassung und Eugenik, S. 48.
[786] Fritsch, Theodor, Handbuch für Judenfragen (Titel ab 1907), S. 215.

die Bezeichnung ‚Kunstbolschewismus' seine richtige Wertung fand."[787]

Von Fritschs antisemitischem Machwerk führte eine direkte Linie zu Hitlers Lektüre in den Wiener Jahren (1907–1913).[788]

Hitler äußerte sich in „Mein Kampf"[789] zu „krankhaften Auswüchsen irrsinniger oder verkommener Menschen" der Kunstrichtungen Kubismus und Dadaismus. Am Vorabend (19. Juli 1937) der Eröffnung der Ausstellung „Entartete Kunst" sagte er, gerichtet an die „Herren Kunststotterer": „Und was fabrizieren Sie? Missgestaltete Krüppel und Kretins, Frauen, die nur abscheuerregend wirken können, Männer, die Tieren näher sind als Menschen".[790] Im Handzettel zu der Ausstellung „Entartete Kunst" in München heißt es: „Seelische Verwesung, Krankhafte Phantasten, Geisteskranke Nichtskönner".

Ähnlich äußerte sich Bavink. In einem im Oktober 1932 in Berlin gehaltenen Vortrag mit dem Titel „Eugenik und Weltanschauung" hielt er zur Frage der „Verderbnis des Geschmacks" im Manuskript fest: „Sehr viele Kunstwerke stellen Menschen dar, die aus der Irren- oder Blödenanstalt oder dem Zuchthaus entsprungen zu sein scheinen."[791]

Der Kulturwissenschaftler und Historiker Peter Gay vermutete als Ursache für diesen Hass der Feinde Weimars gegenüber „entarteten" Künstlern und Expressionisten das Revolutionäre der künstlerischen Vitalität und die unerbittliche Suche nach der Wirklichkeit hinter den Erscheinungen.[792]

---

[787] Fritsch, Theodor, Handbuch für Judenfragen (Titel ab 1907), S. 215.
[788] Mein Kampf, I/36, Anm. 87.
[789] Mein Kampf, Kommentierte Ausgabe, I/273.
[790] Evans, Richard J., Das Dritte Reich , S. 212.
[791] Stadtarchiv Bielefeld, B I 37, Nachlass Bavink, Wiedergabe eines Vortrages in Berlin, 145 f.
[792] Gay, Peter, Die Republik der Aussenseiter, S. 145.

Für Bavink war „die Kultur ein auf dem Boden einer zu ihr befähigten Rasse oder Rassenmischung erwachsenes [...] Gewächs, dessen Beschaffenheit nur in ganz groben Umfang durch die rassische Eigenart festgelegt wird. [...] Aus der Kultur erwächst die Volkseinheit." Er stellte ferner fest, dass durch die „Machtübernahme der Kunstkritik durch die Juden ein starkes Anwachsen des Sensationsbedürfnisses (im Geschäftsinteresse) und somit ein Anreiz zu möglichst raschen Wechseln [des Stils. Verf.] gegeben war."[793]

Nachdem die NSDAP in Bielefeld bereits im Kommunalwahlkampf 1929 „ein deutsches Kulturtheater" gefordert hatte, wurde der langjährige Intendant im April 1933 entlassen. „Die Gleichschaltung des Theaters 1933 erfolgte vor dem Hintergrund allgemeiner Bemühungen, das gesamte Kulturleben auf den NS-Staat hin auszurichten."[794]

Die Judenhetze durch die NSDAP begann in Bielefeld bereits vor der Machtübernahme Hitlers, als Bavink Teil der „Bewegung" war. Das offizielle Organ der NSDAP im Gau Westfalen bzw. Westfalen-Nord predigte einen Judenhass, der den Zeitgenossen längst vor der Machtergreifung die Augen hätte öffnen müssen. In Bielefeld lebten zu der Zeit etwa 900 Juden, davon sind mehr als 400 ermordet worden.[795]

Nach den Olympischen Spielen von 1936 wurden die Juden immer mehr unter Druck gesetzt. Ein Höhepunkt war die Pogromnacht im November 1938. Hitler persönlich gab dafür das Zeichen durch eine Parteitagsrede am 13. September 1937, die überwiegend aus Beschimpfungen gegen Juden bestand.[796] In

---

[793] Bavink, Bernhard, Organische Staatsauffassung und Eugenik, S. 29.
[794] Vogelsang, Reinhard u. a., Im Zeichen des Hakenkreuzes, S. 61 f.
[795] Vogelsang, Reinhard u. a., Im Zeichen des Hakenkreuzes, S. 111 ff.
[796] Evans, Richard J., Das Dritte Reich, S. 696.

Bielefeld wurde in der Nacht vom 9. zum 10. November (Luthers Geburtstag) die Synagoge und das Gemeindehaus in der Turnerstraße niedergebrannt. Eine große gaffende Zuschauermenge hielt sich dort auf.[797] Eine jüdische Schülerin berichtete: „Abends [...] ging Esther nach Hause. Sie sah die erleuchteten Fenster der Häuser, und sie hörte kleine Gruppen Kinder ‚Martin Luther' singen".[798]

In Bielefeld stieg die Zahl der Auswanderer nach Erlass der Rassengesetze erheblich an, von 26 Personen im Jahr 1933 und 32 Personen im Jahr 1934 (bis zum 15. September 1934) auf 184 Personen vom 16. September 1935 bis zur Pogromnacht 1938. Anschließend wanderten bis zum 1. September 1939 (Kriegsbeginn) noch einmal 196 Menschen aus.[799] Reichsweit war ein signifikanter Anstieg der Auswandererzahlen erst ab 1938 zu verzeichnen.[800] Ab Mitte September 1941 begannen die systematischen Deportationen in die Konzentrationslager. Nach Schätzungen sind dort 400 jüdische Bürger aus Bielefeld ermordet worden.[801] Darunter auch Sophie Einstein, eine Nichte des Physikers Albert Einstein, die in Bielefeld wohnte. Sie wurde nach Theresienstadt deportiert und in Auschwitz ermordet. Vorher war sie, wie alle Juden und Jüdinnen, zwangsweise in einem der sog. „Judenhäuser" (Koblenzer Str. 4, jetzt Arthur-Ladebeck-Str. 6) untergebracht.[802]

Auch Bavink musste täglich auf seinem Weg zur Schule (er wohnte in der Hochstraße) an dem „Judenhaus" in der Werther

---

[797] Dahm, Feiber, Mehringer, Möller (Hg.), Die tödliche Utopie, S. 398.
[798] Vogelsang, Reinhard u. a., Im Zeichen des Hakenkreuzes, S. 121.
[799] Vogelsang, Reinhard u. a., Im Zeichen des Hakenkreuzes, S. 116.
[800] Grüttner, Michael, Brandstifter und Biedermänner, S. 157.
[801] Vogelsang, Reinhard u. a., Im Zeichen des Hakenkreuzes, S. 127.
[802] Friedensgruppe...‚Evangelische Kirche in Nationalsozialismus am Beispiel Bielefeld, S. 112.

Str. 6 vorbeigehen.[803] In seinen Lebenserinnerungen und in seinen Veröffentlichungen ignorierte Bavink diese Entwicklung der Judenverfolgung in seinem unmittelbaren Lebensumfeld.

Der Rabbiner und der Antisemit

Eine erste öffentlich geäußerte politische Stellungnahme des Oberstudienrats Bavink, die den in Teilen des Bürgertums vorhandenen Antisemitismus widerspiegelte, ist kurz nach dem Waffenstillstand in der „Westfälischen Zeitung" vom 18. Dezember 1918 dokumentiert.[804] Auslöser war der Wahlkampf für die Wahl zur Nationalversammlung am 19. Januar 1919. Bavink hatte sich der Ende November 1918 gegründeten Deutsch-Nationalen Volkspartei (DNVP) angeschlossen. Zu deren Gründungsorganisationen zählten auch antisemitische Gruppen.[805]

Er nahm in einem zweispaltigen „Offenen Brief", gerichtet an einen Oberlehrer Müller, zu dessen Werbung für den Eintritt in die ebenfalls im November 1918 gegründete „Deutsche Demokratische Partei (DDP)" kritisch Stellung. Bavink begab sich als „bisher Parteiloser" in die Rolle des Aufklärers: „insonderheit [sic!] [für] die bisher politisch ganz ungeschulten Frauen". Außerdem wandte er sich an den „sehr geehrten Amtsgenossen", ohne sich als Anhänger der DNVP erkennen zu geben. Die Bemerkung Bavinks über „politisch ungeschulte Frauen" war unter Umständen eine Spitze gegen seine Kollegin Dr. Morisse, die für die DDP kandidierte.

---

[803] Vogelsang, Reinhard u. a., Im Zeichen des Hakenkreuzes, Stadtplan, hintere Umschlagseite.
[804] Westfälische Zeitung v. 18.12.1918 (Zeitpunkt.nrw ULB Bonn + ULB Münster Visual Library Server 2019). Müller hatte sich auf der Titelseite der „Westfälischen Zeitung" mit Vorwürfen von „Herrn Justizrat Fasbender" an seine Adresse auseinandergesetzt.
[805] Lösche, Peter, Kleine Geschichte der Deutschen Parteien, S. 89.

Die DDP wurde am 20. November 1918 formell gegründet. Am 16. November hatten im „Berliner Tageblatt" sechzig Persönlichkeiten, vor allem Journalisten und Professoren, zur Gründung aufgerufen. Unter den Gründungsmitgliedern waren Theodor Heuss, Max Weber, Albert Einstein und Hugo Preuß, der die Weimarer Verfassung ausarbeitete.[806] Die DDP war bei den Wahlen eine bevorzugte Partei auch des liberalen jüdischen Bürgertums.[807]

Bavink benutzte die bekannten antisemitischen Stereotype gegen den jüdischen Chefredakteur des 1872 gegründeten „Berliner Tageblatts". Er behauptete, Theodor Wolff sei der tatsächliche Gründer der DDP. Zudem bezeichnete er diese Zeitung als „verderblichste aller deutschen Zeitungen", die „niemals nationales Bewußtsein, sondern stets nur Internationalismus gefordert hat, daß hier dem deutschen Wesen durchaus fremde Elemente ausschließlich das große Wort führen." Er sprach von „Interessenvertretung rücksichtslosester Art". „Die Deutsche Demokratische Partei ist [...] eine Interessenvertretung [...] des Händlertums." Zum Ende seines Leserbriefs appellierte Bavink an die Parteilosen, das „kleinste Übel" zu wählen. „Es wäre denn, daß bis dahin noch die einzige Partei entstünde, zu der wir gehören, die aber bloß Deutsche, die das Ganze, nicht das Einzelinteresse wollen, umschließt."

Polemik gegen die „verjudete Presse" war ein Standardargument der Rechten. Der Verleger Lehmann aus München behauptete 1918 gleichfalls: „Wer hat dem deutschen Volk das Rückgrat gebrochen? Die Juden und ihre alljüdische Presse."[808] Das NSDAP-Parteiprogramm (sog. 25-Punkte-Programm) vom Feb-

---

[806] Piper, Ernst, Geschichte des Nationalsozialismus, S. 33.
[807] Winkler, Heinrich August, Weimar, S. 62 f.
[808] Gies, Horst, Richard Walther Darré, S. 306, Anm. 374.

ruar 1920 forderte im Rahmen des Kampfes gegen die „Lügenpresse", dass nur „Volksgenossen", nicht aber Juden, als Mitarbeiter und Schriftleiter von deutschsprachigen Zeitungen zugelassen werden sollten. Dieser Grundsatz sollte auch für finanzielle Beteiligungen an Zeitungen gelten.

Bavink nahm mit seinem Kommentar schon vor Gründung der NSDAP deren Argumentationsweise vorweg.

Theodor Wolff wurde später zur Zielscheibe der Nationalsozialisten. Der „Völkische Beobachter" veröffentlichte am Morgen des 9. November 1923 in Zusammenhang mit Hitlers Putschversuch in München eine Proklamation, in der es heißt: „Die führenden Schufte des 9. November 1918 [...] sind ab heute als vogelfrei erklärt. Jeder Deutsche, welcher Ebert, Scheidemann [...] Theodor Wolff [...] ausfindig machen kann [...] hat die Pflicht, sie tot oder lebendig in die Hände der Völkischen Nationalregierung zu liefern."[809]

Hitler beschuldigte Jahre später in „Mein Kampf" die deutsche Presse, den „Unsinn der ‚westlichen Demokratie' unserem Volke schmackhaft zu machen. [...] Die Tätigkeit der sogenannten liberalen Presse war Totengräberarbeit am deutschen Volke."[810]

Theodor Wolff, der bedeutende Journalist und intime Kenner der politischen Szene Deutschlands (Thomas Nipperdey)[811], wurde 1943 in das KZ Sachsenhausen deportiert und starb dort.

Bavinks Absicht, eine Verbindung des Judentums mit der „Macht des Geldes" herzustellen, die Kennzeichnung der Juden als „Fremde" mit „Vorrechten", die Verwendung rassenideologi-

---

[809] Mein Kampf II, S. 219, Anm. 122.
[810] Mein Kampf I, S. 256.
[811] Nipperdey, Thomas, Deutsche Geschichte, Band II, S. 875.

scher Schlagworte und der Hass gegen prominente Juden waren typisch für seine antisemitische Argumentation.

Auf den Leserbrief Bavinks folgte eine außergewöhnliche, vielleicht deutschlandweit einzigartige Reaktion. Der langjährige (1917–1938) Rabbiner der Synagogengemeinde Bielefeld[812], Dr. Hans Kronheim[813], antwortete Bavink mit einem offenen Brief in der Ausgabe der „Westfälischen Zeitung" (Bielefelder Tageblatt) vom 23. Dezember 1918. Dieses Dokument wird hier fast vollständig wiedergegeben, weil Rabbiner Dr. Kronheim die Argumentationsmethode Bavinks ab 1918 offenlegte, die auch für weitere Veröffentlichungen bestimmend war. Die Ausführungen Kronheims enthielten gleichzeitig eine allgemeingültige, scharfsinnige und historisch bedeutsame Analyse des zeitgenössischen Antisemitismus. Die Bielefelder jüdische Gemeinde war liberal eingestellt. Mischehen mit christlichen Partner*innen waren nicht selten. Es gab zahlreiche jüdische Geschäfte, Fabrikanten, Rechtsanwälte und Ärzte in Bielefeld.[814]

Dr. Kronheim schrieb dem „sehr geehrten Doktor":

„Weite Kreise der hiesigen jüdischen Bürgerschaft haben sich durch ihre Ausführungen in ihrer Ehre als deutsche Juden verletzt gefühlt. Und was mir in diesem Zusammenhang besonders wichtig ist, auch innerhalb der christlichen Bevölkerung hat man Ihre Veröffentlichung als gegen meine Glaubensgenossen gerichtet aufgefaßt. Sie bringen Ihre Anwürfe freilich verschleiert vor und scheuen sich, die Sache beim rechten Namen zu nennen. Aber die Schlagworte, deren Sie sich bedienen, sind aus der antisemitischen Tagespresse ge-

---

[812] Die liberale jüdische Gemeinde hatte fast 900 Mitglieder, 1933 etwa 1.300.

[813] Kronheim (1885–1958) legte 1909 seine Doktorprüfung in Erlangen ab. (http://www.juedischeliteraturwestfalen.de/data/articles/00000199/00000326.jpg). An der Hohen Philosophischen Fakultät.

[814] Vogelsang, Reinhard, Geschichte der Stadt Bielefeld, Band III, S. 259.

nugsam bekannt. Sie sind alt und abgenutzt und gewinnen dadurch nicht an Wert, daß Sie sie nachsprechen. Wenn Sie sagen, daß in den von Ihnen genannten Zeitungen ‚dem deutschen Wesen durchaus fremde Elemente ausschließlich das große Wort führen', so ist das offenbar eine Anspielung auf die jüdischen Mitarbeiter der Zeitungen. Damit machen Sie sich die landläufige Phrase des Antisemitismus, daß die Juden als Fremde anzusehen seien, zu eigen. Im Namen der deutschen Juden, die sich mit ihrem Vaterlande unauflöslich verbunden fühlen, muß ich diese Behauptung auf das entschiedenste zurückweisen. Was Sie über ‚Handel, Spekulantentum, Börsenkapital und Kriegsgewinnler' sagen, bedeutet eine unerhörte Verdächtigung des Kaufmannstandes, für die Sie auch nicht die Spur eines Beweises vorbringen [...] Sind Sie sich dessen bewußt, welche ungeheuerlichen Beschuldigungen Sie hier erheben? Und das mit den höchst bezeichnenden Worten: ‚aller Voraussicht nach'. So verfahren sie mit der Ehre Ihrer Mitmenschen. Es ist zu mindestens grenzenlose Leichtfertigkeit, in solcher Verallgemeinerung gegen Mitbürger derartig schwerwiegende Anklagen auszusprechen, die geeignet sind, die niedrigsten Instinkte zu erwecken und verhetzend wirken zu müssen [...] Ich dagegen hoffe, daß diejenigen, die noch ihren Standpunkt bilden wollen [...] Ihre Voreingenommenheit nicht teilen [...] damit der Antisemitismus, diese Seuche [...] ein wohlverdientes schnelles Ende findet. In dieser Zuversicht bestärken mich die Erklärungen, die ich gerade auf Ihren Artikel hin von christlichen Mitbürgern erhalten habe."
Am Heiligabend wurde eine weitere ausführliche kritische Entgegnung zu Bavinks Argumentation durch Rechtsanwalt Dr. Moritz Willy Katzenstein, einem Politiker der DDP und prominenten Mitglied der Jüdischen Gemeinde in Bielefeld, abgedruckt. Auch seine Äußerung ist ein Lehrstück für eine hellsichtige politi-

sche Analyse. Katzenstein geißelte Bavinks Ton als den eines scheinbar überlegenen Besserwissers:

Wer die Deutsche Demokratische Partei bekämpfe, verrate dadurch nur, daß er in Wirklichkeit Demokratie gar nicht will. Wörtlich schrieb er:

„Er [Bavink] steigt herab auf das Niveau derer, die durch beweislose Verdächtigungen gegen einen ganzen Kreis von Mitbürgern die politischen Sitten vergiften. [...] Sollte Herr Dr. Bavink aber einem ganzen Kreis von Mitbürgern nur der Konfession wegen das Deutschtum absprechen wollen, so möge er den Mut haben, dies offen zu sagen. [...] Herr Bavink spricht von den zersetzenden und den positiv aufbauenden Mächten des deutschen Volkstums, und zwar so, wie man vor dem Kriege in reaktionären Kreisen davon gesprochen hat. Jeder [...] weiß nun doch aber, welche Mächte es waren, die das deutsche Volk in den Abgrund gestürzt haben. [...] die Zersetzung und Auflösung des deutschen Volkes danken wir denen, die jede demokratische Reform bis aufs äußerste bekämpft haben. [...] Trotzdem Herr Dr. Bavink dies alles wissen muß, sind ihm nicht die alldeutschen Blätter die verderblichsten, sondern eine Presse, die das verbrecherische Treiben [...] von jeher mit Energie bekämpft hat. [...] Schon der Gedanke, daß die Kriegsgewinnler den größten und einflußreichsten Teil der deutschen Handelswelt darstellten, zeugt von unglaublicher Ahnungslosigkeit. Ob die von Herrn Dr. Bavink beliebte Kampfweise dem Deutschtum zur Ehre gereicht, darüber möge jeder Leser selbst sein Urteil fällen."

Die Mächte, die nach Auffassung von Dr. Katzenstein „das deutsche Volk in den Abgrund gestürzt hatten", waren in der DNVP gebündelt, in der auch Bavink Mitglied war. Diese Partei war ein Sammelbecken rechter Gruppierungen aus dem Kaiserreich, wie der Alldeutschen Verband, antisemitische Gruppen, die Deutschkonservativen, die Deutschvölkische Partei und andere.[815]

Am 30. Dezember 1918 wehrte sich Maximilian Koch, stellvertretender Vorsitzender der Demokratischen Partei in Bielefeld, gegen die Angriffe von „Faßbender, Lange, Bavink und Gassel." Der Schlusssatz seines Leserbriefs lautete: „Wir betrachten die Achtung vor der politischen Meinung anderer als sittliche Forderung und legen das Wort ‚Demokratie' so aus, daß es gleichbedeutend ist mit der Forderung: Liebe deinen Nächsten wie dich selbst! Eine Forderung, die jede Religion aufstellt, das Christentum wie das Judentum, der Mohammedanismus und der Buddhismus. Ganz können wir Menschen es nicht erreichen, wir jagen ihm aber nach, ob wir es nicht erreichen möchten."

Rabbiner Kronheim und Bavink begegneten sich als Diskussionsteilnehmer im Februar 1932 vor einer erneuten Zeitenwende. Eine Bielefelder Institution, die „Bielefelder Vortrags-Abende", lud zu „kontradiktorischen" Diskussionen ein. Am 3. Februar 1932 hatte Dr. Kronheim unter der Leitung von Bavink mit dem Mitherausgeber der völkisch-konservativen Monatsschrift „Deutsches Volkstum", Albrecht Erich Günther (mit Wilhelm Stapel[816], Hamburg), vor 900 Personen zum Thema „Geschichte des Judentums" diskutiert. Die „Westfälische Zeitung – Bielefelder Tagblatt" berichtete ausführlich über die Beiträge Dr. Kronheims.[817] Der Rabbiner wertete den Abend in einem Bericht an den „Central-Verein deutscher Staatsbürger jüdischen Glaubens" als „grossen Erfolg für unsere Sache". Eine Fortsetzung der Vortragsreihe unter dem Thema „Volkstum und Religion" folgte mit

---

[815] Lösche, Peter, Kleine Geschichte der deutschen Parteien, S. 89 f.
[816] Stapel nahm im SS 1933 mit Bavink an einer nationalsozialistischen geprägten Vorlesungsreihe an der Universität Tübingen teil.
[817] Westfälische Zeitung – Bielefelder Tagblatt – v. 4.2.1932 (Zeitpunkt.nrw; ULB Bonn + ULB Münster Visual Library Server).

einem Diskussionsabend im Handwerkerhaus am 11. Februar 1932 und am 22. Februar in dem Lokal „Erholung". An dem Abend nahmen etwa 175–200 Personen teil, davon über die Hälfte Nichtjuden. Über diesen Abend liegt die Abschrift eines Berichts an den Central-Verein vom 23. Februar 1932 vor.[818] Der Bericht wird hier in Auszügen wiedergegeben, weil er Aufschlüsse über die Argumentationsweise, aber auch über das politisch-taktische Vorgehen Bavinks erlaubt, der zu diesem Zeitpunkt insgeheim der „Nationalen Bewegung" angehörte und den „grossen Erfolg für unsere Sache" (Rabbiner Dr. Kronheim) wohl nicht auf sich beruhen lassen wollte. Der Bericht, wahrscheinlich von Dr. Kronheim selbst verfasst, lautet:

„Die Leitung der Versammlung lag in der Hand des Professor Schrader, der einleitend bemerkte, dass der sonstige Leiter, Prof. Bavink, noch nicht anwesend sei, später erscheinen werde [...] Prof. Bavink erschien sehr bald nach Beginn der Auseinandersetzung und bestritt den wesentlichsten Teil der Diskussion vom völkischen Standpunkt aus. Seitens einiger Zuhörer wurde mir gegenüber dem Empfinden Ausdruck gegeben, dass Prof. B. absichtlich später gekommen sei, um den Vorsitz nicht führen zu müssen, damit er in der Beteiligung an der Diskussion nicht behindert sei [...] Prof. Bavink griff dann in die Debatte ein und stellte den Begriff des ‚auserwählten Volkes' in den Mittelpunkt der Aussprache. In sehr weitgehenden Ausführungen beschäftigte er sich mit den Fragen: Sind die Juden das auserwählte Volk. Ist die Geschichte des Judentums von Anfang an durch die göttliche Fügung bedingt gewesen. [...] B. bestritt das, behauptete, dass das Nationale im Judentum stets vorgeherrscht habe und das religiös-

---

[818] Kronbein, Hans, Collection 1856–1958, Leo Baeck Institute Archives (archive.org), Guether 1932, Box: 1, Folder 27.

ethische Element nur von einzelnen erleuchteten Geistern herausgestellt sei. [...] Wieder griff Bavink sehr ausführlich in die Aussprache ein: Die Juden seien 1 % der deutschen Bevölkerung. [...] Das Entscheidende sei, ob die Juden in stärkeren Masse an einzelnen Berufen beteiligt und ob sie in erheblichen Masse am Wucher beteiligt seien.

Die Ausführungen B's sind deshalb besonders gefährlich, weil er zu den Gegnern gehört, die ihre Darlegungen besonders wirksam gestalten, indem sie die Vorzüge des Judentums und der Juden nachdrücklich unterstreichen. Vorzüge, die unwesentlich sind, oder dem Nichtjuden als solche scheinen, dass sie aber tatsächliche oder angebliche Mängel desto schärfer beleuchten. [...] Ein positives Ergebnis hat der Abend m.E. nicht gehabt. Ich kann mich des Gefühls nicht erwehren, als wenn eine recht geschickte Regie zusammengearbeitet hat [...] besonders die Schlussausführungen des Herrn Prof. Schrader waren ein offenes Bekenntnis zu völkischen Gedankengängen."[819]

Die Authentizität des Berichts kann als gesichert gelten, da Bavinks Wortwahl in dieser Diskussion seinen Überzeugungen, die er auch in Veröffentlichungen vertrat, entsprach.

Bavink hielt am 26. Mai und 24. Juni 1933 Vorträge im Rahmen von Kreisschulungsabenden der NSDAP. Ein weiterer Vortrag folgte im August 1933. In einem Zeitungsbericht ist der Vortrag in einer Zusammenfassung wiedergegeben. Er sprach über „das Judentum, seine Rasse und seine Kultur". Er führte aus: „**Für uns Nationalsozialisten** [Hervorh. d. Verf.] sei entscheidend, in welcher Weise jüdische Kultur die rein deutsche Kultur beeinflusse. Leider sei das in viel zu starken Maße der Fall gewe-

---

[819] Kronbein, Hans, Collection 1856–1958, Leo Baeck Institute Archives (archive.org), Guether 1932, Box: 1, Folder 27.

sen. Gleichfalls müsse das Reich zu entsprechenden Maßnahmen greifen, um Rassenmischungen zwischen Deutschen und Juden zu verhindern. Diese Maßnahmen in Verbindung mit einer gewissen Konzentration der Juden auf sich selbst als Rasse und Volk würden bewirken, wenn gleichzeitig die Einwanderung von Juden verboten würde, daß in vielleicht 4-5 Generationen die Juden in Deutschland ausgestorben seien."[820] Mit der Forderung nach Maßnahmen zur „Judenfrage" befand sich Bavink in der Argumentationslinie der Nationalsozialisten und skizzierte die bevorstehende Gesetzgebung.

Theodor Heuss bezeichnete 1932 in einer Studie zu „Hitlers Weg" die politische Auseinandersetzung zur „Judenfrage" in Deutschland als „Anlaß der Scham".[821]

Bavink bezeichnete im Jahr 1939[822] das „Lager des gesamten Marxismus und der Demokratie, vor allem aber in der von Juden beeinflußten Presse als Gegner der Wissenschaft über die menschliche Erblehre vor der ‚Staatsumwälzung'."[823]

Rabbiner Kronheim und Rechtsanwalt Katzenstein konnten 1939 mit ihren Familien nach England bzw. in die USA emigrieren.[824] Die Töchter Eva und Marianne Katzenstein waren bis zur Emigration im Jahr 1939 Schülerinnen des Auguste-Viktoria-Gymnasiums, in dem Bavink unterrichtete.

---

[820] Westfälische Neueste Nachrichten, 24.6.1933 (Zeitpunkt.nrw; ULB Bonn + ULB Münster Visual Library Server).
[821] Zitiert in: Abwehrblätter, Bd. 42, 1932, Heft 1/2, Februar 1932, S. 5 ff. (Bayerische Staatsbibliothek – Digitale Bibliothek).
[822] In einem Aufsatz aus Anlass des 65-jährigen Geburtstages des Rassenkundlers Eugen Fischer.
[823] Unsere Welt, Heft 6, 1939, S. 153.
[824] Seit Oktober 2013 erinnern in der Bielefelder Viktoriastraße 24 vier „Stolpersteine" an die Familie Katzenstein.

Bavinks Vorschlag für eine „Judengesetzgebung"

Die Entfernung der Juden aus der deutschen Gesellschaft hatte Hitler in seiner ersten schriftlich vorliegenden politischen Äußerung im Jahr 1919 thematisiert.[825] Gleichfalls forderte er am 6. Juli 1920 in einer Rede im Münchner Bürgerbräukeller „die Entfernung der Juden aus dem deutschen Volkskörper".[826] Es ist nicht abschließend geklärt, ob mit diesen Formulierungen bereits die physische Vernichtung vorausgedacht war. Diese Worte bereiteten die Judenvernichtung jedenfalls geistig vor, in dem sie denkbar gemacht wurde. Im Zweiten Weltkrieg, im Jahre 1942, wurde Hitler konkret: „Wir werden gesunden, wenn wir den Juden eliminieren."[827]

1933 forderte Bavink: „Wogegen wir uns sichern müssen, das sind die reinen und Halbjuden, die, wie die letzten vierzehn Jahre ausgewiesen haben, unser Volkstum von innen her zersetzen."[828] Der Begriff „Zersetzung" war gängiges antisemitisches Narrativ.

Hitler sprach in „Mein Kampf" von der „jüdischen Bastardierung", dass „diese Blutvergiftung nur nach Jahrhunderten oder überhaupt nicht mehr aus unserem Volkskörper entfernt werden kann" und „diese **rassische Zersetzung** [Hervorh. d. Verf.] die letzten arischen Werte unseres deutschen Volkes herunterzieht." NSDAP-Gauschulungsleiter Dr. Karl Zimmermann schrieb in einem Grundriss für Schulungskurse der Partei von der zersetzenden und zerstörenden Kraft des Judentums.[829]

---

[825] v. Albertini, Besson, Deist, Deuerlein in: Vierteljahreshefte für Zeitgeschichte 7. Jg. (1959), Heft 2, S. 185 ff.), Dokument 12, Hitlers Eintritt in die Politik und die Reichswehr.
[826] Mein Kampf, Anm. 73 zu S. 344.
[827] Zitat in: Anm. 18, Mein Kampf II/157.
[828] Bavink, Organische Staatsauffassung und Eugenik, S. 44.
[829] Zimmermann, Karl, Deutsche Geschichte als Rassenschicksal, S. 135.

Die „rassische Zersetzung" hatten die Nationalsozialisten bereits 1930 im Reichstag zum Thema gemacht. Wilhelm Frick (NSDAP-Mitglied mit der Mitgliedsnummer 10, ab 1933 Reichsinnenminister), Göring, und Goebbels u. a. brachten am 12. März 1930 einen Änderungsantrag zum „Entwurf eines Gesetzes zum Schutz der Republik" mit den folgenden Bestimmungen ein: „§ 5 [...] wer durch Vermischung mit Angehörigen der jüdischen Blutsgemeinschaft oder reiner farbigen Rasse zur rassischen Verschlechterung und **Zersetzung des deutschen Volkes** [Hervorh. d. Verf.] beiträgt oder beizutragen droht, wird wegen Rasseverrates mit Zuchthaus bestraft. § 7 [...] kann in besonders schweren Fällen auf Todesstrafe erkannt werden".[830]

Für Bavink waren die Juden keine reine Rasse, sondern eine Rassenmischung, ein fremdes Volk in Deutschland. „Die Juden [...] sind ein Volk, natürlich mit einer anderen Rassenmischung als z. B. das deutsche oder englische Volk", so Bavink 1930 in der 4. Auflage (1930) seines Hauptwerks.[831] Im Jahr 1933 stellte er fest: „...daß die Judenfrage keineswegs nur reine Rassenfrage ist [...] sondern auch und sogar in erster Linie eine Volksfrage [...] sie sind ein anderes Volk."[832] In der 8. Auflage (1944) wiederholte er: „Sie [die Juden. Verf.] sind ein Volk, mit anderer Rassenmischung als die meisten ihrer Wirtsvölker".[833] Zu dieser Zeit waren jüdische Menschen entweder aus Deutschland geflohen oder Opfer von Mordaktionen der Nationalsozialisten geworden: Deutschland war nach der Diktion des NS-Staates „judenfrei".

Mit dem Begriff „Wirtsvolk" in Kombination mit seinen Äußerungen zur „Zersetzung von innen" griff Bavink Motive auf,

---

[830] Hedler, Rassenkunde und Rassenwahn, S. 62, und Verhandlungen des Reichstages, Band 440, Nr. 1741, Berlin 1930 (DFG digital).
[831] Bavink, Ergebnisse und Probleme..., 4. Auflage, S. 501.
[832] Bavink, Organische Staatsauffassung und Eugenik, S. 42.
[833] Bavink, Ergebnisse und Probleme..., 8. Auflage, S. 653.

die in der Tradition von Antisemiten des 19. Jahrhunderts standen. Adolf Stoecker, der spätere Hof- und Domprediger von Kaiser Wilhelm II., hatte diese Sichtweise bereits im Geburtsjahr Bavinks veröffentlicht. In dem Programm seiner von ihm gegründeten Christlich-Sozialen Arbeiterpartei bezeichnete er die Juden als „das fremde Parasitenvolk".[834] Nach 1918 schmückte ein Bild des antisemitischen Demagogen das Sitzungszimmer der deutschnationalen Fraktion.[835] Bavink war ab 1918 Mitglied dieser Partei.

Der Antisemit Theodor Fritsch räsonierte im „Handbuch für Judenfragen": „Die Symbiose des jüdischen Parasiten mit jedem Wirtsvolk endet mit des letzteren Verfall oder mit der ersteren Austreibung." In einer privaten Aufzeichnung notierte sich Friedrich Nietzsche 1887: „Neulich hat ein Herr Theodor Fritsch aus Leipzig an mich geschrieben. Es giebt gar keine unverschämtere und stupidere Bande in Deutschland als diese Antisemiten. Ich habe ihm brieflich zum Danke einen ordentlichen Fußtritt versetzt. Dies Gesindel wagt es, den Namen Zarathustra in den Mund zu nehmen! Ekel! Ekel! Ekel!"[836]

Bavinks Bezeichnungen „Gastvolk" und „Wirtsvolk" entsprachen dem gängigen antisemitischen Jargon. Hitler übernahm die Sprache Fritschs und Stoeckers in „Mein Kampf" und verwandte die Begriffe „Parasit im Körper anderer Völker" und „Gastvolk". In der antisemitischen Diktion war auch der Begriff „Wirtsvolk" üblich.[837] Hitler verwandte beide Begriffe. Der NSDAP-Gauschulungsleiter Dr. Karl Zimmermann schrieb 1933 über

---

[834] Trepp, Leo, Die Juden, S. 103.
[835] Jochmann, Werner; Brakelmann, Günter; Greschat, Martin, Protestantismus und Politik, S. 189 (Digitalsat d. Forschungsstelle für Zeitgeschichte in Hamburg).
[836] Nietschke, Friedrich, KSA 12, 7[67], S. 321.
[837] Mein Kampf, I/322, Anm. 107.

„parasitäre Händlerrassen" und „Aussaugung von Wirtsvölkern".[838]

Der Begriff „Wirtsvolk" wurde zeitgenössisch in seiner biologischen Bedeutung verwendet, um die Juden als „Parasiten" beschimpfen zu können.[839] Das antisemitische Narrativ der Juden als Fremde bei Bavink, Fritsch und Stoecker stammte möglicherweise aus Luthers Schrift „Von den Juden und ihren Lügen" (1543). Dort heißt es: „Die [Welschen] nehmen dem Hauswirt Küche, Keller [...] fluchen ihnen dazu und drohen ihnen den Tod. Ebenso tun uns die Juden, unsere Gäste auch; wir sind ihre Hauswirte."[840]

Es blieb nicht bei diesen verbalen Attacken. „Wer wußte, wo die Nationalsozialisten in der rassenhygienischen Diskussion standen, der konnte auch wissen, daß sie einen Eingriff in die Privatsphäre unter eugenischen und rassenbiologischen Gesichtspunkten anstreben würden, sobald sie die Macht dazu hatten."[841]

Bavink forderte 1933 in der Schrift „Organische Staatsauffassung und Eugenik"[842] ein eugenisches Zentralamt des Reiches, ein „Rassenamt" und wie bereits Hitler eine besondere „Judengesetzgebung", Erbkontrolle des gesamten Volkes und „Ausmerzung der notorischen Schädlinge". Diese Maßnahmen sollten verhindern, dass das „Untermenschentum" die Herrschaft in Deutschland an sich reißen könnte.

Theodor Heuss (1884–1963), seinerzeit für die Deutsche Staatspartei Mitglied des Reichstages und erster Bundespräsident, konstatierte 1932, der Ausdruck „Untermenschentum" verrate

---

[838] Zimmermann, Karl, Deutsche Geschichte als Rassenschicksal, S. 39.
[839] Mein Kampf, S. 322.
[840] Zitiert in: Vierteljahreshefte für Zeitgeschichte, 13. Jg. (1965), Heft 2, Alexander Bein, S. 128.
[841] Weingart, Peter; Kroll, Jürgen; Bayertz, Kurt (Hg.), Rasse, Blut und Gene, S. 500.
[842] Bavink, Organische Staatsauffassung und Eugenik, 1933, Metzner Verlag Berlin.

„nicht bloß pharisäischen Hochmut" sondern sei auch Ausdruck „zerstörerischer Bosheit".[843]

Bavink wurde zum rassenpolitischen Berater der NSDAP und des NS-Regimes. Er plädierte angesichts der nach seiner Auffassung „unzweifelhaft notwendig gewordenen besonderen Judengesetzgebung" für eine Rahmengesetzgebung, die Einzelfallprüfungen zulasse. Er veröffentlichte detaillierte Vorschläge für ein entsprechendes Gesetz:

"1. Alle seit dem Jahre 1914 zugewanderten jüdischen Familien haben binnen einer gewissen, nicht allzu knapp zu bemessenden Frist das Land wieder zu verlassen.

2. Die in dem Zeitraum von etwa 1890 bis 1914 (vielleicht auch schon von 1870 an) Zugewanderten und deren Nachkommen haben auf öffentliche Ämter aller Art im allgemeinen keinen Anspruch. (es folgen Ausnahmeregelungen. D. Verf.)

[...]

5. Ehen zwischen Deutschen und Juden sind von nun an nicht mehr gestattet, außerehelicher Geschlechtsverkehr wird mit Gefängnis beider Teile, bei nachgewiesenen Mißbrauch wirtschaftlicher Überlegenheit des Mannes mit Zuchthaus für diesen bestraft; in diesem Falle geht das die Anzeige erstattende Mädchen straflos aus.

6. Ehen von Halbjuden mit Volljuden sind nur mit besonderer Genehmigung erlaubt...

7. Vierteljuden, die bei Erlaß dieser neuen Gesetze bereits geboren und christlich getauft sind, sowie christlich erzogen waren, gelten vor dem Gesetz in jeder Hinsicht den Deutschen gleich..."

Bavink formulierte darüber hinaus zahlreiche Ausnahmebestimmungen. Er ging zugunsten der „Mischlinge" davon aus, „daß in der Regel schon beim Vierteljuden fast immer jedes jüdische

---

[843] Mitteilungen des Vereins zur Abwehr des Antisemitismus, Abwehrblätter, Band 42, 1932, Nr. 1/2, Februar 1932, S. 5 ff. (Bayerische Staatsbibliothek – Digitale Bibliothek).

Volksbewusstsein total erloschen ist". Daher sei es nicht notwendig, die Verhältnisse der Viertel- und Achteljuden gesetzlich zu regeln.[844]

Mit der Aufnahme des Tatbestands des strafbewehrten außerehelichen Geschlechtsverkehrs mit Juden (sog. „Blutschande") übernahm er inhaltlich die „antijüdische Hetze" vor allem durch Julius Streicher im „Stürmer" und von Hitler. Der schrieb in „Mein Kampf": „So wie er [der Jude] planmässig Frauen und Mädchen verdirbt"[845] Und an anderer Stelle heißt es: „Planmäßig schänden diese schwarzen Völkerparasiten unsere unerfahrenen blonden Mädchen.'"[846]

Die von Bavink formulierten Vorschläge, wie mit jüdischen Bürgern in Zukunft zu verfahren sei, blieben in jüdischen Kreisen nicht unbeachtet. Nach der Auffassung des Autors eines Artikels in der Zeitung „Der Israelit"[847] vom 28. Juli 1933, ließen Bavinks Vorschläge „an Härte nichts zu wünschen übrig."

Der Artikel in „Der Israelit" problematisierte weiterhin die Aussage Bavinks zu den „Gefahren, die uns immer vom Judentum drohen". Hierzu stellte der Autor des Artikels einen seltsamen Widerspruch in der Argumentation Bavinks fest. Eine eugenische Gefahr könne Bavink nicht meinen, weil er durch die zugeschriebene Geringfügigkeit der jüdischen Bevölkerung in Deutschland (1 %) für den deutschen Volkskörper keine Gefahr für eine Verschlechterung sah. Eine kulturelle Gefahr für das Volksbewusstsein könnten die Juden auch nicht darstellen, weil sie entweder so stark assimiliert seien und dadurch ihr jüdisches Bewusstsein längst preisgegeben hätten oder ihr geistiges Son-

---

[844] Bavink, Organische Staatsauffassung und Eugenik, S. 46 f.
[845] Fest, Joachim, Hitler, S. 309 f.
[846] Mein Kampf, II/220.
[847] Centralorgan für das orthodoxe Judentum, Frankfurt. Nr. 30, S. 4 u. 5 (Universitätsbibliothek Frankfurt am Main).

derbewusstsein in Übereinstimmung mit dem Staatsvolk lebten. Daher sei es unverständlich, dass Bavink durch seine praktischen Vorschläge Juden zu Menschen zweiter Klasse und Minderwertigen mache.

Die von Bavink in seinem Gesetzentwurf geforderte Entfernung von eingewanderten Juden aus dem Reich entsprach den antisemitischen Forderungen in der Kaiserzeit. Heinrich von Treitschke schrieb im Geburtsjahr Bavinks (1879): „Über unsere Ostgrenze aber dringt Jahr für Jahr aus der unerschöpflichen polnischen Wiege eine Schar strebsamer hosenverkaufender Jünglinge herein, deren Kinder und Kindeskinder dereinst Deutschlands Börsen und Zeitungen beherrschen sollen".[848] In den Jahren 1880/81 unterzeichneten 265.000 deutsche Männer auf Initiative des Gymnasiallehrers Bernhard Förster eine Petition, die u. a. die Forderung enthielt, die Einwanderung von Juden zu verbieten. Reichskanzler Bismarck reagierte nicht auf die Petition und von Treitschke lehnte eine Unterschrift ab.[849]

Heinrich Class hatte 1912 eine Schrift mit dem Titel „Wenn ich der Kaiser wär" veröffentlicht, in der er forderte, dass „die fremden Juden, die noch kein Bürgerrecht erworben haben, schnellstens und rücksichtslos bis auf den letzten Mann ausgewiesen werden."[850]

1919 hatte Bavinks damalige Partei DNVP in der preußischen Landesversammlung den Antrag gestellt, die Zuwanderung von „Ostjuden" aus Polen, Galizien und Russland zu verhindern, u. a. mit der Begründung, ein großer Teil der Eingewanderten „verfal-

---

[848] Treitschke, Heinrich von, Unsere Aussichten, S. 572 f.
[849] Hayes, Peter, Warum, Eine Geschichte des Holocaust, S. 59; Jäckel, Eberhard, Hitlers Weltanschauung, S. 57.
[850] Smith, Helmut Walser, Fluchtpunkt 1941, S. 232.

le dem Verbrechertum".[851] Das Parteiprogramm der NSDAP vom 24. Februar 1920 forderte gleichfalls die Ausweisung aller seit dem 2. August 1914 eingewanderten Nichtdeutschen; davon wären vor allem Juden betroffen gewesen.

Die „Hetze gegen die Ostjuden" verstärkte sich nach der Niederlage im Ersten Weltkrieg. Sogar Albert Einstein sah sich Ende 1919 veranlasst, in einem Artikel des „Berliner Tageblatts" Stellung zu beziehen, indem er diese Hetze als „demagogische Agitation" mit „starken antisemitischen Instinkten" beurteilte. Er sprach von der „Austreibung der Ostjuden" als neuerlichen Beweis für die „deutsche Barbarei".[852] In den Mitteilungen des Vereins zur Abwehr des Antisemitismus heißt es: „Man schmäht zwar die ausländischen Juden, meint aber in Wirklichkeit die inländischen Juden". Die Witwe Max Plancks, Marga, teilte noch nach Ende des Dritten Reiches für einen Artikelentwurf die Juden in „Western" und „Eastern", „not valuable" and „worthless" ein.[853]

Anfang 1933 lebten etwa 525.000 Juden in Deutschland. Der Anteil der jüdischen Bevölkerung an der Gesamtbevölkerung im Deutschen Reich betrug 0,77 %, in der Provinz Westfalen, wo Bavink lebte, waren es 0,37 %.[854] Schätzungen sprachen von 150.000 jüdischen „Mischlingen", das waren 0,2 % der Bevölkerung. Etwa ein Fünftel der in Deutschland lebenden Juden besaß nicht die deutsche Staatsbürgerschaft. Es handelte sich überwiegend um die sog. „Ostjuden", die nach 1918 aus Osteuropa,

---

[851] Aufwärts, 24.9.1919, 1. Jg., Nr. 223 (Zeitpunkt.nrwULB Bonn + ULB Münster Visual Library Server 2019).
[852] Zitiert in: Mitteilungen des Vereins zur Abwehr des Antisemitismus, Bd. 30, 1920, Nr. 1 vom 10.1.1920, S. 3 f. (Bayerische Staatsbibliothek – Digitale Sammlungen).
[853] Heilbron, J. L., The dilemmas of an upright man, S. 211.
[854] Benz, Wolfgang (Hg.), Dimension des Völkermords, S. 23 f.

hauptsächlich aus Polen, einwanderten.[855] Bavinks Vorschlag hätte zu einer Ausweisung von über 100.000 Menschen geführt.[856]

Als Vorgriff auf den Holocaust wurden im Oktober 1938 tatsächlich alle polnischen Juden aus dem Reich nach Polen abgeschoben. Der in Paris lebende Jude Herschel Grynspan, dessen Eltern ebenfalls deportiert worden waren, erschoss aus Protest den Gesandtschaftsrat der deutschen Botschaft in Paris, Ernst vom Rath. Diese Tat bildete den äußeren Anlass für die lange geplanten Gewaltakte am 9. November gegen die jüdische Bevölkerung. Die staatlich organisierten Gewaltaktionen gingen als Pogromnacht in die Geschichte ein.[857]

Bavinks Vorschläge für eine Judengesetzgebung waren ein Vorgriff auf die vom Reichstag anlässlich des Reichsparteitags in Nürnberg am 15. September 1935 per „Akklamation" beschlossenen sog. Nürnberger Gesetze, die eine Sondergesetzgebung für Juden einleiteten. Insbesondere das „Gesetz zum Schutze des deutschen Blutes und der Deutschen Ehre" enthielt Bestimmungen, wie schon von Bavink und der NSDAP-Reichstagsfraktion vor 1933 formuliert worden waren:

§ 1. 1. Eheschließungen zwischen Juden und Staatsangehörigen deutschen oder artverwandten Blutes sind verboten...

§ 2. Außerehelicher Verkehr zwischen Juden und Staatsangehörigen oder artverwandten Blutes sind verboten.[858]

Weitere Verschärfungen, insbesondere für Heiraten von jüdischen „Mischlingen", enthielt die Erste Verordnung zum „Blutschutzgesetz".

---

[855] Grüttner, Michael, Brandstifter und Biedermänner, S. 141.
[856] Bavink, Organische Staatsauffassung und Eugenik, S. 47.
[857] Trepp, Leo, Die Juden..., S. 111.
[858] Hofer, Walther, Der Nationalsozialismus, Dokumente, S. 285.

Bavink war 1933 mit seinen Ausführungen zu „Mischlingen" in seiner Arbeit „Organische Staatsauffassung und Eugenik" ungewollt in einen Streit zwischen Partei- und Staatsstellen geraten. Gegenstand war u. a. die Behandlung der Abkömmlinge jüdischer und nicht jüdischer Eltern. Im staatlichen Bereich wurden im Gegensatz zur Partei und deren Gliederungen nur zwischen „Mischlingen" 1. Grades („Halbjuden") und 2. Grades („Vierteljuden", etwa 39.000 Personen) unterschieden.[859]

Auf staatlicher Seite waren Repräsentanten der „gemäßigten" Linie, das waren insbesondere Reichsjustizminister Franz Gürtner und der „Judenreferent" im Innenministerium Bernhard Lösener vertreten. Beide waren weder heldenhafte Gestalten noch politische Dissidenten. Sie vertraten einen instinktiven Konservatismus gelernter Juristen.[860] In dieser Auseinandersetzung mit der Partei verflochten sich pragmatische Kalküle mit wissenschaftlich legitimierten Begründungen. Zusätzlich spielten außenpolitische Gründe eine Rolle.[861]

Auch andere Autoren gerieten gelegentlich zwischen die Fronten rivalisierender Gruppierungen im NS-Staat. So erging es dem katholischen Eugeniker Joseph Mayer, dessen Neuauflage eines Buches mit dem Titel „ Zur Unfruchtbarmachung Geisteskranker" aus dem Jahre 1927 im Jahre 1935 mit einem Veröffentlichungsverbot belegt wurde. Offensichtlich wurde auch er ein unfreiwilliges „Opfer" der Rivalität zwischen zwei Gruppen im NS-Staat, ohne dabei persönlich zu Schaden zu kommen.[862] Auch der „Rassenhygieniker" Lenz geriet 1937 unwillentlich in einen Konflikt mit Himmler über die Frage, ob uneheliche Kinder rassen-

---

[859] Weingart, Peter; Kroll, Jürgen; Bayertz, Kurt (Hg.), Rasse, Blut und Gene, S. 511.
[860] Whitman, James Q., Hitlers amerikanisches Vorbild, S. 112 f.
[861] Weingart, Peter; Kroll, Jürgen; Bayertz, Kurt (Hg.), Rasse, Blut und Gene, S. 505.
[862] Richter, Ingrid, Katholizismus und Eugenik, S. 326 f.

hygienisch günstig oder nicht günstig seien.⁸⁶³ Seiner Karriere im NS-Staat schadete dieser Konflikt jedoch nicht.

Ursache für diese Art von Dissens war die polykratische Struktur des Machtapparats im NS-Staat. Verschiedene Machtgruppen im Staats- und Parteiapparat kämpften gelegentlich so lange um politischen Einfluss, bis der „Führer" eine Entscheidung traf.

Nach einer Mitteilung des Metzner-Verlages beanstandete der Leiter des „Aufklärungsamtes für Bevölkerungspolitik und Rassenpflege", Dr. Walter Groß, in einem Schreiben vom 17. Juli 1933 die Ausführungen Bavinks: „Ausdruck und Begriff des ‚Vierteljuden' und die völlig unbiologische Vorstellung, daß ein solcher nur solange gefährlich sei, als er jüdisches Volksbewußtsein habe, gehen völlig fehl und mindern den Wert der Broschüre in einem allerdings sehr entscheidenden Ausmaß."

Das „Amt" war eine Gründung des Nationalsozialistischen Deutschen Ärztebundes und firmierte ab 1934 als „Rassenpolitisches Amt der NSDAP". Ähnlich argumentierte Dr. Falk Ruttke vom „Reichsausschuss für hygienische Volksbelehrung".⁸⁶⁴

Im Juli 1933 hatte Hitler deutlich gemacht, dass eine weitere Radikalisierung in der Judenfrage unerwünscht sei. Dahinter stand die Furcht vor außenpolitischer Isolation und die Sorge, der SA-Radikalismus könne die Überwindung der Wirtschaftskrise gefährden. Weitere antijüdische Gesetze, wie das auch von Bavink vorgeschlagene „Rassenschande-Gesetz", wurden vertagt und erst wieder 1935 aus der Schublade geholt.⁸⁶⁵

---

[863] Fangerau, Heiner, Das Standardwerk zur menschlichen Erblichkeitslehre und Rassenhygiene von Erwin Baur, Eugen Fischer und Fritz Lenz im Spiegel der zeitgenössischen Rezensionsliteratur, Diss. 2000, Bochum, S. 30. https://nbn-resolving.org/urn:nbn:de:hbz:294-1556
[864] Stadtarchiv Bielefeld NL Bavink, C 1/4.
[865] Grüttner, Michael, Biedermann und die Brandstifter, S. 147

Bavink lag mit seiner Behandlung der „Judenfrage" nicht vollkommen auf der Linie der Partei, aber durchaus im Rahmen der Vorstellungen der staatlichen Stellen zu dieser Zeit. „Vertreter des Innenministeriums, flankiert von solchen des Außen- und Wirtschaftsministeriums, präferierten entgegen den Vorstellungen der Rassenfanatiker der Partei eine Segregationspolitik, die Juden ausgrenzte und ‚Mischlinge' als Teil der deutschen Bevölkerung begriff."[866]

Ursprünglich sollte das „Blutschutzgesetz" und das „Staatsbürgergesetz" zusammen mit dem „Gesetz zur Verhütung erbkranken Nachwuchses" im Jahr 1933 erlassen werden. Das Regime befürchtete jedoch unerwünschte Auswirkungen antisemitischer Aktionen auf die Erholung der Wirtschaft und nachteilige diplomatische Folgen.[867] Schließlich war die NSDAP zu dieser Zeit nicht allein in der Regierung. Minister der DNVP und parteilose Fachleute waren in der Überzahl. Außenminister Konrad von Neurath genoss großes Ansehen im Ausland.[868]

Am 25. Juli 1933 teilte der Verlag Metzner Bavink mit, „„...daß die Preußische Geheime Staatspolizei aufgrund von § 7 (Gefährdung der öffentlichen Sicherheit) Ihre Schrift für Preußen verboten hat. Ich zweifle nicht daran, daß dieses Verbot auch auf die übrigen Teile des Reichs ausgedehnt werden wird. [...] Ich [...] stelle die Ausgabe Ihrer Broschüre ein."

Der Herausgeber Prof. Günther Just (Greifswald) rechtfertigte in einem Schreiben vom 3. August 1933 an den zuständigen Ministerialdirektor die Herausgabe der Schrift und kennzeichnete Bavink als „Vorkämpfer nationalsozialistischer und rassenhygienischer Arbeit". Er hob hervor, dass Bavink „in Bezug auf die

---

[866] Meyer, Beate, Volksgemeinschaft, S. 150.
[867] Evans, Richard J., Das Dritte Reich, S. 651.
[868] Piper, Ernst, Geschichte des Nationalsozialismus, S. 137 f.

Gesamtfrage durchaus in der Richtung der Regierungsauffassung liegt (z.B. Ausweisung aller seit 1914 zugewanderten Juden, Verbot der Ehe und des Geschlechtsverkehrs zwischen Deutschen und Juden, Gefängnis- bzw. Zuchthausstrafe bei Übertretung usw.). Wenn Bavink bei einer Teilfrage, nämlich derjenigen der ‚Vierteljuden', sich abweichend äußert, so läßt [...] die temperamentvolle Schreibweise [...] die betr. Sätze offenbar schroffer erscheinen, als sie Bavink bei seiner politischen Gesamteinstellung m.E. gemeint hat". Bavink habe „um die geistige Vorbereitung unserer nationalsozialistischen Aufbauarbeit die größten Verdienste. [...] Er habe in der Juli-Ausgabe der Zeitschrift ‚Unsere Welt' (1932) eine Führer-Rede zu den „klassischen Dokumenten deutschen Geistes" gezählt. Wegen seines Eintretens für eine rassenhygienisch orientierte Pädagogik habe sich eine Hochschulprofessur 1930 an der TH Darmstadt zerschlagen. Seine Schrift scheine in Bezug auf die Gesamtfrage durchaus der Auffassung der Regierung zu entsprechen."[869]

Die Schrift wurde u. U. von Parteistellen auch deshalb kritisch gesehen, weil sie in Verbindung mit Ministerialrat Dr. Artur Ostermann herausgegeben wurde und damit einen halbamtlichen Charakter hatte. Ostermann war im Referat für Bevölkerungspolitik im Reichsinnenministerium tätig. Er wurde wenige Monate später, im November 1933, auf eigenen Wunsch in den Ruhestand versetzt.[870]

Diese Diskussion offenbarte, dass Bavink mit seinen Ausführungen zu „Vierteljuden" in ein Gezerre von Ministerialbürokratie und Partei im Vorfeld des „Blutschutzgesetzes" geraten war.

Günther Just erhielt am 23. Oktober 1933 ein Schreiben des preußischen Ministers für Wissenschaft, Kunst und Volksbil-

---

[869] Stadtarchiv Bielefeld, NL Bavink, C 1/4.
[870] Süß, Winfried, Der „Volkskörper" im Krieg, R. Oldenbourg Verlag, München 2003, S. 98.

dung, in dem Bavink vorgeworfen wurde, „unter dem Deckmantel der Wissenschaftlichkeit geradezu Greuelpropaganda" zu treiben. Bavink hatte, ähnlich wie noch Hitler in „Mein Kampf", in Bezug auf das „Judenproblem" vor „sinnlosem und unwürdigem Antisemitismus" und „Grausamkeitsinstinkten" gewarnt und gefordert „daß man die differenten Rasseelemente so rasch wie irgend möglich vom Volkskörper aufsaugen lässt, da man nun doch nicht alle Halb-und Vierteljuden einfach **totschlagen** [Hervorh. d. Verf.] kann."[871] Mit dem Topos „totschlagen" nahm der belesene lutherische Christ Bavink Formulierungen des Antisemiten Theodor Fritsch und ein Diktum Luthers auf. Fritsch formulierte 1919: „man wolle die Juden nicht totschlagen [...] aber ihnen erklären: eures Bleibens unter uns ist nicht mehr."[872] Luther hatte in seiner Schrift „Von den Juden und ihren Lügen" (Erstausgabe Wittenberg 1543, S. 101) gegen die Juden gehetzt: „Wie die treuen Ärzte tun, wenn das heilige Feuer in die Beine gekommen ist, fahren sie mit Unbarmherzigkeit und schneiden, sägen, brennen Fleisch, Adern, Bein und Mark ab. Also tue man hier auch, verbrenne ihre Synagogen, verbiete alles, was ich droben erzählt habe, zwinge sie zu Arbeit und gehe mit ihnen um nach aller Unbarmherzigkeit wie Moses tat in der Wüste und schlug dreitausend tot, dass nicht der ganze Haufen verderben musste."[873]

Im Vergleich zu Bavink drückte sich Reichspropagandaminister Goebbels auf dem Reichsparteitag 1935 kurz vor den Olympischen Sommerspielen zurückhaltender aus und vermied den Be-

---

[871] Bavink, Organische Staatsauffassung und Eugenik, S. 47.
[872] Zitiert in: Plöckinger, Othmar, Unter Soldaten und Agitatoren, S. 333.
[873] Quelle: Der Theologe (theologe.de).

griff „totschlagen". Er sagte: „Denn wir können ja die Juden nicht einfach **wegschieben** [Hervorh. d. Verf.], sie sind ja da."[874] Die Schrift Bavinks wurde am 24. Juli 1933 auf Anordnung der Geheimen Staatspolizei beschlagnahmt. Diesen Vorgang führte der „Rassenforscher" Just in seinem Entnazifizierungsverfahren als einen Entlastungsbeweis für sich an.[875] Bavinks Protagonisten beurteilten diesen Vorgang als eine Art „Widerstand" gegen das Regime.

Mit der Formulierung des beanstandeten Aufsatzes war gewiss kein Widerstandsakt vorgesehen. Diese Feststellung lässt sich allein schon damit belegen, dass Bavink im August des Jahres in Jena versuchte, bei „Prof. Günther, den bekannten Rassekundler", dafür zu werben, „dass mir wenigstens kein dauernder schwarzer Fleck wegen jenes Verbotes angehängt und ich womöglich sogar pensionslos aus dem Amt gejagt würde. [...] **Trotzdem blieb ich in den nächsten Jahren immer noch auf dem Posten** [Hervorh. d. Verf.]".[876]

Günther hatte nach einer Veröffentlichung im „Sächsischen Beobachter", einem Organ der Nationalsozialisten, in Jena einen „Lehrstuhl für Judenhetze".[877]

Die Frage ob die Bestimmungen nur auf „Volljuden" oder auch auf „Mischlinge" angewendet werden sollten, war einer der Gründe für die Verzögerung des angekündigten Gesetzes. Nachdem Hitler die Beschränkung auf die „Volljuden" aus dem Entwurf gestrichen hatte, wurde eine genaue Abgrenzung des betroffenen Personenkreises notwendig. Hinter den Kulissen wurde die Frage diskutiert, wie neben den geschätzten „60.000 Vollju-

---

[874] Zitiert in: Grüttner, Michael, Brandstifter und Biedermänner, S. 149.
[875] Felbor, Ute, Rassenbiologie und Vererbungswissenschaft an der Medizinischen Fakultät der Universität Würzburg 1937–1945, S. 156 f.
[876] Bavink, Erinnerungen, S. 390 und 391.
[877] Hedler, Adolf, Rassenkunde und Rassenwahn, S. 58.

den" mit den etwa 300.000 jüdischen „Mischlingen" zu verfahren sei; ebenfalls „Ausschluss aus der Fortpflanzungsgemeinschaft" oder „Aufsaugung in den deutschen Volkskörper", wie Bavink vorgeschlagen hatte?[878]

In dem unter der Schriftleitung von Bavink im Jahr 1936 erschienenen Heft 12 von „Unsere Welt"[879] schrieb der Reichsärzteführer Dr. Gerhard Wagner:

„Durch die Bestimmungen der Nürnberger Gesetze ist das weitere Eindringen jüdischen Blutes in den deutschen Volkskörper unmöglich gemacht worden. [...] Die Nürnberger Gesetze wären aber unvollkommen und unvollständig gewesen hätte man nicht auch [...] die Stellung der Halb- und Vierteljuden geregelt. [...] Denjenigen deutschen Volksgenossen aber, denen in Ablehnung jeder Vermischung mit dem uns artfremden jüdischen Blut die Ehebestimmungen der Nürnberger Gesetze unverständlich, unnationalistisch und untragbar für das deutsche Volk erscheinen, sei folgendes gesagt: Wir haben zu der Kraft unseres 67-Millionen-Volkes das Vertrauen, daß die aus praktisch-politischen Notwendigkeiten entstandenen Ehevorschriften und damit die blutmäßige Aufnahme von 100.000 Vierteljuden [...] ohne Schaden wird überwinden können".

Das letztere Diktum entsprach den Vorstellungen Bavinks, die zur Indizierung seiner Schrift geführt hatten. Die gegenüber der Partei „gemässigten" Vorstellungen der staatlichen Stellen hingen zu der Zeit mit den bevorstehenden Olympischen Winterspielen in Garmisch-Partenkirchen und den Sommerspielen 1936 in Berlin zusammen. Drei „Halbjuden" wurden in die deutsche Mannschaft aufgenommen. Selbst Hitler distanzierte sich im Juni 1936

---

[878] Weingart, Peter; Kroll, Jürgen; Bayertz, Kurt (Hg.), Rasse, Blut und Gene, S. 506.
[879] Dezember 1936, S. 361.

vom Hetzblatt „Stürmer". Er erwähnte die Juden in seinen großen Reden kaum noch.[880] Bavinks Forderungen und Formulierungen in einem Werk, das auch im Ausland vertrieben wurde, hätte daher offenbar nach Ansicht der Machthaber einen nicht gewollten außenpolitischen Nachteil bringen können. Welches Gewicht dem außenpolitischen Argument beigemessen werden kann, erschließt sich aus dem politischen Kontext. Am 20. Juli 1933 wurde das Konkordat mit dem Vatikan abgeschlossen und am 27. August 1933 das „Haavara-Abkommen" mit der zionistischen Bewegung. Juden, die nach Palästina auswandern wollten, konnten (im Gegensatz zu anderen Zielländern) aufgrund dieser Vereinbarung einen beträchtlichen Teil ihres Vermögens mitnehmen.[881]

Trotz der Kontroverse um „Judenmischlinge" konnte sich Bavink der Wertschätzung in der NSDAP und des „Rassenpolitischen Amtes der NSDAP" weiterhin sicher sein.

Mit dem Schreiben vom 15. September 1941 stimmte der „Reichsminister für Wissenschaft, Erziehung und Volksbildung" zu, dass Bavink zum korrespondierenden Mitglied der Math.-Phys. Klasse der Akademie der Wissenschaften in Göttingen gewählt wurde.[882]

Zu der geplanten Neuauflage seines Hauptwerks „Ergebnisse und Probleme der Naturwissenschaften" teilte ihm Dr. Lutz von der „Abteilung Schrifttum" des „Reichsministeriums für Volksaufklärung und Propaganda" am 22. Juni 1943 mit: „Das Rassenpolitische Amt der NSDAP hat auch schon wiederholt um die Bereitstellung von Neuauflagen ersucht. Ich möchte jedoch annehmen, daß die kürzlich genehmigte 7. Auflage, sowie die vor

---

[880] Evans, Richard J., Das Dritte Reich, S. 691 f.
[881] Evans, Richard J., Das Dritte Reich, S. 675.
[882] BArch R 4901 24181.

einigen Tagen im Rahmen der Lehrbuch-Aktion genehmigte Auflage von 12.000 Exemplaren nunmehr dem echten Bedarf Rechnung tragen wird. Es wäre sehr erwünscht, wenn ein wesentlicher Teil davon ins Ausland geht".[883] In dem Vorwort zur 8. Auflage im Sommer 1944 bedankte sich Bavink für das „Entgegenkommen der staatlichen Stellen."

Nach dem Zusammenbruch wurde kolportiert, Bavink sei ein Verfolgter des NS-Regimes gewesen. In einem Briefwechsel im Jahr 1950 ist ein Nachhall darüber zu finden. Der Journalist Dr. J. Forderer schrieb an den seinerzeitigen Staatspräsidenten des Landes Württemberg-Hohenzollern Dr. Gebhard Müller im Zusammenhang mit einer kritischen Diskussion über die Berufungspraxis der Universität Tübingen. In dem Brief vom 15. Oktober 1950 heißt es: „Das Kultministerium [sic.] Stuttgart nimmt Bavink in Schutz und stellt ihn als Märtyrer der Nazi hin. Tatsache ist, daß er zu den ersten gehört, die die Judenfrage ‚wissenschaftlich' behandelt und bereits 1932 Gesetze formuliert haben, nach denen das deutsche Volk sich nach ihrer Ansicht dieser Rasse erwehren könnte. Wenn seine Vorschläge nachher von den Nazis auch als zu milde abgelehnt worden sind und er selbst wegen seiner positiven evangelisch-christlichen Einstellung bei Ihnen abgemeldet war, so ändert das an der Tatsache nichts, dass Bavink auch zu denen gehörte, die Ausnahmegesetze für die Juden forderten und deshalb zu den Vätern der Judengesetze gerechnet werden muss."[884] Der Brief gibt einen Einblick in die Diskussion nach dem Zusammenbruch, die auf vielen Seiten auf eine Entlastung von einem Verstrickungsvorwurf zielten.

Finanziell entstand für Bavink wegen der nicht weiteren Verbreitung der genannten indizierten Broschüre kein Schaden. Der

---

[883] Stadtarchiv Bielefeld, NL Bavink
[884] Landesarchiv Baden-Württemberg, Q 1/35 Bü 711.

Verlag Alfred Metzner bot mit Schreiben vom 24. August 1933 an, den Honorarverlust bei einer anderen Veröffentlichung auszugleichen. In der NS-Zeit, vor allem in den Kriegsjahren 1940–1942, erzielte Bavink Spitzeneinnahmen aus seiner mit den NS-Stellen abgestimmten Autorentätigkeit, die sein Oberstudienratsgehalt zeitweise mehr als verdoppelten.[885]

---

[885] Stadtarchiv Bielefeld, NL Bavink, Fragebogen Entnazifizierung 19.12.1946, danach Gehalt und Schriftstellerverdienste 1941 20.481 RM. Die Jahresbesoldung eines Beamten in der Gruppe A2C2 betrug 1936 in der Endstufe 8.400 RM. Der Jahresverdienst eines Industriearbeiters lag bei rd. 2.400 RM.

Fünfter Teil: Der Geist zwischen Philosophie und Ideologie

Relative und ewige Wahrheiten und die Religion

Kirche und Religion im Kontext der Diskussion über Naturwissenschaft und „Materialismus" waren für Bavink wesentliche Bestandteile seiner öffentlichen Äußerungen. Antijudaismus, Antisemitismus, die rassischen Komponenten der Religion, das Verhältnis zu den entstandenen Abspaltungen von den traditionellen Kirchen, der Gottesbeweis im Lichte der Wissensexplosion in den Naturwissenschaften und die Stellung der Religion im Nationalsozialismus gerieten in den Fokus von Bavinks völkisch geprägtem Denken seit Mitte der 1920er Jahre. Bavink bezweifelte nicht, dass Ethik und Religion Funktionen von Rasse, Boden und Geschichte seien.[886]

Ausgehend von dem von ihm postulierten „wissenschaftlichen Begriff" der „Rasse" im NS-Staat wollte Bavink untersuchen, „inwiefern ein etwaiger Einfluss der Rasse auf die Kultur und ihre Geschichte in der Menschheit sich insbesondere in der Wissenschaft oder den wissenschaftlichen Leistungen der Völker zeigt". Er wandte sich dagegen, jeden gemeinsamen Wertbesitz mit den anderen Rassen oder Nationen aufzukündigen, schränkte dann aber ein: „Ich leugne [...] nicht im geringsten die seelische Strukturverschiedenheit der Rassen."[887] Hitler stellte gleichfalls fest, „daß die kultur- und wertebildenden Kräfte wesentlich auf rassischen Elementen beruhen".[888]

---

[886] Unsere Welt, Heft 6, 1934, S. 162 ff.
[887] Unsere Welt, Heft 4 und 6, 1934. Unter dem Titel „Rasse und Kultur" veröffentlichte Bavink im April und Juni 1934 zwei Aufsätze. Der erste Aufsatz befasste sich mit dem Unterthema „Rasse und Wissenschaft", der zweite mit „Rasse und Religion".
[888] Mein Kampf, II, S. 21.

In der Abhandlung „Rasse und Kultur" aus dem Jahr 1934 konzedierte Bavink, dass die Rasse als mitbestimmender Faktor der religiösen Entwicklung der Völker zu sehen sei. Er lehnte das „germanische Neuheidentum" und die neu entstandene „Deutsche Glaubensbewegung" ab. 1936 traf Bavink für sich die Entscheidung, weder der religiös „reaktionären" Bekennenden Kirche noch den „Deutschen Christen" oder der „Deutschen Glaubensbewegung" angehören zu können. War diese Überzeugung mehr einer opportunistischen Haltung im NS-Staat oder einer inneren Überzeugung geschuldet? Diese Frage lässt sich nicht eindeutig beantworten.

Bavink behauptete: „Ich gehöre aber nicht zu den ‚Deutschen Christen', da ich ihre kirchenpolitischen Methoden radikal ablehne." Diese Haltung hinderte ihn nicht daran, auf Veranstaltungen der „Deutschen Christen" im Jahr 1933 und im Januar 1934 rassenideologische Vorträge zu halten. In den Richtlinien der Liste „Deutsche Christen" für die Kirchenwahl vom 26. Mai 1932 heißt es:

„Die Zeit des Parlamentarismus hat sich überlebt. [...] Wir sehen Rasse, Volkstum und Nation als uns von Gott geschenkte und anvertraute Lebensordnungen, [...] fordern aber [auch] Schutz des Volkes vor den Untüchtigen und Minderwertigen. [...] Wir lehnen die Judenmission in Deutschland ab, solange die Juden das Staatsbürgerecht besitzen und damit die Gefahr der Rassenverschleierung und Bastardisierung besteht. [...] Insbesondere ist die Eheschließung zwischen Deutschen und Juden zu verbieten. [...] Wir wollen [...] die verderblichen Erscheinungen wie Pazifismus, Internationale [...] durch den Glauben an unsere von Gott befohlene völkische Sendung überwinden."

In diesem Zitat spiegelt sich Bavinks ideologische Weltsicht. In einem Flugblatt des Volkskirchenbundes Bielefeld von 1932 gegen die „Deutschen Christen" wurde argumentiert: „Sie nennen ihre Listenaufstellung selbst ‚einen neuen Weg Hitlers' und bezeichnen sich als Teilbewegung einer politischen Partei."[889] In dem Dilemma der (opportunistischen?) Unentschiedenheit wollte er selbst zu einem Religionsstifter werden. Er plädierte dafür, in „kleinem Kreise geistig hochstehender und zur theologisch-weltanschaulichen Führung befähigter Männer und Frauen einen neuen Anfang zu machen und eine neue Gesinnungsgemeinschaft zu gründen." Essenziell sei: Der „Universalitätsanspruch" des Christentums gründe sich auf seine innere Überlegenheit, denn Jesus Christus sei das Ende jeder „Völkerreligion". Die Bildung von Völkern und Rassen sei dennoch ein Stück der Schöpfungsordnung.[890]

In Richtung der „Bekennenden Kirche" behauptete Bavink Anfang der 1940er Jahre, dass „in diesen Kreisen (der „Bekenntniskirche". Verf.) eine wirkliche Oppositionsstimmung herrscht, die manchmal so weit geht, dass sie an Vaterlandsverrat grenzen kann".[891]

Die „Bekennende Kirche" entstand 1933/34 als Protestbewegung gegen die „Deutschen Christen", nicht gegen das NS-Regime. Der Bonner Theologieprofessor und SPD-Mitglied Karl Barth, mit der Staatsangehörigkeit der Schweiz, hatte eine theologische Erklärung formuliert, die am 31. Mai 1934 von der Bekenntnissynode der Bekennenden Kirche (BK) einstimmig verabschiedet wurde. Ohne direkt politisch zu sein, setzte die „Barmer Erklärung" Markierungen, die politisch sein konnten. Sie bestritt theologisch die totale Geltung der NS-Weltanschauung und

---

[889] Abgedruckt in: Friedensgruppe..., Evangelische Kirche im Nationalsozialismus am Beispiel Bielefeld, S. 31 f.
[890] Unsere Welt, 1936, S. 213 f.
[891] Bavink, Erinnerungen, S. 328.

trennte eine wahre von einer falschen Kirche.[892] Zum staatlichen Antisemitismus wie auch zur „Pogromnacht" 1938 schwieg die BK. Barth wurde später gezwungen, Deutschland zu verlassen, und rief von der Schweiz dazu auf, sich dem Totalitätsanspruch des Regimes zu widersetzen.[893] Bavink übte polemische Kritik an der Haltung und Lehre von Karl Barth.[894]

Die katholische Kirche setzte mit der Enzyklika „Mit brennender Sorge" im März 1937 ein eindeutiges Zeichen. Dort hieß es ohne Einschränkungen: „Wer die Rasse, oder das Volk, oder den Staat [...] aus dieser ihr irdischen Wertskala herauslöst, sie zur höchsten Norm auch der religiösen Werte macht [...] der verkehrt und verfälscht die gottgeschaffene und gottbefohlene Ordnung der Dinge."[895]

Führende Nationalsozialisten nahmen unterschiedliche Positionen zum Christentum und zur Frage der Existenz der Kirchen ein. Vor 1933 waren die Aussagen oft wahltaktisch motiviert. Im Krieg hielten die Machthaber es für sinnvoll, einem Konflikt mit den Kirchen auszuweichen, um die Kriegsbereitschaft der in großem Teil noch gläubigen Bevölkerung nicht zu gefährden. Langfristig strebte auch die NSDAP eine Ablösung der bestehenden Amtskirchen an. Als „Fernziel der erlösten Rasse" erblickte der NSDAP-Gauschulungsleiter Zimmermann 1933 eine deutschchristliche Staatskirche.[896]

Nach der Überzeugung von Bavink gehörte es zu den „bewundernswürdigsten Leistungen Hitlers", dass er Katholiken, Protestanten und „Neuheiden" in der Bewegung zusammenge-

---

[892] Blasche, Olaf, Die Kirchen und der Nationalsozialismus, S. 139 f.
[893] Evans, Richard J., Das Dritte Reich, Diktatur, S. 279.
[894] Vgl. u. a. Bavink, Bernhard, Kampf und Liebe als Weltprinzipen, S. 153.
[895] Vgl. Evans, Richard J., Das Dritte Reich, Diktatur, S. 299.
[896] Zimmermann, Karl, Deutsche Geschichte als Rassenschicksal, S. 104 f.

halten habe.[897] Nach Zimmermann solle es keinen neuen Konfessionsstreit geben und niemals der Rassegedanke in einem Gegensatz zu der öffentlich gepflegten Religion stehen. Er hielt den Marienkult „im Geiste einer Verehrung des reinen und heiligen Muttertums als kultische Form als die schönste und deutschgemäßeste".[898]

Die NS-Politik befand sich am Vorabend des Krieges im Hinblick auf die Haltung zu den Kirchen in einem Zustand der Verwirrung und Unordnung.[899] Auch die evangelische Kirche selbst bot 1937 nach vier Jahren internen „Kirchenkampf" den Anblick eines unübersichtlichen Trümmerfeldes.[900] Im NS-Herrschaftsapparat gab es unterschiedlich freundliche, neutrale und feindliche Haltungen gegenüber der Kirche. Umgekehrt besaßen nur wenige Christen die Einsicht, dass das NS-Regime ein Unrechtsregime war.[901]

Die religiösen Positionen der führenden NS-Funktionäre reichten vom „Neuheidentum", über die „Deutschen Glaubensbewegung" mit nordischen und indischen Riten bis zu den „Deutschen Christen" mit einem vom jüdischen Einfluss „gereinigten" Christentum. Diese Gruppe hatte 1934 etwa 600.000 Mitglieder und entsprach etwa 2 % der Protestanten. Allerdings waren die Pfarrer in einem weit größeren Anteil vertreten.[902]

Hitler und Goebbels hatten in ihren religiösen Überzeugungen einen exzentrischen Restbestand des Christentums beibehalten.[903] Göring sagte 1936 am Ende seiner Rede zum Vierjahresplan im

---

[897] Unsere Welt, Juli 1934, S. 218.
[898] Zimmermann, Karl, Deutsche Geschichte als Rassenschicksal, S. 104 f.
[899] Evans, Richard J., Das Dritte Reich, Diktatur, S. 311.
[900] Grüttner, Michael, Brandstifter und Biedermänner, S. 399.
[901] Benz, Wolfgang; Graml, Hermann; Weiß, Hermann (Hg.), Enzyklopädie des Nationalsozialismus, S. 215 f.
[902] Grüttner, Michael, Brandstifter und Biedermänner, S. 399.
[903] Evans, Richard J., Das Dritte Reich, Diktatur, S. 306.

Berliner Sportpalast: „das sei in dieser Stunde die Parole, und darum flehen wir in dieser Stunde, da wir die Arbeit beginnen, voll inbrünstigen Glaubens zum Allmächtigen: ‚Allmächtiger Gott, segne den Führer, segne sein Volk und segne sein Werk!'"[904]

In „Mein Kampf" schrieb Hitler noch wohl situationsbezogen aus wahltaktischen Gründen:

„Gerade der völkisch Eingestellte hätte die heilige Verpflichtung, jeder in seiner eigenen Konfession dafür zu sorgen, daß man nicht nur immer äußerlich von Gottes Willen redet, sondern auch tatsächlich Gottes Willen erfülle und Gottes Werk nicht schänden lasse. Denn Gottes Wille gab den Menschen einst ihre Gestalt, ihr Wesen und ihre Fähigkeiten. Wer sein Werk zerstört, sagt damit der Schöpfung des Herrn, dem göttlichen wollenden Kampf an."

Er trat bis zu seinem Ende nicht aus der katholischen Kirche aus. Im Krieg zeigte sich hingegen in internen Äußerungen seine extrem feindselige Haltung gegenüber dem Christentum.[905]

Bavink wandte sich formell gegen einen „heillosen Relativismus" in der Religion und stellte fest: „Unser Gesamtergebnis ist also dies, daß es auch auf dem Gebiete der Religion und Ethik in Wahrheit absolute Werte gibt."[906] Er bezweifelte jedoch nicht, dass Ethik und Religion Funktionen von Rasse, Boden und Geschichte seien. Aus christlicher Sicht sei daher derjenige, der sein Volk verkommen lässt, der fahrlässigen Tötung genauso schuldig, wie einer, der einen Mitmenschen verkommen lässt.[907]

Bavink verknüpfte die „absoluten" Werte mit dem „Ariertum". Diese Ansicht entsprach seinem Diktum im April-Heft

---

[904] us.archive.org/19/items/0186GringHermannRedeImSportpalastUberDen2.Vierjahresplan.
[905] Mein Kampf, Band II, S. 210 f.; Band II, S. 8 Anm. 27.
[906] Unsere Welt, Heft 6, 1934, S. 169.
[907] Unsere Welt, Heft 6, 1934, S. 162 ff.

1934 von „Unsere Welt". Der Deutsche und der Arier lasse sein Leben nur für einen Wert, von dem er überzeugt sei, dass es einen Wert an sich gäbe. Diesen Wert habe nicht er oder eine Rasse oder ein Volk gemacht, sondern letzten Endes immer kein anderer als Gott selbst.

Ähnlich argumentierte der völkische und nationalsozialistische Philosophieprofessor Max Wundt, der einen „Rassenrelativismus" in der Religion 1926 ablehnte:

„Die Wahrheit ist und bleibt ewig, und eine verschiedene Wahrheit für verschiedene Völker kann es nicht geben. [...] Gott ist ewig und über dem Schicksal aller Völker. [...] Das Ringen um diesen ewigen Gehalt [...] bestimmt die Entwicklung einer völkischen Weltanschauung. [...] Wir Deutsche sind in diesem Ringen ohne Zweifel unter den germanischen Völkern zeitweise dem Kern am nächsten gekommen."[908]

Selbst der Chef-Ideologe der NSDAP Alfred Rosenberg bekannte in seinem Werk „Die Spur des Juden im Wandel der Zeit", das ab 1919–1944 in mehreren Auflagen erschien, die Kernpunkte für das allgemeine Christentum und Deutschtum: „Der Glaube an die Unsterblichkeit, an die Würde der Persönlichkeit, die Wendung dem Leben zu, um es zu überwinden".[909]

Die Position gegen „Rassenrelativismus" von Bavink war eine formale Aussage ohne weitere Folgerungen. Bedeutender war nach seiner Auffassung das Gemeinsame zwischen Christentum und der „neuen Bewegung". Das Verbindende sei die „organische Anschauung", die zu der biologischen Aufgabe der „Aufartung" führe.[910] 1936 bekannte sich Bavink zu der „zeitgeschichtli-

---

[908] Wundt, Max, Deutsche Weltanschauung – Grundzüge völkischen Denkens (1926), S. 13.
[909] Bajohr, Frank; Matthäus, Jürgen (Hg.), Alfred Rosenberg, Die Tagebücher, S. 12, vgl. dort Dokument 1, S. 538.
[910] Unsere Welt, November 1932, Heft 11, S. 332 ff.

chen und rassisch-völkischen Relativität, die jeder Religion anhaftet".[911]

Der Umgang mit „Rassenrelativismus" war offenbar kein Indiz für oder gegen das Einvernehmen mit dem Nationalsozialismus. Die Aussagen von Bavink und Wundt entsprangen einem arisch-germanisch-zentrierten Denken. Der absolute „Wert an sich" habe einen arisch-germanischen Ursprung. Bavink behauptete: „Es war auch nordischer und somit deutscher Geist, der die moderne Naturwissenschaft schuf, nur einem rein sachlich eingestellten Denken konnte dieser große Wurf gelingen."[912] Auch in Unterrichtsmaterialen wie den „Unterrichtsblätter für Mathematik und Naturwissenschaften" aus dem Jahr 1933/1934 behauptete Bavink, das tiefe Gefühl der Naturverbundenheit sei ein „besonderes Kennzeichen der Germanen und ganz besonders des deutschen Volkes". In der Kulturgeschichte Europas offenbare sich die „germanische Kulturseele".[913]

Diese Argumentationsweise ist im Kontext des völkisch-nationalsozialistischen Denkens zu sehen.[914] Theodor Heuss kennzeichnete 1932 das Bekenntnis zu den „nordischen" Werten als „billige Romantik".[915]

Bavink schrieb, er wolle „die neue weltanschauliche Gesamtlage kurz umreißen, die sich angesichts der Umwälzungen in der heutigen Physik zu ergeben scheinen." Der „neuen" Physik mit ihren Protagonisten Einstein, Planck, Heisenberg, in der es primär weder „Massen" noch „Energie", sondern „Wirkungen" gä-

---

[911] Unsere Welt, 1938, S. 261, zitiert in: Benk, Andreas, Moderne Physik und Theologie, S. 167, Anm. 381.
[912] Unsere Welt, November 1932, Heft 11, S. 332 ff.
[913] Zitiert in: Brämer, Rainer (Hg.), Naturwissenschaft im NS-Staat, Marburg, 1983, S. 9 f.
[914] Vgl. dazu auch Böhnigk, Volker, Kulturanthropologie als Rassenlehre, S. 29 f.
[915] Abwehrblätter Bd. 42, 1932, Nr. 1/2 Februar 1932, S. 5 ff. (Bayerische Staatsbibliothek – Digitale Bibliothek).

be, attestierte er, „einen ganz schlichten und einfachen, eben darum um so grandioseren Eindruck von der Größe und Herrlichkeit Gottes in der Schöpfung" zu erzeugen.[916]

Bavinks These, einen Gottesbeweis in der „neuen" Physik finden zu können, wurde unter Physikern und Theologen abgelehnt.[917]

Der Theologe Andreas Benk kam im Jahr 2001 zu dem Ergebnis: „Der Versuch, aus einem Gemisch von Ideologie und Wissenschaft zum ‚Wesentlichen' des Christentums zu finden, war Bavink zur intellektuellen Katastrophe geraten. [...] Die verschiedenen Würdigungen, die Bavink nach dem Zweiten Weltkrieg erfährt, verschweigen seine rassistischen Tendenzen und sein Engagement innerhalb der nationalistischen Bewegung fast völlig."[918]

Philosophie und Ideologie

Die „Verhunzung der Lebensphilosophie" in der zweiten Hälfte des 19. Jahrhunderts und das missbrauchte Konstrukt des „Organischen Staates" wurden bereits erörtert. Vulgäre Lebensphilosophie und politische Ideologie führten zu einer brisanten Mischung, die eine „Extratour in den Abgrund" (Karl Jaspers) beschleunigte. Das Ziel und die Bedingungen dieser „Extratour" konnte allen Zeitgenossen bekannt sein. Es gab keinen absoluten unentrinnbaren Zeitgeist.

Der konservative Politiker und Journalist (von 1924–1928 Reichstagsabgeordneter für das Zentrum) Adam Röder (1858–

---

[916] Bavink, Bernhard, Die Naturwissenschaft auf dem Weg zur Religion, 1933, S. 79.
[917] Vgl. Hentschel, Klaus, Interpretationen.
[918] Benk, Andreas, in: Glaube und Denken, Jahrbuch der Karl - Heim Gesellschaft, 14. Jg., 2001, S. 106 f.

1937) schrieb am 10. Mai 1923 in der von ihm herausgegebenen „Süddeutschen konservativen Korrespondenz":

„Die Intelligenz in den ehemals konservativen Kreisen hat völlig abgedankt. Professoren, Akademiker, Pfarrer, Adlige, Studenten, höhere Beamte haben sich – weil der Umkreis ihrer Macht- und Einflusssphäre durch die heutige Entwicklung eingeengt erscheint – jedes gerechten und sachlichen Urteils begeben und folgen, von Instinkten getrieben, den rohen Einpeitschern einer billigen Ideologie, die sich vornehmlich an einem auf anständige Menschen ekelhaft wirkenden Antisemitismus berauscht. Die Ethik des deutschen philosophischen Idealismus [...] hat schmählich Bankrott gemacht. Daß Geister, deren moralische Brüchigkeit für jeden unbefangenen auf der Hand liegt, wie Reventlow, Wulle, Dinter [...][919] und der in jeder halbwegs normal-nationalen Geistesverfassung unmögliche Hitler [sic!], ausgerechnet rechts eine Rolle spielen können, das beweist mehr als alles andere ein Zurückbleiben der deutschen Geistigkeit aus der Sphäre der Gerechtigkeit und des Idealismus in die Niederung triebhafter Instinkte."[920]

Dieses Diktum Röders ist eine durchaus zutreffende Diagnose dieser für den Aufstieg des Nationalsozialismus entscheidenden „Zwischenzeit" von 1918–1933.

Am 30. Juni 1960 hielten Zeitgenossen Bavinks, der Philosoph und Mediziner Karl Jaspers (1883–1969) und der Zoologe und Biologe Adolf Portmann (1897-1982), akademische Reden zu der Fünfhundertjahrfeier der Universität Basel.[921] Die Themen waren bei Jaspers „Wahrheit und Wissenschaft" und bei Portmann „Na-

---

[919] Es handelt sich um Politiker der Deutschvölkischen Freiheitspartei, einer Abspaltung von der DNVP.
[920] Zitiert in: Goldstein, Julius, Rasse und Politik, 1925, S. 149 f.
[921] Basler Universitätsreden, 42. u. 43. Heft, Basel 1960, Helbing & Lichtenhahn.

turforschung und Humanismus". Jaspers kritisierte: „All dies Scheinwissen, dies Widervernünftige, dem wir uns nicht anvertrauen können, ohne uns zu verlieren, was uns zu Menschen macht: Vernunft und Liebe". Portmann sprach von der „Einheit des Humanen" als erlebte Wirklichkeit in der Begegnung von Menschen verschiedenen Gepräges. Beide Reden waren ein Bekenntnis gegen Ideologien und zwingende Weltanschauungen und ein Gegenbild zu dem von Röder beschriebenen geistigen Zustand des Bildungsbürgertums in der Zeit nach dem Ersten Weltkrieg.

Jaspers und Portmann hatten unabhängig voneinander Gelegenheit, Bavinks philosophische Denkweise zu untersuchen. Jaspers fertigte ein Gutachten während eines Berufungsverfahrens im Jahre 1929 an, Portmann schrieb sechzehn Jahre später eine Rezension.

In seiner Schrift mit dem doppeldeutigen Titel „Naturwissenschaft auf dem Weg zur Religion" behauptete Bavink, „Atheismus, Materialismus, grundsätzlicher Relativismus und sittlicher Libertinismus [sind] in breitem Strome in die abendländische Kulturwelt eingedrungen, so weit, daß **wir** uns heute in allem Ernste die Frage stellen und stellen müßten, ob **wir** überhaupt noch Christen sind, ja ob **wir** [Hervorh. d. Verf.] überhaupt noch irgendein religiöses Leben haben."[922] und sprach von „irregeleiteten Volksmassen". Er stellte dem auf dem Rückzug befindlichen religiösen Leben den Triumph mechanistischer Denkweise entgegen, um dann über das Konstrukt eines staatlichen „Organismus" zu der Forderung nach einem „faschistischen Zukunftsstaat" zu gelangen, der im innersten Kern seiner Weltanschauung den Lebenswillen des Volkes respektiere. Diese Forderung wurde

---

[922] Bavink, Bernhard, Naturwissenschaft auf dem Weg zur Religion, 2. Auflage, 1933, S. 12 f., gleichfalls in den Auflagen 1937 (5.) und 1947.

in der Auflage des Werkes von 1937 wiederholt, ist aber in der Auflage von 1947 gestrichen worden. Eine Frage der Philosophie, Weltanschauung und der Religion wurde ideologisch aufgeladen und politisch beantwortet.

Die erwähnte philosophische Fragestellung „Sind wir überhaupt noch Christen" hatte Bavink vermutlich bei dem Philosophen und Theologen David Friedrich Strauß (1808–1874) entlehnt. Strauß hatte 1872 in seiner vieldiskutierten Schrift „Der alte und der neue Glaube" diese Fragestellung angesichts der Entwicklung der naturwissenschaftlichen Erkenntnisse formuliert.[923] Der Kepler-Bund-Gründer Eberhard Dennert bezog sich jedenfalls 1907 auf diese Schrift. Nach seiner Auffassung war sie ein hinleitender Schritt zum Monismus Haeckels. Daher ist davon auszugehen, dass auch Bavink diese populäre Schrift kannte. Der junge Friedrich Wilhelm Nietzsche spießte in seinem Werk „Unzeitgemäße Betrachtungen" (1873–1876 erschienen) die Schwächen der Strauß-Argumentation polemisch auf und kommentierte sie ironisch:

„Die Frage aber: sind wir noch Christen? verdirbt sofort die Freiheit der philosophischen Betrachtung und färbt sie in unangenehmer Weise theologisch; überdies hat er [D.F.S. Verf.] dabei ganz vergessen, dass der grössere Theil der Menschheit auch heute noch buddhaistisch und nicht christlich ist [...] Vielleicht haben früher einige Harmlose in David Strauss einen Denker gesucht: jetzt haben sie den Gläubigen gefunden und sind enttäuscht. Hätte er geschwiegen, so wäre er, für diese wenigstens, der Philosoph geblieben, während er es jetzt für Keinen ist."[924]

---

[923] Dennert, Eberhard, Die Weltanschauung des modernen Naturforschers, S. 4.
[924] Friedrich Nietzsche: Werke in drei Bänden. München 1954, Band 1, S. 137–209.

Auch Bavink ging von einem „Universalitätsanspruch" des Christentums aus. War Bavink im Zuge seiner Ideologisierung tatsächlich Philosoph und Denker geblieben? Er behauptete, „daß in der Physik die erkenntnistheoretischen, in der Biologie die Weltanschauungsfragen dominieren, liegt in der Natur der Sache". Der Begriff „Weltanschauung" war an dieser Stelle noch nicht politisch zu verstehen. Und „ohne naturwissenschaftliche Grundlagen gibt es heute keine Philosophie mehr"[925] Wie ist Bavink im Spannungsfeld zwischen seinem philosophischen Anspruch zu Religion und ideologischen Positionen einzuschätzen?

1929 war Bavink als Kandidat für die Nachfolge des Philosophieprofessors Paul Hugo Hensel (1860–1930) an der Universität Erlangen (Lehrstuhl für systematische Philosophie 1902–1928) im Gespräch. Hensel hatte wesentlichen Anteil an der Wiedererweckung der nachkantischen Philosophie des deutschen Idealismus. Aufgrund seines Lebensstils wurde er der „Sokrates von Erlangen" genannt.[926] Beteiligt an der Nachfolgesuche war auch der Mathematiker Otto Haupt (1887–1988).[927]

Haupt verlangte im Brief vom 29. Januar 1929 (Absenderangabe: „Mathematisches Seminar – Universität Erlangen") an „Herrn Univ. Prof. Dr. Jaspers, Heidelberg" einen Rat für die Nachfolge des Kollegen Hensel.[928] Er bat um eine vergleichende Begutachtung für „folgende Herren, auf deren Namen wir bei unserer bisherigen Suche gelegentlich gestoßen sind: Bavink-Bielefeld [Der Name war handschriftlich eingefügt. Anm. d.

---

[925] Bavink, Ergebnisse und Probleme der Naturwissenschaften, 2. Auflage, 1921, S. VI f.
[926] Neue deutsche Biographie, 1969, http://mdz-nbn-resolving.de/urn:nbn:de:bvb:12-bsb00016409-3. Hensel war ein Nachfahre des Philosophen Moses Mendelsohn (Stadtarchiv Erlangen).
[927] Stadtarchiv Erlangen, Ordinarius in Erlangen von 1921 bis 1953 und 1924/25 Dekan der Philosophischen Fakultät. In den Nachkriegsjahren 1945/46 war er Dekan der Naturwissenschaftlichen Fakultät.
[928] Literaturarchiv Marbach, Nachlass Karl Jaspers, 01.040, Konvolut 6.1.

Verf.], Becker-Freiburg, Dingler-München, Ebbinghaus-Freiburg, Frost-Riga, Lipsius-Leipzig, Seifert-München, Reichenbach-Berlin". Haupt bezeichnete diese Namensliste als „etwas bunte Reihe" für eine erste „Durchmusterung". Sehr interessiert sei er an dem Vergleich Becker-Ebbinghaus und der Beurteilung Frost-Riga.

Am 3. Februar 1929 bedankte sich Haupt bei Jaspers für eine erste Stellungnahme und für die Nennung weiterer Namen wie Bäumler, Leisegang und Lipps. Der Antwortbrief von Jaspers liegt als handschriftlicher Entwurf vor. Gleichzeitig bat er darum, sich über Bawink [sic!], Lipsius und Seifert zu informieren und ein Urteil mitzuteilen. Jaspers hatte mitgeteilt, diese drei Kandidaten nicht persönlich zu kennen und hatte daher keine Stellungnahme beigefügt. Für jeden der drei Kandidaten fügte Haupt eine Veröffentlichungsliste bei. Bavink wurde als Oberstudienrat, Leiter des Keplerbundes und Herausgeber von „Unsere Welt" gekennzeichnet. Jeweils fünf Bücher oder Zeitschriftenaufsätze waren genannt, darunter von Bavink das Hauptwerk „Ergebnisse und Probleme der Naturwissenschaften" in der 4. Auflage von 1924 und ein Aufsatz über „Die moderne Rassenhygiene und ihre Beziehungen zum sittlichen und religiösen Standpunkte" (Unsere Welt 12, 1926/27). Ein beherrschendes Thema in diesem in mehreren Fortsetzungen in „Unsere Welt" abgedruckten Aufsatz war die Vermehrung „rassisch Minderwertiger". Jaspers antwortete ausführlich auf Haupts Ansinnen.[929] Er habe die Publikationen von Bavink, Lipsius und Seifert zu einem großen Teil gelesen. Er würde keinen dieser Kandidaten gegenüber den von ihm bereits genannten Personen vorziehen.

---

[929] Ich danke Herrn Dr. Georg Hartmann vom Deutschen Literaturarchiv Marbach für die Hilfe bei der Transkription der fast unleserlichen Handschrift.

Sein bemerkenswertes Gutachten über Bavink wird hier vollständig wiedergegeben:

„Bavink ist m. E. ein ausgezeichneter Darsteller und Lehrer – nicht ein Forscher und kein eigentlicher Denker. Er scheint kenntnisreich in den Naturwissenschaften, hat einen besonnenen Verstand, eine beträchtliche literarische Produktivität. Seine Stellung als Herausgeber der Zeitschrift ‚Unsere Welt' scheint ihm eine nicht unwichtige Bedeutung für die gedankliche Erziehung seiner Leserschaft zu geben. Ich habe den Eindruck eines Mannes von Rang. Aber ich kann nicht anders (wenn auch andere Auffassungen möglich sind), ihn für eine ausgesprochene Lehrernatur zu halten, und vor allem: ich vermisse durchaus den Zusammenhang mit demjenigen deutschen und griechischen Denken, das ich allein für Philosophie halten kann, und vermisse auch trotz der fühlbaren christlichen Religiosität die eigentlich philosophische Beziehung zu Theologie. Ich bekenne, dass das eine ‚Auffassung' ist, die andere für die Äußerung einer ‚Richtung' halten. Wer so wie Bavink über Kant, Hegel und Schelling spricht,[930] der geht einen absolut anderen Weg als ich auch nur von weitem mitmachen kann. Doch muss ich hinzufügen: an Universitäten ist vieles möglich. Wenn andere Gesinnungen sich verstärken wollen, haben Sie an Bavink wohl einen tüchtigen Mann."

Bei der Charakterisierung als „kein eigentlicher Denker" konnte Jaspers an seine Typologie der Denker aus dem Jahr 1919 anknüpfen.[931] Er unterschied den schauenden Typus als den origi-

---

[930] Bavink hatte gleich am Anfang seines Hauptwerkes (S. 26 f.) von dem „Zusammenbruch der Hegelschen Philosophie" und der „unseligen Naturphilosophie der Schelling-Hegelschen Periode" geschrieben. Ebenso lautet sein Diktum über Kant: „Er mußte scheitern und ist gescheitert" (S. 544). Kant, Schelling und Hegel haben allerdings Jaspers philosophisches Denken inspiriert, er zählte sie zu den großen Philosophen.
[931] Jaspers, Karl, Psychologie der Weltanschauungen, S. 187 f.

nalsten, den substanziellen Denker als den schöpferischen, den ordnenden Denker als Anleiter zum Verstehen und den leeren Denker, der nur formale Schulung bietet. Dabei sprach er von der Leidenschaft des Existierenden im Gegensatz zum Dialektischen des nicht existierenden, nicht lebenden Denkers, der am Schreibtisch denkt, was er nie getan und nie gelebt hat.[932] Jaspers mag bei der Einordnung von Bavinks Werken an eine solche Figuren gedacht haben. Jaspers hatte offenbar auch die politische Richtung Bavinks erkannt, wenn er von „anderen Gesinnungen" sprach. Bavink gehörte nach eigenem Bekunden zu dieser Zeit bereits der „nationalen Bewegung" an. Jaspers Credo war, im Gegensatz zur „Nationalen Bewegung", die Ehrfurcht vor dem Menschen „als Menschen" nie zu verletzen und bei Rangordnungen die Unendlichkeit des einzelnen Menschen zu achten in dem Wissen, dass kein Mensch vollendet sei.[933]

Jaspers differenziertes, für die Erlangung einer philosophischen Professur negatives Urteil über Bavink ist keinem Intrigenspiel zuzuordnen. Für Jaspers war die Verbindung von Forschung und Lehre „das hohe und unaufgebbare Prinzip der Universität, weil der Idee nach der beste Forscher zugleich der einzige gute Lehrer ist."[934] Die Verdikte „kein Forscher" und „kein eigentlicher Denker", „Lehrernatur" und der von ihm festgestellte Mangel des „Zusammenhanges mit deutschem und griechischem Denken" im philosophischen Diskurs Bavinks waren aus seiner Sicht eine eindeutige Disqualifikation für einen Hochschullehrer in der Nachfolge des „Sokrates von Erlangen".

---

[932] Jaspers, Karl, Psychologie der Weltanschauungen, S. 217.
[933] Jaspers, Karl, Die maßgebenden Menschen, S. 70.
[934] Zitiert in: Saner, Hans, Jaspers, S. 125.

Das Berufungsverfahren war Gegenstand einer Korrespondenz zwischen Karl Jaspers und Martin Heidegger.[935] Am 20. Juni 1929 schrieb Jaspers, dass er Ebbinghaus[936] wählen würde, und am 7. Juli 1929: „Nach Erlangen ist Herrigel berufen. Er stand an 4. Stelle. Ich hatte dringend gewarnt. Für dieses Resultat hat die Fakultät dort ein halbes Jahr Beratungen gebraucht".

Eine kritische Beurteilung des „Naturphilosophen" Bavink hielt nach dem Zusammenbruch des NS-Staates an. Der Biologe Adolf Portmann rezensierte im Jahr 1945 die 8. Auflage von Bavinks Hauptwerk (Ausgabe Bern 1945).[937] Portmann war u. a. Direktor des Zoologischen Instituts der Universität Basel und Dekan der philosophisch-naturhistorischen Fakultät.[938] Portmanns Credo war ein wissenschaftlich abgesichertes humanes Verstehen der Biologie und Zoologie. Er sah, wie der Nationalsozialismus diese Wissenschaftsfelder ideologisch überschattet hatte.[939] Er schrieb zu Bavinks Ausführungen:

„Besonders in den biologischen Partien ist das Buch bedenklich von geistigen Strömungen beeinflußt, die für die Lebensauffassung des Dritten Reiches bezeichnend waren und gegen die der Kampf noch lange nicht zu Ende ist. [...] daß sich im deutschen Bereich Jaspers oder Scheler, in jüngster Zeit Pleßner mit biologischen Tatsachen befaßt haben, erfahren wir nicht. [...] Da spricht ein Naturphilosoph [...] von Lebenslehre, ohne daß auch nur der Name von Bergson ein

---

[935] Biemel/Saner (Hg.), Heidegger-Jaspers, Briefwechsel 1920–1963.
[936] Ebbinghaus war 1929 DNVP-Mitglied, wurde in der NS-Zeit Professor in Marburg und 1945 dort von den Amerikanern zum Rektor berufen).
[937] In der Schweizerischen Medizinischen Wochenschrift vom 27. Oktober 1945, S. 960; Dank an Jan für den Fund des Archivexemplars in der UB Marburg.
[938] Personenlexikon des Kantons Basel-Land.
[939] Wildermuth, Armin, St. Gallen, Tagung des Institutes für Philosophie der Universität Oldenburg (1.-3.11.2019), Oldenburg, Vortrag: Freiheit und die ‚Welt der Erscheinung' bei Arendt, Adolf Portmann und Heinrich Barth.

Plätzchen fände – das zeigt deutlich genug davon, wie sehr der Terror auch solche scheinbar objektiven Werke beherrscht. [...] Halten wir uns an das, was da steht und wozu noch kein so schlimmer Terror den Naturphilosophen hätte zwingen können. [...] Die Rede vom Volk als einer eigenartigen ‚Schöpfungsgestalt' (S. 670) nähert sich denn doch der gerade in Bavinks Umwelt herrschenden Lehre sehr stark. Und wenn gar S. 729 als ‚eher annehmbarer Ausweg' die ‚heroische' Lebensart dargestellt wird und Felix Dahn als dichterischer Zeuge aufgerufen wird, so werden manche Unterlassungen in diesem Buche als um so bedenklicher erscheinen."
Portmann stellte weiter fest, dass für diese Nachkriegsausgabe das „Elementarste an geistiger Gerechtigkeit" fehle.

Der Berner Musiktheoretiker Dr. Hans Kayser (1891–1964) schrieb an Portmann (Brief vom 24. Februar 1946): „Ihre Kritik über Bavink [...] habe ich gelesen und unterschreibe sie". Portmann antwortete: „Bavink gegenüber muss ich sagen, dass ich an seiner Kompillation [sic!] sehr vieles hochschätze. Aber da er sich selber gerne als Naturphilosoph bezeichnet, so komme ich nicht darum herum, ihm eine ausgesprochene platte Auffassung vom Organismus vorwerfen zu müssen. Für das ungeheure Problem der Form hat er doch wenig Verständnis."[940]

Portmanns Zweifel an der Qualifikation des „Naturphilosophen" gepaart mit der Erkenntnis von Bavinks Nähe zur nationalsozialistischen Ideologie bestätigen in erstaunlicher Kongruenz Karl Jaspers Urteil, das noch vor der Machtübernahme der Nationalsozialisten abgegeben wurde.

Bavink hingegen äußerte sich in seinen Publikationen kritisch zur „Existenzialphilosophie" mit ihren Vertretern Jaspers und

---

[940] Brief Portmann an Kayser, Schweizerische Nationalbibliothek NB, B-2-486.

Heidegger, die sich nach seiner Auffassung bewusst von der „rationalen" Philosophie des 18. und 19. Jahrhunderts abwendeten und „neue Bahnen weisen, auf denen der gequälte europäische Mensch sich mit der ‚Daseinsangst' auseinandersetzen kann".

In der von Portmann rezensierten 8. Auflage von Bavinks Standardwerk[941] wurden die Philosophen Spengler, Klages, Jaspers und Heidegger in einen Topf geworfen mit der pauschalen Behauptung: „Alle verwerfen jeden Glauben an ein über der Natur, dem Bios des Menschen, stehendes ‚höheres' Reich rein geistiger Ideen, Werte." Diese pauschalisierende Aussage war wissenschaftlich nicht haltbar und verfälschend. Zum Beispiel hatte Jaspers in der Jugend eine scheue Verehrung für Klages, hielt aber dessen Denken für einen Irrweg.[942] M. Fierz bearbeitete 1949 nach dem Tode Bavinks (1947) die 9. Auflage und korrigierte die Aussage, dass die „Existenzialphilosophie" keineswegs dem Reich des rationalen Denkens feindlich gegenüberstehe.[943]

Bavinks Ausführungen zu dem Thema „Weltschöpfung in Mythos und Religion, Philosophie und Naturwissenschaft" veranlassten den Heidelberger Professor Curt Oehme (1883–1963) im Jahr 1951[944] zu bemerkenswerten Feststellungen.

„Dem Leser [wird] der fatale salto mortale aus der Anorganik, aus der weitesten, entferntesten Umwelt des Menschen über sein eigentliches, wirkliches Wesen, seinen Kopf, seine Seele, seinen Geist, sein Innenleben hinweg in eine Art Religion oder Religionsersatz zugemutet. [...] Die [...] Vererbungsbi-

---

[941] Schweizer Ausgabe, S. 695.
[942] Saner, Hans; Jaspers, S. 144.
[943] Diese Aussage steht auf S. 686 und nicht wie irrtümlich im Sach- und Personenregister aus der 8. Auflage übernommen auf S. 695.
[944] Oehme, Curt (Heidelberg), Buchbesprechung in: „Psyche" (H. Kunz, A. Mitscherlich, F. Schottländer) Achtes Heft (1951), S. 123 f.

ologie ist eine der scheinbaren Brücken für diesen Kurzschluss. Während sich große Physiker dabei verständlicher Weise meist nur darum bemühen, wie Physik und Chemie mit den Lebenserscheinungen innerhalb der Grenzen von Raum und Zeit fertig werden können [so Schroedinger], macht die vorliegende Schrift immerhin einen weiteren Ansatz, Seele und Geist einzubeziehen. Aber einige bewundernde Sätze über die h-moll-Messe, einige Mythen, Bibelstellen, Faustzitate und Verwandtes, können [...] diesen Abgrund nicht überdecken. [...] Es wäre deshalb wohl besser, Mythos, Religion und namentlich Philosophie gar nicht erst zu bemühen. [...] hält sich die Vorstellung des Physikers immer noch in der Ebene eines naiven Realismus".

Oehme kam in seiner Rezension zu der Einschätzung, Bavink sei Physiker und nicht Philosoph.

Die Wissenschaftler Jaspers, Portmann, Kayser und Oehme erkannten die Ideologisierung in Bavinks Schriften, die schon vor 1933 einsetzte und nach 1945 anhielt.

In mehreren Veröffentlichungen sprach Bavink die Tendenzen zu einer rassenorientierten Wissenschaft im NS-Staat an. Er stellte fest, dass entgegen den „heutigen Rassenrelativisten" es in der Welt „so etwas wie geistige Werte, die allem bloß Biologischen übergeordnet sind" tatsächlich gibt. Es gäbe „das große Objektive", „es ist eben ‚die' Wissenschaft schlechthin geworden, und darum kann auch der Mongole und Neger nicht umhin, sie anzuerkennen und mit an ihr zu arbeiten."[945]

Vordergründig erschien die Parteinahme für das „große Objektive" und gegen „Rassenrelativisten" als Kritik an der seinerzeit herrschenden Ideologie. Bavink nannte jedoch außer Oswald

---

[945] Unsere Welt, Heft 11, 1932, S. 334.

Spengler, der kein Nationalsozialist war, keinen Philosophen namentlich, der den „Rassenrelativismus" vertrat. Diese Haltung konnte er auch nicht einnehmen, weil keiner der dem Nationalsozialismus nahestehenden Philosophen einen Relativismus oder Partikularismus vertreten hatte.[946]

Für Bavink lag 1934 die Schuld für die Forderung nach einem von ihm postulierten rasseorientierten Begriff der Wissenschaft nicht in der Wissenschaft selbst, sondern bei den Juden. Ein Grund dafür sei, „daß die noch bewußt national fühlenden Kreise in den vergangenen Jahren [...] eine steigende Überfremdung der deutschen wissenschaftlichen Institute [...] beobachten mussten, die nach der Revolution von 1918 katastrophale Ausmaße annahm." Kein Kulturvolk der Erde, so Bavink, wird es sich auf die Dauer gefallen lassen, „dass bis 40 % oder sogar noch mehr seiner ausschlaggebenden Lehrstühle von einer kleinen Minderheit eines **Gastvolkes** [Hervorh. Verf.] besetzt werden". Dieses im Übrigen falsche Bild Bavinks der „verjudeten Universitäten" verwandten auch die Nationalsozialisten, wie beispielsweise Hitler in „Mein Kampf".[947]

Bavink wiederholte 1938 in einem vielbeachteten Vortrag vor der „Versammlung deutscher Naturforscher und Ärzte" in Stuttgart seine Kritik gegen eine Überfrachtung des naturwissenschaftlichen Denkens mit Aspekten der Geisteswissenschaften, der Theologie und indirekt auch der NS-Ideologie. Er konzedierte aber, dass „die Wissenschaft eine Angelegenheit der europiden Rassenfamilie, und zwar doch wohl in erster Linie derjenigen Völker ist, die stark von nordischer Rasse durchsetzt waren und sind". Er zitierte Richard Wagner mit dem Satz: „Deutsch sein

---

[946] Böhnigk, Volker, Eine Beziehung zwischen Relativismus und Nationalsozialismus – Tatsache oder Fiktion?, in: Konitzer/Palmer (Hg.), „Arbeit" – „Volk" – „Gemeinschaft", S. 257.
[947] Mein Kampf, Band I, S. 177.

heißt, eine Sache um ihrer selbst willen tun." Und weiter: „Die germanischen Völker Europas besitzen [...] in ganz besonderen, fast einzigartigen Grade diese Fähigkeit zu einer ‚reinen Sachlichkeit'. [...] Wenn man also fragt, ob die Wissenschaft ‚rassenbedingt' ist, so muss in diesem hier genannten Sinne allerdings wohl diese Frage mit ‚Ja' beantwortet werden." Er erwähnte Dutzende von bahnbrechenden Forschern der Neuzeit, wie z.B. Planck und Heisenberg, aber nicht den Juden Einstein. Er führte dazu aus: „Die objektive Wissenschaft aber existiert nun einmal, ob man das sehen will oder nicht." In Bezug auf die Wahrheit in der Wissenschaft zitiert er Reichsminister Goebbels als Zeugen, der gegenüber der „feindlichen Greuelpropaganda" feststellte: „letzten Endes doch immer derjenige am besten fährt, der die Wahrheit vor seinen Wagen spannt."[948]

Bavink forderte, dass Wissenschaftler auch ethische und vaterländische Qualitäten mitbringen müssten.

Damit wurde der Wertekanon in der Wissenschaft abhängig von nicht mehr allgemeingültigen Faktoren und damit relativiert. Während des Krieges wurde Bavink noch deutlicher. Er schrieb 1939, dass die Wissenschaft trotz ihrer „Objektivität" auch „standortbedingt" sei und somit der deutsche Wissenschaftler sein ganzes Können und Streben in den Dienst seines Volkes und Vaterlandes stellen müsse.[949]

Vergiftete Vokabeln

Sprache eignet sich als ein Instrument für die Analyse einer Gesinnung oder Weltanschauung. In dieser Arbeit werden zeitgenössische Zitate wiedergegeben, ohne sie in unsere aktuelle

---

[948] Unsere Welt, Heft 9, September 1938, S. 241 f.
[949] Unsere Welt, Heft 9/10, 1939, S. 241.

Sprache umzuformen und sie dadurch zu „glätten". Die öffentlichen Äußerungen Bavinks waren kein zufälliges oder spontanes Vokabular. Die Sprache war eine „Kampfsprache" und diente einer ideologischen Verschleierung der Wirklichkeit. Die geistige Verwandtschaft zwischen „Völkischen", „neuen Konservativen" und Nationalsozialisten lässt sich durch die gemeinsame Sprache nachweisen.

Der Publizist Adolf Hedler konstatierte 1932, dass Ausdrücke wie „abstoßen", „sich entledigen" Verschleierungen dessen seien, was der französische Rassenideologe Georges Vacher de Lapouge (1854-1936) brutal mit folgenden Worten ausdrückte: „Ich bin überzeugt, daß man sich im nächsten Jahrhundert (dem 20. Jahrhundert. Verf.) nach Millionen schlachten wird wegen ein oder zwei Graden mehr oder weniger Schädelindex. [...] und die letzten Sentimentalen werden gewaltige Ausrottungen von Völkern erleben."[950]

Ein zentraler Kampfbegriff der völkischen Bewegung und der sog. „Konservativen Revolution" und auch der Nationalsozialisten nach dem Ersten Weltkrieg, der bereits im ausgehenden 19. Jahrhundert entstand, war der Begriff „Humanitätsduselei". Eine frühe Verwendung des Begriffs kann Ende des Kaiserreichs in dem Kontext der Rassenideologie nachgewiesen werden. Die Begriffe „Humanität" und „human" wurden negativ besetzt. Im aktuellen politischen Diskurs findet sich in dieser Tradition der abwertende Gebrauch des Begriffs „Gutmenschentum".

Der Erfinder des Begriffs „Rassenhygiene", der Arzt Alfred Ploetz (1860–1940), hielt die Pflege von schwachen Menschen 1895 für „humane Gefühlsduselei".[951] In einem Aufsatz von Paul de Lagarde (1827–1891) (eigentlich Paul Anton Bötticher), einem

---

[950] Zitiert in: Hedler, Adolf, Rassenkunde und Rassenwahn, S. 43.
[951] Zitiert in: Gies, Horst, Darré, S. 284 f.

weiteren frühen geistigen Wegbereiter und Stichwortgeber der NS-Ideologie und des Antisemitismus, zum „Programm für die konservative Partei Preußens" heißt es: „Mit der Humanität müssen wir brechen: denn nicht das allen Gemeinsame ist unsere Pflicht, sondern das nur uns Eignende ist es". H. St. Chamberlain dachte in sozialdarwinistischen Dimensionen und sprach in seinem Hauptwerk 1899 von „Humanitätsduselei" als Antithese zur „natürlichen Auslese" im „Kampf ums Dasein".

Hitler verwandte den Begriff „Humanitätsduselei" im Ersten Band von „Mein Kampf". In einer Rede am 20. April 1923 sagte er: „Mögen wir inhuman sein! Aber wenn wir Deutschland retten, haben wir die größte Tat der Welt vollbracht."[952]

Der Kepler-Bund-Leiter Dennert hielt es 1920 für „Humanitätsduselei", dass die Revolutionsregierung Liebknecht und Rosa Luxemburg zwei Monate die Freiheit schenkten.[953] Sie wurden 1919 von Freikorps-Mitgliedern ermordet.

Der „Reichsbauernführer" Darré sprach 1936 in Zusammenhang mit dem Mitleid zu „Schwachen, Kranken und Haltlosen" von „Humanitätsduselei".[954]

Fritz Sauckel, Gauleiter von Thüringen und Koordinator des Einsatzes von Zwangsarbeitern sagte 1943: „Wir werden die letzten Schlacken unserer Humanitätsduselei ablegen."[955] Er wurde in den Nürnberger Prozessen zum Tode verurteilt.

Bavink reihte sich ein und besetzte den Begriff „human" negativ. Er bedauerte 1927 „...unsere ‚humane' Gesetzgebung", die es verhindere, minderwertige Menschen zu töten.

---

[952] Mein Kampf, S. 293, Anm. 265.
[953] Dennert, Eberhard, Der Staat als lebendiger Organismus, S. 111 f.
[954] Vgl. Gies, Horst; Darré, S. 325.
[955] Pätzold, Kurt; Weissbecker, Manfred (Hg.), Stufen zum Galgen, 1996, Militzke Verlag Leipzig, S. 298.

Der „Vernunftrepublikaner" Thomas Mann hingegen warb 1922 in seiner Rede „Von Deutscher Republik" für das „was Demokratie genannt wird, und was ich Humanität nenne..."
Es folgen weitere Vokabeln Bavinks:

Zu Volk und Staat:

vaterlandslose Gesellen – schlimmste demokratisch-marxistisch-zentrümliche Zeiten – opferwilliges Volk – Hitler will eine wahrhafte Volksregierung
Der Staatslenker muss Elemente des Volkskörpers ausscheiden – Verpöbelung des Volkes – Faschistische Idee – Für das deutsche Vaterland und Volkstum marschieren, ja bluten und sterben

Zum „Volkskörper":
- *Vollmenschen und Untermenschen –*
- *Schädlinge unschädlich machen – Krebsgeschwür*
- *wuchernde Körperzellen und bösartige Geschwülste –*
- *rassisch Minderwertige - rassische Degeneration –*
- *untermenschliche den Tieren gleichende Existenzen – sich von solchen Existenzen befreien- einfache Beseitigung solcher Menschen*
- *Gleichwertigkeit aller Menschen eine Irrlehre –*
- *Aufgabe des Teillebens - Bildungswahn gleich Volkstod –*
- *gewaltsam an der Fortpflanzung hindern – Aufartung und Aufnordung*

Zu den Juden:
- *Verjudung – unerträglich gewordene geistige Vorherrschaft*
- *Sie sind ein anderes Volk – Zersetzen unser Volkstum von innen her*
- *echt jüdisch-materialistischer Deismus –*
- *Judenregiment allzu sichtbar und erschreckend*
- *rücksichtsloser Gewinntrieb, Raffgier, Wucher –*

- *viel zu rationalistisch für ein tiefsinniges Dogma*

Auch andere Formulierungen dienten der Verschleierung der Realität: Krieg war nach Ansicht Bavinks, wenn Kulturvölker sich „gerade wieder in den Haaren liegen". Eine verharmlosende Verwendung eines bildhaften alten Ausdruckes[956] für einen Weltkrieg mit Millionen Opfern. Von Anfang an war der am 1. September 1939 von Hitler begonnene Krieg ein rassenideologisch bestimmter Eroberungs- und Vernichtungsfeldzug.

Die von Bavink mehrfach verwandte Metonymie „Völkerringen" für den brutalen militärischen Überfall auf ein Nachbarland suggerierte, dass der moderne technisierte Krieg die Fortsetzung eines freiwilligen sportlichen Wettkampfes mit militärischen Mitteln sei. Auch Hitler unterstellte, dass „Völker" beteiligt waren und verschleierte, dass sein verbrecherisches Regime Initiator des Krieges war.

Schiller verwandte 1803 gleichfalls den Begriff „Ringen" in Zusammenhang mit kriegerischen Handlungen, allerdings nicht verschleiernd, sondern im Kontext eines düsteren Bildes der politischen Lage und der Gleichsetzung von Krieg als Mord. In dem Gedicht „Der Antritt des neuen Jahrhunderts" schrieb er:

„*Das Jahrhundert ist im Sturm geschieden,*
Und das neue öffnet sich mit Mord.
Und das Band der Länder ist gehoben,
Und die alten Formen stürzen ein;
Nicht das Weltmeer hemmt des Krieges Toben,
Nicht der Nilgott und der alte Rhein.

---

[956] Nachweis u. a. bei Luther und Goethe: „Stets sich in den Haaren liegen, wie zwei Hähne dazustehn". Vgl. „Deutsches Wörterbuch von Jacob Grimm und Wilhelm Grimm" (Onlineversion) Universität Trier, dwb.--uni-trier.de, Bd. 10, Sp. 6–23.

*Zwo gewaltge Nationen ringen
Um der Welt alleinigen Besitz...*"[957]

Bavink verbreitete noch nach dem Ende des Zweiten Weltkrieges die These, dass der Krieg auf die deutschen wie auf die anderen europäischen Völker „zukam". Die Verwendung der Begriffe „Völker" und „zukam" definiert den Krieg als von außen kommendes unbeeinflussbares Ereignis.

Die von Bavink verwandte Sprache war in ihrer Rohheit, aber auch durch ihre Verschleierungsmethode Spiegel eines Zivilisationsbruchs. Sie glich der von Hitler und den NS-Vordenkern verwendeten Sprache und war eine ideologische Parole und Waffe zugleich.

Houston Stewart Chamberlain schrieb am 22. Januar 1912 an den Leiter des „Kepler-Bundes", Eberhard Dennert, über sein neu erscheinendes Buch: „Ich hoffe, daß auch dieses Werk als ein Beitrag zu **unserem Waffenarsenal** [Hervorh. d. Verf.] wird betrachtet werden können."[958] Als Chamberlain 1927 starb, trauerte der „Völkische Beobachter" um einen der „großen Waffenschmiede" des deutschen Volkes.

Der Philosoph und Psychiater Karl Jaspers analysierte 1919 eine „Psychologie der Weltanschauungen" und kennzeichnete unechte Weltanschauungen als Ideologie. Hierbei bedienten sich nach seiner Auffassung herrschende Existenzen der legitimistischen Lehren von Rasse, Historie, Tüchtigkeit usw., um die eigene Macht und Gewaltausübung als legitim und gerecht anerkannt zu sehen. Als Quelle dieser Zusammenhänge sei

---

[957] DWB = Deutsches Wörterbuch von Jacob und Wilhelm Grimm. 16 Bde. in 32 Teilbänden. Leipzig 1854–1961. Quellenverzeichnis Leipzig 1971. Digitale Publikationsumgebung / Wörterbuchnetz © 2008 by Trier Center for Digital Humanities, Universität Trier; Friedrich Schiller Archiv Weimar.

[958] Familienarchiv Dennert; 1912 veröffentlichte er eine Abhandlung über „Goethe".

irgendein Machttrieb vorhanden. Die Inhalte des Geistes seien in diesem Zusammenhang gleichsam nur ein Arsenal von Waffen, um sich eine Bedeutung zu geben.[959]

Jaspers entlarvte mit seiner Anamnese des Zivilisationsbruchs die pseudowissenschaftliche Apologie Bavinks und der „stramm national gesinnten Männer" als ideologische Versatzstücke.

---

[959] Jaspers, Karl, Psychologie der Weltanschauungen, S. 34.

Konklusion

Bavinks Renommee in einem Teil der wissenschaftlichen Welt beruhte im Wesentlichen auf seinem Hauptwerk „Ergebnisse und Probleme der Naturwissenschaften", das zum größten Teil eine didaktisch gelungene Kompilation der Forschungsergebnisse auf den Gebieten der Physik, Chemie und Biologie war. Zugleich bemühte er sich um eine Klärung des Verhältnisses zwischen Naturwissenschaft und Religion. Dies sprach religiös orientierte Naturwissenschaftler wie z.B. Max Planck[960] an, der bis zu seinem Tod 1947 lutherischer Kirchenältester war.[961]

Nach dem Ersten Weltkrieg wurden in seinen Schriften eigene „Standpunkte" und „Weltanschauungsfragen" bedeutsamer. Er verließ das Feld der theoretischen Wissenschaft und kam zu Vorschlägen für bestimmte Politikfelder wie „Rassenhygiene", „Rassenfragen" und zur „Judenfrage". Er gab damit die Rolle des reinen Wissenschaftlers, die er in Festvorträgen thematisierte und für sich reklamierte, auf.[962] Seine Weltanschauung resultierte aus einer radikal rechten Gesinnung, verbunden mit religiösen Impulsen und pseudowissenschaftlichen Erkenntnissen.

Die Grundlagen für diese Geisteswelt stammten aus der Wilhelminischen Zeit und entwickelten sich zu einem Antidenken in dem ersten demokratisch-parlamentarischen Staat auf deutschem Boden. Die beamteten Vertreter der „geistigen Elite" hatten diesem Staat zwar ihre Loyalität per Eid versichert, handelten aber entgegengesetzt.

---

[960] Vgl. Kondolenzschreiben in: Gromann, Margret, Bernhard Bavink, S. 170 ff.
[961] Vgl. Heilbron, J. L., The dilemmas of an upright man, S. 183.
[962] Vgl. Bavink, Bernhard, 70 Jahre Naturwissenschaft, Vortrag gehalten am 5.11.1934, abgedruckt in: Bremer Beiträge, 2. Band 1934, 4. Heft.

Bavink zählte sich zu den Kulturmenschen mit „einer ganzen Anzahl wertvoller Erbanlagen". Schon vor dem Ersten Weltkrieg wollte und konnte er sich als Oberlehrer zu einer gesellschaftlichen und kulturellen Elite, bestehend aus Ärzten, Rechtsanwälten, Geistlichen, Staatsbeamten, Studienräten und Universitätsprofessoren, zählen. Seine Mitgliedschaften im „Wingolf" und im „Kepler-Bund" und sein lutherischer Glauben förderten eine „stramm nationale" Gesinnung. Er kannte als junger Studienrat die Thesen Eberhard Dennerts und Houston Stewart Chamberlains, beide waren, wie er selbst, mit dem Kepler-Bund eng verbunden. Chamberlain verband die Rassenideologie mit dem Sozialdarwinismus. Er wollte bei den Deutschen mit seinen Thesen Wirkung erzielen und sprach von seinen Schriften als Waffen in einem Waffenarsenal. In einer Veröffentlichung des „Vereins zur Abwehr des Antisemitismus" aus dem Jahr 1918 werden die deutschvölkischen Oberlehrer als „Nachbeter" Chamberlains bezeichnet und deren „fanatische Verranntheit und Verbohrtheit" kritisiert.[963]

Chamberlains im Jahr 1900 erschienenes Hauptwerk „Die Grundlagen des 19. Jahrhunderts" war ein Bestseller und erschien 1912 in der 10. Auflage. Seine pseudowissenschaftliche These von dem immerwährenden Kampf zwischen der arisch-germanischen und der „bösen" jüdischen Rasse wirkte in die Kulturintelligenz und auch in die Schicht der Oberlehrer hinein. Sie begünstigte schon vor dem Ersten Weltkrieg die Bildung einer nationalistischen und antisemitischen „Neuen Rechten", der „Antimoderne".[964] Chamberlain hatte sowohl in Wilhelm II. als auch in Hitler treue Bewunderer.

---

[963] Mitteilungen des Vereins zur Abwehr des Antisemitismus, Band 28, 1918, S. 115 (Bayerische Staatsbibliothek – Digitale Bibliothek – MDZ)
[964] Vgl. Nipperdey, Thomas, Deutsche Geschichte, Band 2, S. 305 und 606.

Die frühe Prägung Bavinks durch die „stramm national gesinnten Männer" verstärkte sich nach der Zäsur des Revolutionsjahres 1918 durch die adaptierte Rassenideologie seines Freundes Fritz Lenz und weiterer Autoren im Dunstkreis des rechten Lehmanns-Verlags in München.

Nur wenige Jahre vor Bavinks Geburt polemisierte Friedrich Wilhelm Nietzsche in seinen „Unzeitgemäßen Betrachtungen" gegen diesen Typus des deutschen „Bildungs-Philisters" im neu entstandenen Deutschen Reich:

„Er fühlt sich [...] fest überzeugt, daß seine ‚Bildung' gerade der satte Ausdruck der rechten deutschen Kultur sei: und da er überall Gebildete seiner Art vorfindet, und alle öffentlichen Institutionen, Schul-, Bildungs- und Kunstanstalten gemäss seiner Gebildetheit und nach seinen Bedürfnissen eingerichtet sind, so trägt er auch überallhin das siegreiche Gefühl mit sich herum, der würdige Vertreter der jetzigen deutschen Kultur zu sein und macht dem entsprechend seine Forderungen und Ansprüche. [...] Aber die systematische und zur Herrschaft gebrachte Philisterei ist deshalb, weil sie System hat, noch nicht Kultur und nicht einmal schlechte Kultur, sondern immer nur das Gegenstück derselben, nämlich dauerhaft begründete Barbarei.'"[965]

Das „Gezeter" gegen die gleichmacherische Demokratie drückte vor allem die „Angst um das Prestige der eigenen Schicht des Diplom-Menschentums" aus, so Max Weber im Sommer 1918.[966]

Fritz K. Ringer hat die Entwicklung dieser Schicht der „Bildungsphilister" für den Zeitraum von 1890–1933 und die politischen Folgen dieser Haltung analysiert. Er definierte einen bestimmten deutschen „geistigen Habitus" als eine der Vorausset-

---

[965] In: Killy, Walther, Zeichen der Zeit, S. 27 f.
[966] Zitat in: Grüttner, Michael, in: Philosophie im Nationalsozialismus, S. 32.

zungen für die Katastrophe des Nationalsozialismus. Nach Ringers Auffassung verspürten die Angehörigen dieser Schicht keine starke Neigung, politische Rechte auszudehnen oder eine Beteiligung des Volkes an der Herrschaft anzustreben, denn sie waren eine Minderheit. Sie vertraten die These, dass der Staat über den Interessen eines jeden Individuums stehen solle. Der Anteil ihrer Klasse an der Verwaltung des Staates sollte erhalten bleiben.

Fritz K. Ringer bezeichnete in seiner erstmals 1969 erschienenen Arbeit „Die Gelehrten" diese von ihm identifizierte Schicht als das „Mandarinentum". Schon Heinrich v. Treitschke sprach im 19. Jahrhundert von der „Examensquälerei" durch die Oberlehrer als „raffinierte Dummheit unseres Mandarinenthums."[967]

Der Begriff „Mandarin" ist eine europäische Wortschöpfung für altchinesische Staatsbeamte, „regular civil officials" (chin.: Wen-kua).[968]

Tatsächlich gab es in Bavinks Leben auch eine äußere berufliche Analogie zu den „Mandarinen" in der chinesischen Ming-Zeit (1368-1644). Dort befand sich ein Lehrer an einer örtlichen Konfuzius-Schule im letzten neunten Rang, „a virtually dead-end post", wie ein China-Kenner feststellte.[969] In Erinnerungsreden an Bavink[970] wurde analog von der „Tragik seines Lebens" gesprochen. Gemeint war, dass es Bavink nicht gelang, als Lehrer an einer städtischen Schule die angestrebte Universitätsprofessur weder in der Weimarer Republik noch in der NS-Zeit zu erhalten. Die ihm nach dem Zweiten Weltkrieg in den Wirren des Besatzungsregimes angetragene Honorarprofessur in Münster konnte er 1947 durch seinen frühen Tod nicht mehr wahrnehmen.

---

[967] Vgl. Radkau, Joachim, Das Zeitalter der Nervosität, S. 320.
[968] Twitchett, Denis Crispin, The Cambridge History of China, Volume 8, S. 29.
[969] Twitchett, Denis Crispin, The Cambridge History of China, Volume 8, S. 42.
[970] Zenke i. d. „Festschrift der Stadt Leer" und Hermann in: „Bernhard Bavink und die Philosophie".

Nach Ringers groß angelegter Analyse trugen die „Mandarine" nicht direkt zum Scheitern der Weimarer Republik und zum Triumph des „Dritten Reiches" bei, eher war es die ideologische Affinität und der geistige Habitus, der dazu beitrug, die Republik zu zerstören. Sie sahen ihre eigene Unzufriedenheit als den geistigen Verfall einer ganzen Gesellschaft an.[971]

Ähnlich äußerte sich Thomas Mann bereits 1930 in seiner Berliner Rede mit dem Titel „Deutsche Ansprache", als er Philologen-Ideologie, Germanisten-Romantik, die akademisch-professorale Sphäre mit dem Gebrauch von Vokabeln wie rassisch, völkisch, bündisch und heldisch brandmarkte. Kurt Sontheimer hält die auch von Bavink verwendeten Begriffe wie Volk, Gemeinschaft und Organismus für polemische Begriffe, die nicht primär Wirklichkeit erfassen, sondern als Waffen gegen die Wirklichkeit verwandt wurden. Der „Talmi-Glanz" dieser fiktiven Realität und der Kampf gegen die Ratio trugen zum Erfolg der nationalsozialistischen Bewegung bei.[972]

Die plakative Bezeichnung „Mandarin" darf nicht dazu führen, ein undifferenziertes Bild der geistigen Elite der Weimarer Zeit zu entwickeln.[973] Allerdings muss nach den vorgefundenen Belegen der „Bildungsphilister" Bavink zu der Schicht der geistigen Elite gerechnet werden, deren ideologisch bestimmtes Handeln zum Scheitern der Weimarer Republik und zum Zivilisationsbruch durch die Nationalsozialisten beitrug, feststellbar an der „Erweichung der Humanitätsidee" (Sontheimer) durch den Rassenideologen Bavink.

Kurz vor seinem Tod im Sommer des Jahres 1947 erschien die 6. Auflage seines Werks „Naturwissenschaft auf dem Weg zur

---

[971] Ringer, Fritz K., Die Gelehrten, S. 392 f.
[972] Vgl. Sontheimer, Kurt, Antidemokratisches Denken in der Weimarer Republik, S. 255 ff.
[973] Vgl. Nipperdey, Thomas, Deutsche Geschichte, Band I, S. 600.

Religion". Bavink wandte sich dort gegen eine mechanistische, atomistische Weltanschauung des „Sozialismus" und „Liberalismus". Er kam nunmehr zu der Einsicht, „daß auch der ‚faschistische' Staat alles andere als eine ‚organische Ganzheit tatsächlich war'. Der NS-Staat wurde von ihm euphemistisch als alles reglementierender „Polizeistaat" charakterisiert.

Bavink, nunmehr in dem von den Nationalsozialisten befreiten und von den Alliierten besetzten Deutschland lebend, war der Auffassung, „die **heutige politischen Zeitlage gleiche sich mit der Zeit vor 1945**, weil sich **wieder** [Hervorh. d. Verf.] Weltanschauungen auf gewaltsamen Wegen sich den Völkern aufoktroyieren."

Er blieb auch nach dem Zusammenbruch des Regimes, mit dem er kollaborierte, seiner antiwestlichen und antidemokratischen Ideologie treu.[974]

Zwei Jahre nach Bavinks Tod gab sich der westdeutsche Teilstaat anknüpfend an die Weimarer Reichsverfassung eine demokratische Verfassung. Auch in diesem neuen Staat wäre Bavink zum Verfassungsgegner geworden. Es ist Staatssekretär Erich Zweigert zuzustimmen, der bereits 1929 ausführte: „Ich habe es nie verstanden und werde es nie verstehen [...] daß der Beamte zwar im Dienst den neuen Staat vertreten, achten und schützen müsse, ihn aber außerhalb des Dienstes untergraben, herabsetzen und bekämpfen dürfe [...] auf die Dauer ist dieser Zustand unerträglich."[975]

Karl Jaspers resümierte noch unter dem frischen Eindruck der erlittenen NS-Zeit im Jahr 1946:

„Viele Intellektuelle, die 1933 mitgemacht haben und für sich eine führende Wirkung erstrebten und die öffentlich welt-

---

[974] Bavink, Die Naturwissenschaft auf dem Weg zur Religion, Ausgabe 1947, S. 30.
[975] Zitiert in: Sontheimer, Kurt, Antidemokratisches Denken in der Weimarer Republik, S. 184.

anschaulich für die neue Macht Stellung nahmen – die dann später persönlich beiseite gedrängt wurden, unwillig wurden [...] diese haben das Gefühl, unter den Nazis gelitten zu haben [...] Sie halten sich selbst für Antinazis. Es gab all die Jahre eine Ideologie dieser intellektuellen Nazis: Sie sprächen in geistigen Dingen unbefangen die Wahrheit aus."
Aber, so Jaspers, wer am Rassenwahn teilnahm, wer Illusionen von einem Aufbau hatte, der sich auf Schwindel gründete, wer schon damals geschehene Verbrechen in Kauf nahm, ist haftbar nicht nur, sondern muss sich moralisch erneuern.[976]

Die moralische Erneuerung, das Bekenntnis zu einer Mitverantwortung, Scham über einen Zivilisationsbruch im eigenen Denken, alles das unterblieb, nicht nur bei Bavink, sondern bei den „stramm national gesinnten Männern". Sie blieben zeitlebens Gefangene ihrer persönlichen Weltanschauung[977] und ihres vergifteten Denkens.

---

[976] Jaspers, Karl, Die Schuldfrage, S. 52.
[977] Vgl. Heilbron, J. L., The dilemmas of an upright man, S. 217

Quellen

Im Stadtarchiv Bielefeld befindet sich ein Konvolut aus dem Nachlass Bernhard Bavinks (200,5/NL Bavink). Soweit ich in Kurzform die Quelle „Erinnerungen" zitiere, handelt es sich um ein Typoskript mit handschriftlich eingefügten Ergänzungen und Seitenzahlen (C 42).

Eine wichtige Quelle war für mich die überragende kritische Edition von Hitlers „Mein Kampf" des Instituts für Zeitgeschichte. Seitenangaben für „Mein Kampf" in den Fußnoten beziehen sich auf diese Edition.

Die Forschung in den Archiven wurde ergänzt durch eine intensive Auswertung der zeitgenössischen Literatur und Presse.

Bei meinen Archivrecherchen entdeckte ich mehrere bisher nicht publizierte Dokumente.

In den Zitaten wurde die zeitgenössische Rechtschreibung beibehalten.

Danksagung

Ich bedanke mich bei den Mitarbeiter*innen der Archive und Bibliotheken für die gute Zusammenarbeit auch in Pandemiezeiten.

Einen großen Dank schulde ich auch den Menschen, darunter meine Frau Mechthild Tammena, die so freundlich waren, das Manuskript kritisch durchzusehen und mir viele wertvolle Anregungen gaben.

Literatur

A. Veröffentlichungen von Bernhard Bavink

Monographien

Ergebnisse und Probleme der Naturwissenschaften, 2. Auflage, 1921, Leipzig, Hirzel

Ergebnisse und Probleme der Naturwissenschaften, 4. Auflage, 1930: Leipzig, Hirzel

Ergebnisse und Probleme der Naturwissenschaften, 8. Auflage, 1944, Bern, A. Fraenkel

Ergebnisse und Probleme der Naturwissenschaften, 9. Auflage, 1949, Zürich, Hirzel

Grundriss der Neuen Atomistik, 1922, Leipzig, Hirzel

Die Hauptfragen der heutigen Naturphilosophie, Bände I u. II, 1928, Berlin, Otto Salle

Organische Staatsauffassung und Eugenik, Schriften zur Erblehre und Rassenhygiene, 1933, Berlin, Metzner

Die Naturwissenschaft auf dem Weg zur Religion, 2. Auflage, 1933, Frankfurt/M., Diesterweg

Die Naturwissenschaft auf dem Weg zur Religion, 5. Auflage, 1937, Frankfurt/M., Diesterweg

Die Naturwissenschaft auf dem Weg zur Religion, 6. Auflage, 1947, Oberursel, Kompass

Eugenik als Forschung und Forderung der Gegenwart, 1934, Leipzig, von Quelle & Meyer

Die Atomenergie und ihre Ausnutzung, 1947, Bern, A. Francke

Was ist Wahrheit in den Naturwissenschaften, 1947, Wiesbaden, Eberhard Brockhaus

Das Weltbild der heutigen Naturwissenschaft und seine Beziehungen zur Philosophie und Religion, 1947, Iserlohn, Silva

Kampf und Liebe als Weltprinzip, Bearb. Karola Otte, 1952, Iserlohn, Silva

Aufsätze und Beiträge (zeitlich geordnet)

Die wichtigste Kulturfrage, Hannoverscher Kurier, 1926

Rassenhygiene und protestantische Ethik, in: Rassenhygiene, Süddeutsche Monatshefte, Heft 6, 25. Jg., 1928, 1928

Darwin, Völkischer Beobachter v. 5.6.1932, 1932

Eugenik und Protestantismus, Eugenik und Weltanschauung (Hg. Günther Just), 1932, Berlin, Metzner

Rassenhygienische Unfruchtbarmachung und Christentum, Völkischer Beobachter v. 1.8.1933

Die Rasse in den Geisteswissenschaften, Neue Jahrbücher, Drittes Heft, StArch. Bielefeld A II 17/11, 1933

Rasse und Religion, Leben und Weltanschauung, Heft 11, 1933, Barmen, Montanus und Ehrenstein

70 Jahre Naturwissenschaft (Festvortrag 5.11.1934), Bremer Beiträge zur Naturwissenschaft, 2. Bd., 4. Heft, 1934, Bremen

Vom Sinn und Wert der Wissenschaft (Vortrag 19.11.1935), Lübeckische Blätter, 77. Jg., Heft 48, 1935, Lübeck

Max Planck zum 85. Geburtstag, Kölnische Zeitung v. 24.4.1943

Moderne Naturphilosophie, Kurier-Tageblatt v. 7.1.1944, StArch Bielefeld A II/18/37

Literatur

Die Bedeutung des Konvergenzprinzips für die Erkenntnistheorie der Naturwissenschaften, Zeitschrift für Philosophische Forschung, Bd. II, 1947, Reutlingen, Gryphus-Verlag

Weltschöpfung in Mythos und Religion, Philosophie und Naturwissenschaft, 2. Auflage, 1952, München, Reinhart-Verlag

Aufsätze in „Unsere Welt", Zeitschrift des Keplerbundes, in verschiedenen Jahrgängen

B. Schriften zu Bernhard Bavink (zeitlich geordnet)

Otte, Karola u. a., Bernhard Bavink zum Gedächtnis – Reden, gehalten zur Namensänderung der ehem. Auguste-Viktoria-Schule, 1947

Oehme, Curt, Rezension B. Bavink: Weltschöpfung in Mythos und Religion..., in: Psyche, V. Jg., Heft 8, 1951, Stuttgart, Ernst Klett

Stadt Leer, Gedächtnisschrift, 1952, Leer

Hermann, Armin, Bernhard Bavink und die Philosophie, Festvortrag, 1978, Bielefeld

Schwartz, Michael, Bernhard Bavink: Völkische Weltanschauung – Rassenhygiene – „Vernichtung lebensunwerten Lebens", 1993, Bielefeld, Stadtarchiv und Landesgeschichtliche Bibliothek Bielefeld,;

Hentschel, Klaus, Bernhard Bavink (1879–1947): Der Weg eines Naturphilosophen vom deutschnationalen Sympathisanten der NS-Bewegung bis zum unbequemen Non-Konformisten, Sudhoffs Archiv, Band 77, Heft 1, 1993, Stuttgart, Franz Steiner Verlag

Gromann, Margret, Bernhard Bavink – Lehrer – Wissenschaftler – Philosoph, 1995, Bielefeld, Kramer Druck & Verlag

Benk, Andreas, Selbstbesinnung des christlichen Glaubens unter dem Eindruck naturwissenschaftlicher Erkenntnisse? Bernhard Bavink – gescheiterter und vergessener Pionier eines Dialogs zwischen Theologie und modernen Naturwissenschaften in: Glauben und Denken 14. Jg., 2001, Frankfurt/M., Peter Lang

Achelpöhler, Fritz, Mädchen. Schule. Zeitgeschichte, 2014, Bielefeld, AISTHESIS VERLAG

C. Literatur bis zum Ende des NS-Staates (alphabetisch)

Althaus, Paul, Leitsätze zur Ethik, 1929, Erlangen, Universitätsbuchhandlung Rudolf Merkel

Benze, Rudolf und Nationalsozialistischer Lehrerbund Gau Südhannover-Braunschweig (Hg.), Wegweiser ins Dritte Reich, 3. Auflage 1934, Braunschweig, E. Appelhans & Comp.

Brandt, Walter, Grundzüge einer Konstitutionsanatomie, 1931, Berlin, J. springer

Darwin, Charles, Die Abstammung des Menschen, 2018 (1871, Deutsch 1908), Hamburg, Nikol

Dennert, Eberhard, Glauben und Wissen, 1. Jg., Januar 1903, Heft 1, Stuttgart, Max Kielmann,

Dennert, Eberhard, Die Weltanschauung des modernen Naturforschers, 1907, Stuttgart, Max Kielmann

Dennert, Eberhard, Weltbild und Weltanschauung, 1908, Hamburg, Nachdruck Salzwasser-Verlag Paderborn,

Dennert, Eberhard, Der Staat als lebendiger Organismus, 1920, Halle/Saale, E. Ed. Müller`s Verlagsbuchhandlung,

Dennert, Eberhard, Hindurch zum Licht! Erinnerungen aus einem Leben der Arbeit und des Kampfes, 1937, Stuttgart, Verlag von J. F. Steinkopf

Eucken, Rudolf, Lebenserinnerungen, 2016 (1921), Berlin, Holzinger

Fetscher, R., Erbbiologie und Rassenhygiene, 1934, Otto Salle

Frank, Ludwig, Die bürgerlichen Parteien des Deutschen Reichstages, 1911, Stuttgart, J. H. W. Dietz Nachf.

Frenssen, Gustav, Die Brüder, 1923, Berlin, G. Grote'sche Verlagsbuchhandlung

Freytag, Gustav, Aus einer kleinen Stadt, 1922, Leipzig, Hirzel

Goldschmidt, Alfons, Deutschland heute, 1928, Berlin, Ernst Rowohlt

Goldstein, Julius, Rasse und Politik, 1925, Leipzig, Ernst Oldenbourg

Hedler, Adolf, Rassenkunde und Rassenwahn – Wissenschaft gegen demagogischen Dilettantismus, 1932, Berlin, J.H.W. Dietz Nachf.

Heiden, Konrad, Adolf Hitler, 1936 (2016), Zürich, Europa-Verlag

Hertwig, Oscar, Zur Abwehr des ethischen, des sozialen, des politischen Darwinismus, 1921, Jena, Gustav Fischer

Hertwig, Oscar, Der Staat als Organismus – Gedanken zur Entwicklung der Menschheit, 1922, Jena, Verlag von Gustav Fischer

Jaspers, Karl, Psychologie der Weltanschauungen, 1919, Berlin, Julius Springer

Linnig, Franz (Hg.), Deutsches Lesebuch Zweiter Teil, 1914, Paderborn, Ferdinand Schöningh

Ludwig, Emil, Bismarck Geschichte eines Kämpfers, 1927, Berlin, Ernst Rowohlt

Luschan, Felix von, Völker Rassen Sprachen, Anthropologische Betrachtungen, 1927, Berlin, Deutsche Buch-Gemeinschaft

Meltzer, Ewald, Das Problem der Abkürzung „lebensunwerten Lebens", 1925, Carl Marhold

Naumann, Friedrich (Hg.), Patria!, 1913, Berlin, Fortschritt

Nietzsche, Friedrich, Unzeitgemäße Betrachtungen, 1893, Leipzig, Neudruck Berliner Ausgabe, 2016, Michael Holzinger

Pittard, Eugène, Les Races et l'histoire,1924, Paris, La Renaissance du Livre

Saupe, Martin, Seelsorgergedanken zur Eugenik, in: Christentum und Wissenschaft 9. Jg., 10. Heft, 1933, Dresden, C. Ludwig Ungelenk

Schwarte, Max, Geschichte des Weltkrieges, 1932, Berlin, E.C. Etthofen

Sombart, Werner, DER MODERNE KAPITALISMUS, 1902, Leipzig, Duncker & Humblot

Sombart, Werner, Die deutsche Volkswirtschaft im Neunzehnten Jahrhundert, 1921, Berlin, Georg Bondi

Sombart, Werner, Vom Menschen, 1938, Berlin, Buchholz & Weißwange

Spengler, Oswald, Der Untergang des Abendlandes, 1999/1923, München, Beck/dtv

Theologische Blätter, Jg. 1933, Leipzig

Toller, Ernst, Eine Jugend in Deutschland (Kommentierte Ausgabe), 2011 (1933), Stuttgart, Reclam

Treitschke, Heinrich von, Historische und Politische Aufsätze, 1865, Leipzig, Hirzel

Treitschke, Heinrich von, Unsere Aussichten, Preußische Jahrbücher, 44. Band, 1879, Berlin, G. Reimer

Treitschke, Heinrich von, Noch einige Bemerkungen zur Judenfrage, Preußische Jahrbücher, 45. Band, 1880, Berlin, G. Reimer

Treitschke, Heinrich von, Zum Gedächtnis des großen Krieges, 1895, Leipzig, Hirzel

Verschuer, Otmar Freiherr von, Rasse: Deutsche Politik, Ein völkisches Handbuch, 1924, Frankfurt/Main, Englert & Schlosser

Weber, Max, Rationalisierung und entzauberte Welt, Aufsätze 1904-1918, 1989, Leipzig, Philipp Reclam jun.

Weber, Max, Die protestantische Ethik und der Geist des Kapitalismus (1905), 2007, Erftstadt, Area

Weber, Max, Parlament und Regierung im neugeordneten Deutschland, 1918, München und Leipzig, Duncker & Humblot

Wundt, Max, Deutsche Weltanschauung (Grundzüge völkischen Denkens), 1926, München, J. F. Lehmanns Verlag

Zimmermann, Karl, Deutsche Geschichte als Rassenschicksal, 1933, Leipzig, Quelle & Meyer

Zimmermann, Karl, Die geistigen Grundlagen des Nationalsozialismus, 1933, Leipzig, Quelle & Meyer

D. Literatur ab 1945 (alphabetisch)

Aly, Götz, Die Belasteten, 2013, Bonn, BpB

Aly, Götz, Warum die Deutschen? Warum die Juden?, 2011, Frankfurt/M., S. Fischer

Aly, Götz, Hitlers Volksstaat, 2005, Frankfurt/M, S. Fischer

Bajohr, Frank; Wildt, Michael (Hg.), Volksgemeinschaft, 2009, Frankfurt/M, Fischer

Barth, Karl, Die kirchliche Dogmatik, Dritter Band – Die Lehre von der Schöpfung, 1951, Zürich, Evangelischer Verlag AG

Bastian, Till, Denken – Schreiben – Töten, 1990, Stuttgart, Hirzel

Bedürftig, Friedemann, Lexikon Drittes Reich, 1997, München, Piper Verlag

Benk, Andreas, Moderne Physik und Theologie, 2000, Mainz, Grünewald

Benz, Wolfgang; Graml, Hermann; Weiß, Hermann (Hg.), Enzyklopädie des Nationalsozialismus, 2007, München, Deutscher Taschenbuch Verlag

Bergschicker, Heinz, Deutsche Chronik, Alltag im Faschismus 1933–1945, 1983, Berlin, Elefanten-Press

Biemel, Walter; Saner, Hans (Hg.), Martin Heidegger – Karl Jaspers Briefwechsel 1920–1963, 1992, München, Piper u. Klostermann

Binder, Gerhart, Epoche der Entscheidungen, 1960, Stuttgart, Seewald

Blaschke, Olaf, Die Kirchen und der Nationalsozialismus, 2019, Bonn, BpB

Bleuel, Hans Peter, Das saubere Reich. Theorie und Praxis des sittlichen Lebens im Dritten Reich, 1972, München, Scherz-Verlag

Böhler, Jochen, Auftakt zum Vernichtungskrieg – Die Wehrmacht in Polen 1939, 2006, Frankfurt/M., Fischer

Böhnigk, Volker, Kulturanthropologie als Rassenlehre, 2002, Würzburg, Königshausen & Neumann

Bracher, Karl Dietrich; Funke, Manfred; Jacobsen, Hans-Adolf (Hg.), Die Weimarer Republik, 1987, Düsseldorf, Droste

Breuer, Stefan, Die radikale Rechte in Deutschland 1971-1945, 2010, Stuttgart, Reclam

Brumlik, Micha, Antisemitismus, 2020, Bonn, bpb

Buchheim, Hans; Broszat, Martin; Jacobsen, Hans-Adolf, Anatomie des SS-Staates Bände 1 u. 2, 1967, München, dtv

Chesterton, Gilbert Keith, Eugenik und andere Übel, 2014, Berlin, Suhrkamp

Conze, Eckart; Frei, Norbert; Hayes, Peter; Zimmermann, Moshe, Das Amt und die Vergangenheit, 2010, München, Karl Blessing

Craig, Gordon A., Über die Deutschen, 1985, München, dtv

Dahm, Volker; Feiber, Albert A.; Mehringer, Hartmut; Möller, Horst (Hg.), Die tödliche Utopie, 2016, München, IfZ

Eimers, Enno, Kleine Geschichte der Stadt Leer, 1993, Leer, Schuster

Eschenburg, Theodor u. a., Der Weg in die Diktatur 1918–1933, 1962, München, Piper

Evans, Richard J., Das Dritte Reich Band I–III, 2005, München, dtv

Felbor, Ute, Rassenbiologie und Vererbungswissenschaft in der Medizinischen Fakultät der Universität Würzburg 1937–1945, 1995, Würzburg, Königshausen & Neumann

Fest, Joachim, Hitler – Eine Biographie, 2006, Berlin, Ullstein

Freund, Michael, Deutschland unter dem Hakenkreuz, 1981, München, Wilhelm Goldmann

Fried, Johannes, Die Anfänge der Deutschen, 2015, Berlin, Ullstein

Friedensgruppe der Altstädter Nicolaigemeinde, Evangelische Kirche im Nationalsozialismus am Beispiel Bielefeld, Dokumentation einer Ausstellung, 1986, Bielefeld, Friedensgruppe

Gay, Peter, Die Republik der Aussenseiter, 1987, Frankfurt/M., Fischer

Gellately, Robert, The Gestapo and German Society, 1991, Oxford, Clarendon Press

Gellately, Robert, Hingeschaut und weggesehen, 2004, München, dtv

Gerwarth, Robert, Die Grösste aller Revolutionen, November 1918, 2019, München, Siedler, Klett-Cotta

Geulen, Christian, Geschichte des Rassismus, 2017, München, C. H. Beck

Gies, Horst, Richard Walther Darré, 2019, Köln, Böhlau Verlag

Görlitz, Walter, Geschichte des deutschen Generalstabes von 1650-1945, 1997, Augsburg, Weltbild

Grathwol, Robert P., Stresemann and the DNVP, 1980, Lawrence, The Regents Press of Kansas

Grüttner, Michael, Brandstifter und Biedermänner, Deutschland 1933-1939, 2015, Bonn, bpb

Haffner, Sebastian, Anmerkungen zu Hitler, 1981, Frankfurt/M, Büchergilde Gutenberg

Haffner, Sebastian, Von Bismarck zu Hitler, 2015, München, Droemer

Haffner, Sebastian, Geschichte eines Deutschen, 2014, München, Pantheon

Hartmann, Christian; Vordermayer, Thomas; Plöckinger, Othmar; Töppel, Roman (Hg.), Hitler, Mein Kampf – Eine kritische Edition – Band 1 u. 2, 2016, München-Berlin, Institut für Zeitgeschichte

Hase, Hans Christoph von (Hg.), Evangelische Dokumente zur Ermordung der „unheilbar Kranken" in den Jahren 1939–1945, 1964, Stuttgart, Innere Mission und Hilfswerk der Ev. Kirche in Deutschland

Haug, Wolfgang Fritz, Deutsche Philosophen 1933, 1989, Hamburg, Argument

Hayes, Peter, Warum? Eine Geschichte des Holocaust, 2018, Bonn, bpb

Heiber, Helmut (Hg.), Briefe an und von Himmler, 1968, Stuttgart, DVA

Heilbron, J. C., THE DILEMMAS OF AN UPRIGHT MAN, 2000, First Harvard University Press paperback edition

Henckmann, Wolfhart u. a., Philosophie im deutschen Faschismus, Widerspruch, 7. Jg., Nr. 13, 1987, München

Hesemann, Michael, Hitlers Religion, 2012, Augsburg, Sankt Ulrich Verlag

Himmler, Katrin; Wildt, Michael, Himmler privat, Briefe eines Massenmörders, 2014, München, Piper

Hinz-Wessels, Annette, Tiergartenstraße 4, 2015, Berlin, Ch. Links Verlag

Hirschfeld, Gerhard; Krumeich, Gerd; Renz, Irina (Hg.), 1918, Die Deutschen zwischen Weltkrieg und Revolution, 2018, Bonn, bpb

Hochmuth, Anneliese, Spurensuche, Eugenik, Sterilisation, Patientenmorde und die v. Bodelschwinghschen Anstalten Bethel 1929-1945, 1997, Bielefeld, Bethel-Verlag

Hofer, Walther, Der Nationalsozialismus Dokumente 1933–1945, 1962, Frankfurt/M., Fischer

Hübinger, Gangolf; Mommsen, Wolfgang J., Intellektuelle im deutsche Kaiserreich: 1993, Frankfurt/M., Fischer

Jäckel, Eberhard, Hitlers Weltanschauung, 1991, Stuttgart, DVA

Jäckel, Eberhard, Das deutsche Jahrhundert, 1999, Frankfurt/M, Fischer

Janich, Peter (Hg.), Entwicklungen der methodischen Philosophie, 1992, Frankfurt a. M., Suhrkamp

Janz, Oliver, Der Grosse Krieg, 2013, Frankfurt/M., Campus

Jaspers, Karl, Die maßgebenden Menschen, 1975, München, Piper

Jaspers, Karl, Die Schuldfrage, 2019 (1946), München, Piper

Jünger, Ernst, Strahlungen I, 1995, München, dtv

Junginger, Horst, The scientification oft he „Jewish question" in Nazi Germany, 2017, Leiden; Boston, Brill

Kaiser, Jochen-Christoph, Sozialer Protestantismus im 20. Jahrhundert, 1989, München, Oldenbourg

Kampmann, Wanda, Deutsche und Juden, 1981, Frankfurt/M., Fischer

Kaupen-Haas, Heidrun, Der Griff nach der Bevölkerung, 1986, Hamburg, Nördlingen, Franz Greno

Kellner, Friedrich, Vernebelt, verdunkelt sind alle Hirne, Tagebücher 1939–1945, 2011, Bonn, BpB

Kellner, Wolfgang, Verfolgung und Verstrickung, 2017, Hamburg, tredition

Kershaw, Ian, Höllensturz, Europa 1914–1949, 2016, München, Deutsche Verlags-Anstalt

Kershaw, Ian, Der NS-Staat – Geschichtsinterpretationen und Kontroversen im Überblick, 2015, Reinbek, Rowohlt

Kershaw, Ian, Das Ende – Kampf bis in den Untergang, 2011, München, Deutsche Verlags-Anstalt

Kershaw, Ian, Der Hitler Mythos, 2018, München, Pantheon Verlag

Killy, Walther (Hg.), Zeichen der Zeit, Ein deutsches Lesebuch, Band 4, 1958, Frankfurt/M., Fischer;

Klattenhoff, Klaus; Wißmann, Friedrich (Hg.), Unter der Gewaltherrschaft des Nationalsozialismus, 1985, Oldenburg; Universität Oldenburg

Klee, Ernst, Was sie taten – was sie wurden, 2012, Frankfurt/M., Fischer

Klee, Ernst, „Euthanasie" im NS-Staat, 1991, Frankfurt/M., Fischer

Klee, Ernst, Deutsche Medizin im Dritten Reich, 2001, Frankfurt/M., S. Fischer

Klee, Ernst, Das Personenlexikon zum Dritten Reich, 2016, Hamburg, Nikol

Klemperer, Viktor, Tagebücher 1937–1945, 1998, Berlin, Aufbau-Verlag

Knops, Heike, Die Verantwortung der Kirche in der Euthanasie-Frage, 2001, Frankfurt/M, Lang

Kocka, Jürgen (Hg.), Bürgertum im 19. Jahrhundert, Band 1, 1995, Göttingen, Vandenhoek und Ruprecht

Konitzer, Werner; Palme, David (Hg.), „Arbeit", „Volk", „Gemeinschaft", 2016, Frankfurt/M., Campus

Korotin, Ilse (Hg.), „Die besten Geister der Nation". Philosophie und Nationalsozialismus, Wien, Picus

Krause, Johannes, Trappe, Thomas, Die Reise unserer Gene, 2019, Berlin, Ullstein

Kühnl, Reinhard, Der deutsche Faschismus in Quellen und Dokumenten, 2000, Köln, PapyRossa

Kurz, Lothar (Hg.), 200 Jahre zwischen Dom und Schloss, 1980, Münster,

Langebach, Martin (Hg.), Germanenideologie, 2020, Bonn, BpB

Laugstien, Thomas, Philosophieverhältnisse im deutschen Faschismus, 1990, Hamburg, Argument

Lenger, Friedrich, Werner Sombart 1863–1941, 2012, München, Beck

Leske, Monika, Philosophen im „Dritten Reich", 1990, Berlin, Dietz-Verlag

Liebe, Werner, Die Deutsch-nationale Volkspartei 1918–1924, 1956, Düsseldorf, Droste-Verlag

Lifton, Robert Jay, Ärzte im Dritten Reich, 1998, Berlin, Ullstein

Lösche, Peter, Kleine Geschichte der deutschen Parteien, 1994, Stuttgart, Kohlhammer

Madajczyk, Czeslaw, Die Okkupationspolitik Nazideutschlands in Polen 1939–1945, 1988: Köln, Pahl-Rugenstein

Matthäus, Jürgen; Bajohr, Frank (Hg.), Alfred Rosenberg, Die Tagebücher von 1934 bis 1944, 2015, Frankfurt/M., S. Fischer

Mitscherlich, Alexander; Mielke, Fred, Medizin ohne Menschlichkeit, Dokumente des Nürnberger Ärzteprozesses, 1978, Frankfurt/M., Fischer

Möller, Jürgen (Hg.), Historische Augenblicke – Das 20. Jahrhundert in Briefen, 1999, München, C. H. Beck

Mommsen, Hans, Aufstieg und Untergang der Republik von Weimar, 2009, Berlin, Ullstein

Moors, Markus; Pfeiffer, Moritz (Hg.), Heinrich Himmlers Taschenkalender 1940, 2013, Paderborn, Friedrich Schöningh

Müller, Alexander von, Mars und Venus, 1954, Stuttgart, Gustav Kilper

Müller, Alexander von, Im Wandel einer Welt, 1966, München, Süddeutscher Verlag

Nestler, Ludwig, Die faschistische Okkupationspolitik in Belgien, Luxemburg und den Niederlanden, 1990, Berlin, VEB deutscher Verlag der Wissenschaften

Nipperdey, Thomas, Deutsche Geschichte 1866–1918, 3 Bände, 2013, Beck

Noakes, Jeremy, The Nazi Party in Lower Saxony 1921–1933; 1971, Oxford University Press

Nordsiek, Marianne, Fackelzüge überall... Das Jahr 1933 in den Kreisen Minden und Lübbecke, 1983, Bielefeld, Westfalen Verlag

Nowak, Kurt, „Euthanasie" und Sterilisierung im „Dritten Reich", 1978, Göttingen, Vandenhoeck & Ruprecht

Orwell, George, Über Nationalismus, 1945 (Deutsch 2020, 3. Auflage), München, dtv

Pätzold, Kurt; Weissbecker, Manfred (Hg.), Stufen zum Galgen, 1996, Leipzig, Militzke Verlag

Piper, Ernst, Geschichte des Nationalsozialismus, 2018, Bonn, BpB

Plöckinger, Othmar, Unter Soldaten und Agitatoren, Hitlers prägende Jahre im deutschen Militär 1918–1920, 2013, Paderborn, Ferdinand Schöningh

Poliakov, Leon; Wulf, Joseph, Das Dritte Reich und seine Denker, 1989, Wiesbaden, fourier

Poliakov, Leon; Wulf, Joseph, Das Dritte Reich und seine Diener, 1989, Wiesbaden, fourier

Radkau, Joachim, Das Zeitalter der Nervosität, 1998, München, Hanser

Respondek, Peter, Besatzung – Entnazifizierung – Wiederaufbau, Die Universität Münster 1945–1952, 1995, Münster, agenda Verlag,

Richter, Ingrid, Katholizismus und Eugenik in der Weimarer Republik und im Dritten Reich, 2001, Paderborn, Ferdinand Schöningh

Ringer, Fritz K., Die Gelehrten - Der Niedergang der deutschen Mandarine 1890–1933, 1987, München, dtv/Klett-Cotta

Sandkühler, Hans Jörg (Hg.), Philosophie im Nationalsozialismus, 2009, Hamburg, Felix Meiner

Saner, Hans, Karl Jaspers in Selbstzeugnissen und Bilddokumenten, 1970, Reinbek, Rowohlt Taschenbuch Verlag

Schmacke, Norbert; Güse, Hans-Georg, Zwangssterilisiert – verleugnet – vergessen, 1984, Bremen, Brockkamp Verlag

Schmädeke, Jürgen; Steinbach, Peter (Hg.), Der Widerstand gegen den Nationalsozialismus, 1994, München, Piper

Schreiber, Gerhard, Hitler – Interpretationen 1923–1983, 1984, Darmstadt, Wissenschaftliche Buchgesellschaft

Schulte, Jan Erik; Wala, Michael (Hg.), Widerstand und Auswärtiges Amt, 2013, München, Siedler

Schwartz, Michael, „Euthanasie"-Debatten in Deutschland 1895-1945 in: Vierteljahreshefte für Zeitgeschichte, 46. Jg., Heft 4, 1998, München, R. Oldenbourg

Severing, Karl, Mein Lebensweg, Band I und II, 1950, Köln, Greven

Siefkes, Wilhelmine, Erinnerungen, 1979, Leer, Verlag Schuster

Siemens, Daniel, Horst Wessel – Tod und Verklärung eines Nationalsozialisten, 2009, München, Siedler

Simms, Brendan, Hitler, Eine globale Biographie, 2019, München, Deutsche Verlags-Anstalt

Smith, Helmut Walser, Fluchtpunkt 1941, 2010, Stuttgart, Reclam

Sontheimer, Kurt, Antidemokratisches Denken in der Weimarer Republik, 1983, München, Deutscher Taschenbuch Verlag

Sopade, Deutschlandberichte, 1980, Frankfurt/M., Zweitausendeins

Stadt Leer (Hg.), Leer – Gestern – Heute – Morgen, 1973, Leer, Verlag Rautenberg

Stöckel, Sigrid (Hg.), Die „rechte Nation" und ihr Verleger, Politik und Popularisierung im J. F. Lehmanns Verlag 1890–1979, 2002: Berlin, Lehmanns Fachbuchhandlung

Theweleit, Klaus, Männerphantasien, Band 1, 1977, Frankfurt am Main, Verlag Roter Stern

Toller, Ernst, Eine Jugend in Deutschland, 2011, Stuttgart, Philipp Reclam jun.

Trepp, Leo, Die Juden, 1998, Hamburg, Rowohlt

Vogelsang, Reinhard u. a., Im Zeichen des Hakenkreuzes, Bielefeld 1933–1945, 1986, Bielefeld, Stadtarchiv

Vogelsang, Reinhard, Geschichte der Stadt Bielefeld, Band III, 2005, Bielefeld, Hans Gieselmann

Weber, Thomas, Wie Adolf Hitler zum Nazi wurde, 2016, Berlin, Ullstein

Wehler, Hans-Ulrich, Der Nationalsozialismus, 2009, München, C. H. Beck

Weingart, Peter; Kroll, Jürgen; Bayertz, Kurt, Rasse, Blut und Gene, 1992, Frankfurt/M, suhrkamp taschenbuch wissenschaft

Weizsäcker, Carl Friedrich von, Die Tragweite der Wissenschaft Erster Band, 1970, Stuttgart, Hirzel; 6. Auflage, 1990, Stuttgart, S. Hirzel

Wernsing, Susanne; Geulen, Christian; Vogel, Klaus (Hg.), Rassismus – Die Erfindung von Menschenrassen, 2018, Göttingen, Wallstein

Whitman, James Q., Hitlers amerikanisches Vorbild, 2018, München, C. H. Beck

Wildt, Michael, Die Ambivalenz des Volkes, Der Nationalsozialismus als Gesellschaftsgeschichte, 2019, Berlin, Suhrkamp Verlag

Willing, Matthias, Das Bewahrungsgesetz (1918-1967), 2003, Tübingen, J. C. B. Mohr (Paul Siebeck)

Winkler, Heinrich August, Weimar 1918–1933, 2018, München, C. H. Beck

Wirsching, Andreas, Das Jahr 1933, 2009, Göttingen, Wallstein

Ziegler, Jean, Die Schweiz, das Gold und die Toten, 1997, München, Bertelsmann

Zimmermann, Horst, Die Schweiz und Großdeutschland, 1980, München, Wilhelm Fink